虐待・DV・トラウマに さらされた親子への支援
──子ども-親心理療法

Don't Hit My Mommy!
a manual for child-parent psychotherapy with young children exposed to violence and other trauma. (2nd Edition)

［著］
アリシア・F・リーバマン
Alicia F. Lieberman

シャンドラ・道子・ゴッシュ・イッペン
Chandra Michiko Ghosh Ippen

パトリシア・ヴァン・ホーン
Patricia Van Horn

［監訳］
渡辺久子

［訳］
佐藤恵美子
京野尚子
田中祐子
小室愛枝

日本評論社

This is a translation of DON'T HIT MY MOMMY!
by Alicia F. Lieberman, Chandra Michiko Ghosh Ippen, and Patricia Van Horn

Originally published in the United States by ZERO TO THREE:
National Center for Infants, Toddlers and Families.

Copyright ©ZERO TO THREE (2015).
Japanese translation published by arrangement with ZERO TO THREE
through The English Agency (Japan) Ltd.

This publication has been translated from English. Due to the difficulty of translating publications of this type, neither ZERO TO THREE: National Center for Infants, Toddlers and Families nor Nippon Hyoronsha Co., Ltd. warrant the accuracy of this translation. Readers should consult the original English publication if there are any questions regarding the text. Please contact Nippon Hyoronsha Co., Ltd. if you have questions or comments regarding the translation of this publication.

To the extent permitted by any applicable law, ZERO TO THREE: National Center for Infants, Toddlers and Families makes no representation, warranty or endorsement, express or implied, as to any of the information contained in this publication.

Any opinions expressed within any source cited in this publication are solely those of the individual authors and do not necessarily represent the opinion of or an endorsement by ZERO TO THREE: National Center for Infants, Toddlers and Families.

日本語版刊行に寄せて

　このたび *Don't Hit My Mommy!* の日本語版『虐待・DV・トラウマにさらされた親子への支援―子ども－親心理療法』が刊行されることになり、ここに序文を書くことを光栄に思います。2010年に私は日本を訪れ、FOUR WINDS 乳幼児精神保健学会の外国招聘講師として、渡辺久子先生と講演し、温かいおもてなしを受けたことは、今も私の職業生活のハイライトです。その折、たくさんの才能溢れるクリエイティブで献身的な日本の臨床家に出会い、幼い子どもたちの心のニーズについて豊かな会話を交わしたことを覚えています。本書が日本語でも読めるようになったことに深く感謝いたします。

　子どもは幼いほどトラウマを受けると深く傷つきます。しかし、大人はその苦しみがどれほど深いかには気づかないのです。乳児、よちよち歩きや就学前の子どもたちの言葉は、大人の言葉とはだいぶ違います。大人は長い文章で自分の体験を語ります。幼い子どもは、自分の身体や、遊びや、短い単語や文で、心の中の世界を伝えます。そのため、大人は子どもの伝えようとしていることを理解できず、子どもは一人ぼっちで周りから隔離されたように感じてしまいます。また、大人が子どもに起きたことを知ろうとせず、この子は記憶をもつには幼なすぎて、覚えていないからなんの影響も受けていないはずと思う時、親子のコミュニケーションの溝はさらに深まります。子どもたちは、助けやサポートを一番求めたい時、大好きな人に頼ることができないと、トラウマという事態により永続的な心の傷を負うことになるのです。

　トラウマから癒される方法は、異なる文化や伝統の価値によりさまざまです。子どもとその家族をケアする人は、心の痛みを和らげ希望をよみがえらせることを共通の目的意識として力を合わせることができます。トラウマは人に無力感を抱かせ圧倒し、恐怖、恥、罪悪感と怒りを普遍的に誘発します。恐ろしい出来事を語ることへの人々のタブーには、沈黙して忘れたいという暗黙の願い

があります。それは文化の違いを越えたごく普通の反応です。ところが、人はトラウマを決して忘れることはできないのです。

　語られない子ども時代のトラウマは、生涯にわたる抑うつ状態や精神疾患の一番多い原因とされます。それは、秘密の烙印がその子の人格に刻まれ、自己への否定的感覚を誘発し、親密な関係が安全であることへの不信感を生み出すからです。

　子ども－親心理療法の有効性は今、数多くの科学的エビデンスにより支持されています。親子が力を合わせてトラウマに関するナラティブを語り、子どもの体験の事実を認め、安心と希望を回復し、トラウマから癒されていく過程を、私は同僚と示すことができました。このことは私の人生の最大の満足の一つです。長年貴重なパートナーシップによりこの仕事をし、本書をともに執筆してくれた同僚のパトリシア・ヴァン・ホーンとシャンドラ・道子・ゴッシュ・イッペンに感謝いたします。

　日本を訪問中に私は、日本の人々が戦争から自然災害にいたるトラウマに、強靭な心と勇気と威厳をもって向き合い克服してきたことに感動しました。親子がお互いに「言葉にできないことを語り合い（speak the unspeakable）」、親のわが子を守る力の回復と、子どもが信頼の中で健やかに成長することに、ぜひこの本がお役に立てばと願います。

アリシア・F・リーバマン
2016年9月16日

幼年期の魔法をよく知る
セルマ・フライバーグに捧げる

目　次

　　　第２版謝辞　　1
　　　謝　辞　　3

序　章 ……………………………………………………………………………… 9

第1章　子ども - 親心理療法──関係性に焦点を当てたトラウマ治療 …………… 15

　　　基本の前提概念　　15
　　　子ども - 親心理療法の歴史的起源と発展　　25
　　　子どもと親の発達的側面への考慮　　28
　　　文化的配慮　　33
　　　トラウマ体験から回復するための治療の目標とメカニズム　　35
　　　介入様式　　38
　　　子ども - 親心理療法の特徴　　47
　　　介入の糸口──身近なことから始める　　49
　　　介入の場──診察室のプレイルームか家庭訪問か？　　52
　　　臨床家の身の安全　　54
　　　臨床家のセルフケア　　55
　　　子ども - 親心理療法の効果の研究結果　　56

第2章　子ども - 親心理療法の段階 ……………………………………………… 63

第1段階　基礎段階：見立てと治療契約　　67
　　　概要と目標　　67
　　　手　順　　69
　　　セッション１　　70
　　　セッション２　　72

セッション3　72
　　セッション4　82
　　セッション5　85
　第2段階　中核的介入段階　94
　　子ども－親心理療法に子どもを導入する　94
　　中核的介入段階――子ども－親心理療法への子どもの導入から、治療の核心へ　106
　　治療的介入のタイミング　108
　　介入領域　109
　　　領域1　遊び　109
　　　領域2　子どもの感覚運動機能の崩壊と、生理的リズムの混乱　117
　　　領域3　子どもの怖がる行動　122
　　　領域4　向こう見ずで、身を危険にさらし、事故に遭いがちな子　129
　　　領域5　子どもが親を攻撃する時　134
　　　領域6　子どもの攻撃が友達、きょうだい、他人へ向けられる時　146
　　　領域7　親からの体罰　152
　　　領域8　親が子どもを見下したり、脅したり、非難したりする時　161
　　　領域9　加害者（別居中の親）との関係　169
　　　領域10　赤ちゃん部屋のおばけ――精神病理の世代間伝達　179
　　　領域11　赤ちゃん部屋の天使――親の優しい過去からの影響　185
　　　領域12　別れと喪失のリマインダー　188
　第3段階　要約と終結：治療効果の持続を目指して　194

第3章　ケースマネジメント　201

　児童虐待が疑われる時――児童保護局への通告　202
　親権問題が起こる時――家庭裁判所との連携　205

第4章　さまざまな治療法との類似点と相違点　209

　A　心理療法全般に必須の項目　209
　B　子ども－親心理療法と相容れない項目　212

　文　献　213
　監訳者あとがき　225

第2版謝辞

　ゼロトゥースリー（ZERO TO THREE）出版から *Don't Hit My Mommy!* の初版を出版して10年が経った。2005年の初版の謝辞を読み返すと、大きな変化とともにたくさんのことも継続していることがわかる。子ども－親心理療法の実践は米国のほとんどの州に広がり、外国では数ヵ国にも普及した。幼い子どもとその家族がトラウマ体験の衝撃から癒されるよう支援する共通目標によりつながる50人を超える子ども－親心理療法の指導者グループは、互いに活発に意見を交換し支え合っている。子ども－親心理療法のセラピストに認定された者の登録者数は今や何百にも上る。そして、今も多機関の素晴らしい仲間との豊かなパートナーシップに恵まれている。たとえば、薬物乱用・精神衛生サービス局（Substance Abuse and Mental Health Services Administration：SAMHSA）、全米子どものトラウマティックストレス・ネットワーク（National Child Traumatic Stress Network：NCTSN）などである。光栄にも、2001年から今日まで、彼らに早期のトラウマ治療ネットワークを指導しているが、それはボストン医療センター、ルイジアナ州立大学医療センター、および、チューレーン大学での姉妹プログラムとのコラボレーションによる。また、カリフォルニア大学サンフランシスコ校医療センター、および、サンフランシスコ総合病院は私たちにとっては変わらぬふるさとである。サンフランシスコ公衆衛生局と長きにわたり連携し、このベイエリアでトラウマ関連システムを発展させてきたことを誇りに思う。また、その素晴らしい理念に私たちも賛同する以下の財団からの支援に深謝する：コイドッグ財団、アーヴィング・ビー・ハリス財団、ジョン＆リサ・プリッツカーファミリー基金、タウバー財団、そして、ティッピング・ポイント・コミュニティ。さらに、私たちの「子どもトラウマ研究プログラム」のチームは大家族のようである。臨床家やスーパーヴァイザーにはローラ・カストロ、ナンシー・コンプトン、ミリアム・エルナン

デス・ダイムラー、マルキタ・メイズ、グリセルダ・オリバー・ブシオ、ヴィルマ・レイズ、そして、マリア・アウグスタ・トレスがいる。また、事務局スタッフには、ディオン・ジョンソン、エミリー・コホーデス、ルイザ・リヴェラ、ヘレン・チェン、エフライム・ダキュマがいる。パトリシア・ヴァン・ホーンだけがここにいない。彼女が早すぎる死を迎えたのは、2014年1月、最愛の地イスラエルで子ども－親心理療法の熟練した講義を行った直後だった。実り多き仕事に、心残りもあったであろう。本書の改訂版をしたためている間ずっと、彼女との大切な思い出を心に抱えていた。そして、今もなお彼女は私たちの心の中にいて、子ども－親心理療法の実践のすべての面においてひらめきを与え続けてくれている。彼女の精神に従い「人生を選びとれ」という聖書の戒律を私たちは忘れない。また、私たちがトラウマに関わる仕事ができるよう精神的に支えてくれる人々に感謝を伝えたい。私たちの夫、デイヴィッド・リッチマンとエリック・イッペン、そしてママを快く仕事に貸してくれたライデン・イッペンに。もちろん心の中ではいつもあなたが最優先です。

アリシア・F・リーバマン
シャンドラ・道子・ゴッシュ・イッペン
サンフランシスコ　2015年8月

謝　辞

　本書は、幼い子どもたちとその親に子ども-親心理療法を実施してきた長年の私たちの経験をまとめたものである。親子は、暴力にさらされ、家族の絆を引き裂かれて希望を失っても、もっと安全でより喜びと愛情に満ちた家族になろうと苦闘してきた。数えきれないほど多くの親たちが、葛藤しながらも私たちを信じ、協力してくれた。そして、何よりありがたいことに、私たちを受け入れ、身内のプライバシーまで話してくれた。中でも、子どもたちには特別に感謝の気持ちを伝えたい。子どもたちは私たちが、そのニーズを理解し適切に対応できるようになるまで何度も示し続けてくれた。子どもたちは、いつでも私たちの先生である。

　本書は、活発な共同作業を経て完成した。子どもトラウマ研究プログラムの毎月の症例検討会で2年以上討論を重ねて、草稿ができた。同時に、同僚や学生からのフィードバックに啓発され、詳細な介入方法の解説が仕上がった。臨床例は、きめこまかく描写された面接記録から引用したが、それは同僚たちの記述能力と創造力あってこそである。現在、子どもトラウマ研究プログラムには、ナンシー・コンプトン、シャンドラ・道子・ゴッシュ・イッペン、ローラ・カストロ、ローラ・マヨルガが在籍しており、頑丈で揺るぎない安全基地を築いてきた。その安全基地で、私たちはともに、暴力を経験した家族の治療のむずかしさを共有し、効果的な働きかけを探り、そして、治療が進むとその喜びを分かち合ってきた。また、今なお、子どもトラウマ研究プログラムの貢献は貴重であり、ドナ・ダヴィドヴィッツやロビン・シルヴァーマン、そしてエディ・ウォルデンとマリア・アウグスタ・トーレスらが初期の頃からこのプログラムを方向づけてくれた功績は大きい。

　1〜3年間参加したインターンシップ生や博士課程の研究員の独自の見解や技術から学ぶことも多かった。今では子どもトラウマ研究プログラムを巣立っ

た学生は50人を超え、一人ひとりを覚えているには人数が多くなりすぎた。しかし、皆私たち大家族の一員であり、いつまでも忘れることはない。そして、彼らが多くの子どもたちやその家族、そしてこのプログラムに貢献してくれたことに感謝の念がつきない。

　カリフォルニア大学サンフランシスコ校とサンフランシスコ総合病院に属して研究を進められたことは、私たちのプログラムの特筆すべき点であり、そのおかげで専門性が高まった。本書は、サンフランシスコ総合病院の精神科医長ロバート・L・オーキンのひらめきと支えなしには完成しなかっただろう。1996年にオーキンが子どもトラウマ研究プログラムの立ち上げに私たちを加え、幼い子どものトラウマティックストレス治療への実証的介入方法の開発と評価がますます進んだ。必要な支援を受けられていない人々へのオーキンの確固たる使命感が、サンフランシスコの精神保健サービスを一変させ、私たちもその恩恵にあずかる中の一部である。また、カリフォルニア大学サンフランシスコ校精神医学部長のクレイグ・ヴァン・ダイクは、教授個人の学術的研究を促進すると同時に、大所帯で、かつ研究内容が多岐にわたる精神科内において、共同作業をする精神を育てている模範的なリーダーである。

　私たちは、経済的支援のみならず、建設的な対話の機会までも与えてくださった現在と過去の資金提供者たちに心から感謝している。子どもトラウマ研究プログラムの基盤はサンフランシスコ総合病院と公衆衛生局および厚生局の合意のうえにある。厚生局局長とスーパーヴァイザー、児童福祉司の方々とサイリン・チャンスーが、トラウマを受けた幼い子どもたちのために、と長年にわたり実り多い協力関係を築いてくれ、それが本書の土台となっている。彼らに深謝する。さらに、米国国立精神保健研究所は、無作為に抽出した家族に本書のマニュアルに沿って子ども－親心理療法を試験的に行うにあたってR21探究開発助成金を許可し、支持してくれた。私たちの科学審査管理者であるヴィクトリア・レヴィンは、膨大な知見を統合し、それを私欲なく分かち合ったことで他に並ぶものはない、と奨学生の中で伝説になっている。

　この研究所の支援は、寛大なる私立財団や個人的寄付によりさらに強化されてきた。アーヴィング・ハリスは、幼い時に受けたトラウマの影響に緊急に対処する必要があると、また、乗り越えなければならない問題がいくつもあるといち早く認識し、継続的に寄付をして、私たちのプログラムの施設的基盤と教育的訓練を支えてくれている。また、コイドッグ財団とウィリアム・ハリスの

おかげで、私たちは、健全な絆の回復を導く愛情深い体験の有効性という観点をもって、トラウマと愛着理論の関連を新しい角度から探究できている。ミリアム＆ピーター・ハース基金により、児童保護局や裁判所と協力関係を築けるようになり、シェリル・ポークはその才能と専門性をプログラム開発に注いでくれた。A・L・メイルマン基金とネイサン・カミングス基金は、生後０～２歳児のために開発した介入方法を治療マニュアルに含めることを支持した。パインウッド財団、フランセーズ・S・北財団、そしてジョージ・サルロ財団のおかげで、虐待されている移民や少数民族の家族の経験に特化した介入方略が発展した。また、ジョナサンとキャサリン・アルトマン、アービュレイとビバリー・メッツカルフ、そしてイサベル・アレンド財団のおかげで、私たちは想定外のニーズに応えることができた。そして、これらすべてのところから恩恵を受けているという私たちの感覚は、実質的にはフェリックス・フランクフルターの見解、すなわち、「感謝の念というものは、それが深ければ深いほど言葉にしにくいものである」ということにつきる。

　本書は、大切な仲間や友人たちの助言に、言葉では言い表せないほど助けられた。ダンテ・シチェッティ、スコット・ハンゲラー、アリエッタ・スレイド、シェリー・トスは、早期の草案を再検討して、彼らの臨床的な洞察と編集の技術を惜しみなく発揮してくれたし、エリザベス・パワーは彼女の専門知識をもって、本書の発展におおいに貢献してくれた。また、私たちは薬物乱用・精神衛生サービス局の全米子どものトラウマティックストレス・ネットワークに参加することができ、そのことが、早期トラウマ治療ネットワークを設立するきっかけとなった。このネットワークは、私たちのプログラムと、ボストン医療センター、ルイジアナ州立大学健康科学センター、チューレーン大学がそれぞれもつ、対人関係の暴力にさらされた幼い子どものための画期的なプログラムの協力で設立運営されている。さらに、ディレクターと私たちの共同研究のパートナー、すなわちベッツィー・マカリスター・グローブス、ジョイ・オソスキー、ジュリー・ラリュー、チャールズ・ジーナが、教育的訓練や治療の中で、この治療マニュアルを綿密に、そして熱意をもって実施してくれたことに感謝している。そして、彼らのもつ豊富な経験と貴重な臨床的洞察を私たちと共有してくれたことに深く感謝する。私たちのトラウマによるストレスへの理解は、NCTSN にいる他のメンバー、すなわち、ロバート・パイヌース、ベッセル・ヴァン・デア・コーク、ジュディ・コーエン、スティーブン・マランズ

らによる独創的な仕事によってかなり高められたといえる。彼らの知識を私たちが理解できるようにしてくれたことに感謝したい。さらに、私たちは、地域の研究協力者たちから多くのことを学んだ。サンフランシスコ統合家庭裁判所、子どもを暴力から守る安全スタート発議権（Safety Start Initiative）、およびDV被害者の権利擁護をする団体に所属する仲間たちは皆、私たちが支援する家族について有益な視点をもたらしてくれ、私たちの仕事はより豊かなものになった。

　家庭での生活がしっかりと支えられ、維持されていることで、私たちは仕事を成し遂げることができた。私たちのパートナーであるデイヴィッド・リッチマン、バーレーン・ペリーには、多くの面で心から感謝している。彼らの愛情、このプロジェクト期間中の揺るがない支援、そして、とりわけ、このプロジェクトが実を結ぶまでに私たちが費やした長い時間をともに耐え、歩んでくれたことに感謝したい。

アリシア・F・リーバマン
パトリシア・ヴァン・ホーン
サンフランシスコ　2003年7月

虐待・DV・トラウマにさらされた親子への支援
子ども - 親心理療法

序　章

「パパがママを泣かせる。そして、ママが私を泣かせる。そういうものよ」
　　　　　　　　　　　　　　　　　　　　——サンドラ、3歳

「人を殴る拳も、かつては指を広げた手のひらだった」
　　　　　　　　　　　　　　　　　　　　——ヤフダ・アミチャイ

　人に対する攻撃的なスタンスの起源は、幼少期にさかのぼることができる。幼い頃に無力感や痛みを体験すると、攻撃が最大の防御である、という考えが植えつけられる。暴力を目の当たりにし、暴力をふるわれて育つと、自分の幸せなどどうでもよいものと感じ、大人が自分を大切に世話してくれるとは信じられなくなる。3歳の幼いサンドラは自分の家族体験に基づいて、誰かが誰かを泣かせるもの、それが世の中だ、と結論づけた。哲学的な分析である。同時に、母親が父親から叩かれるのをなんとか止めようとして「ママをぶたないで！」となりふりかまわず叫び、その世の中というものに激しくもむなしい抵抗をした。家庭内の暴力にさらされて生きる数えきれないほど多くの子どもたちが、サンドラと同じ心のジレンマを抱えている。安全を切望しながら、同時に、自分の愛する人たちは互いに相手を泣かせるものだと学んでしまうのである。ここで、言葉で語られない疑問が湧いてくる。いつかサンドラも誰かを泣かせるようになるのだろうか？　誰かが誰かを泣かせる連鎖にサンドラも巻き込まれていくのだろうか？　それとも、まだ指を広げた手のひらのままのうち

にサンドラを守り、人を殴る拳になるのを防ぐことができるのだろうか？

　子ども－親心理療法（Child-Parent Psychotherapy）は、虐待や暴力、その他のトラウマによって、最も親密な関係がつぶされ、愛着関係を安全なものと信頼することができなくなった乳児、幼児や就学前の子どもの心の問題を治すために作られた。私たちは何年にもわたり米国全土、そして外国の何百もの親子に取り組む中で、母親や父親の多くが、争いや恐怖から自由になり、わが子と安全な新しい生活のスタートを切りたいと願う姿を見てきた。この手引きは、子ども－親心理療法の実践的ガイドラインである。もともとは家庭内暴力（domestic violence：DV）にさらされて育つ子を対象としているが、この介入方法は心理的、身体的、性的虐待や、危険な暴力的地域に暮らす子、事故に遭った子、つらい病気で治療を受ける子など、種々の虐待やトラウマを受ける子にも適用できる。

　人から人への暴力を幼少期に特異的で殊に破壊的な力をもつトラウマとして注目する理由は、次の3要素が集約されることにある。幼い子の日常生活にはショックなほど頻繁に暴力が存在すること、それが子どもの幸せに与えるダメージの途方もない大きさ、そして、子どもは生まれつき抵抗力が強いので、幼い頃のトラウマは覚えていないという専門家や一般社会に根強く普及している誤った見解、である。データは、そうではないことを示している。乳幼児や就学前の子どもたちのほうが、年長児よりも、虐待により死亡する、傷を負うことが多い。それは特に里親のもとで暮らす子においてひどく高い割合である（Finkelhor, Ormrod, Turner, & Hamby, 2005; U.S.Department of Health and Human Services, 2010）。また、幼少期に人に対する暴力を目撃したり、暴力をふるわれたりすると、年齢相応の発達指標をクリアすることが妨げられ、素行障害（Conduct Disorder）や心的外傷後ストレス障害（PTSD：Post Traumatic Stress Disorder）、不安症（anxiety）、抑うつ（depression）のリスクが高まるという研究結果が、過去20年の間に着実に蓄積されてきた（Crusto et al., 2010; Margolin, 1998; Osofsky & Scheeringa, 1997; Pynoos, 1993; Rossman, Hughes, & Rosenberg, 2000; Scheeringa & Zeanah, 1995; Lieberman, Chu, Van Horn, & Harris, 2011参照）。

　今や、赤ちゃんや幼い子が自分に起きることを覚えていることは疑いのない結論である。しかも、身体全体で示す生理的な様相、人と関わる時の情緒の性質、そして、周りの世界を探索したり学習にチャレンジしたりする時のアプローチの仕方などを通して、彼らが体験から何を学んだかを教えてくれる。トラ

ウマにさらされることの影響がこれほど立証されているにもかかわらず——乳幼児や就学前の子どもが年長児よりも高いリスクを抱えることが証明されているにもかかわらず（Fantuzzo & Fusco, 2007）——乳幼児の精神保健の早期介入は、子どもが体験したトラウマ事象を体系的に見立てることなく、親子関係の質の向上と安定した愛着形成の促進のみに注目し続けている。これらも重要ではあるが、子どものトラウマ体験を特定せず、取り上げないままでいると、子どもの成長は著しく阻害され、その子が繰り返し虐待されるリスクが残る。

　家族内の暴力が相当数起こっていて、その深刻な影響についてこれほど多くのデータがあるにもかかわらず、研究知見はなかなか臨床に適用されない。ジョン・ボウルビィが1983年に精神分析振興協会（the Association for the Advancement of Psychoanalysis）の第31回カレン・ホーナイ講座で語ったことは、今なお適切に現実を捉えている。

　　精神分析家として、また、心理療法家として、私たちは、家族の間の暴力がいたるところにあり、その悪影響が後世にまで及ぶことに気づくのがあまりに遅かったのです……しかし今や、これまでの想像以上に暴力が多くの家族に蔓延しているだけでなく、暴力が多くの苦しみや不可解な精神症候群の主な原因だとする証拠が山ほどあります。さらに、暴力は暴力を生み出すので、家族の中の暴力は次の世代の暴力を生み出し、永続的に受け継がれていく傾向があるのです（Bowlby, 1988, p.77）。

　ボウルビィは歯に衣着せぬ言い方で、次にこう続けた。臨床家の間では「精神病理の原因が現実の生活体験にあると考えるのはとても流行遅れなのでしょうけれども」（Bowlby, 1988, p.78）と。
　こうした姿勢は、依然として多くの心の専門家、専門機関、研修プログラムの間で普通の考えとして残っている。しかし、スティーブ・シャーフスティンは、米国精神医学会の特別委員会設立時に、「人から人への暴力、特に子どもが体験する暴力は、子どもの心の病気の唯一予防可能な最大の原因である。精神医学において幼少期の暴力とは、他の医学分野における喫煙のようなものだ」と述べ、暴力が子どもに及ぼす影響を語った（Sharfstein, 2006）。このように、変化を求める姿勢もある。薬物乱用・精神衛生サービス局（SAMHSA）による全米子どものトラウマティックストレス・ネットワーク（NCTSN）に

は、暴力が子どもに与える影響について示した膨大な資料がある。さらに、臨床家にトラウマ治療（trauma-informed intervention）の研修機会を案内している（www.nctsn.org 参照）。子ども時代の逆境とナラティブ（The Childhood Adversity Narratives：CAN）はパトナム、ハリス、リーバマン、パトナム、アマヤ－ジャクソンらによって開発された無料のオンライン資料集であり、2015年5月に開設されて以来、膨大な量の資料がダウンロード可能である（www.canarratives.org 参照）。

　私たちは、幼い子どもの体験したトラウマをきちんと見立て、そのトラウマによるストレス兆候に合った治療を行うことが、乳幼児精神保健の最良の実践の標準的要素になるべきだと考える。これは、米国児童青年精神医学会（AACAP, 2010）の論文「PTSDの子どもおよび思春期の子どもの見立てと治療の実践パラメータ」の考えと一致する。そこでは、トラウマ体験が病気発症の主な理由として挙げられ、幼児や思春期の子どもの普段の臨床評価項目に、トラウマ体験とPTSDの症状を含めることを提案している。この手引きは、多分野の臨床家に、発達精神病理学、愛着理論、およびトラウマ等の分野の臨床と研究を統合した包括的な治療アプローチを紹介するものである。かつ、幼い子どもと家族のトラウマ体験を同定し、その影響を明らかにする取り組みの具体的な介入戦略を提案するものである。

　本書は4章に分かれる［訳注1］。第1章では、子ども－親心理療法の前提となる理論を示し、治療の概要を紹介し、それらの治療法をトラウマにさらされた幼い子どもたちにどのように適用するかを説明する。第2章では、子ども－親心理療法の段階（phase）について述べる。介入の主要な領域を明らかにし、子ども－親心理療法に特有、かつ必須の治療的戦略について述べる。第3章では、ケースマネジメント、特に児童保護局（Child Protective Services）［訳注2］や家庭裁判所などとの連携が必要になる際の方法や、その手続きについて述べる。第4章では、子ども－親心理療法に必須であるが他の療法とも共有される項目のリストを挙げる。また、ウォルツらの提言に沿って、子ども－親心理療法とは相容れない項目のリストも挙げる（Waltz, Addis, Koerner, & Jacobson, 1993）。

［訳注1］日本の臨床家の便宜のために、著者との相談と了解のもと、日本語版においては原著の第3章を割合し、原著の第4、5章を第3、4章とした。
［訳注2］日本では、児童相談所が同様の機能を果たしている。

本書では、特定の治療戦略について述べ、わかりやすい実例を載せているが、ステップごとの治療アプローチを示しているわけではない。発達は決して直線的に進まない。とりわけ人生の最初の数年間はそうである。幼い子どものパーソナリティ、適応スタイルや認知的・社会的・情緒的成熟における個人差はとても大きく、それには子どもの発達の予定表通りにはいかない、予想外の不連続性や加速や抜けおとしが伴う。さらに、親のほうも、一人の個人としても親としても、心理面の強さや脆弱性に幅広い個人差がある。子ども－親心理療法は、子どもの健全な発達を妨げる親子関係の特有な側面に合わせて柔軟に介入するが、同時に、発達を促進する側面も支援していく。トラウマの状況で起こる臨床的な問題は、必ずしもそのすべてがトラウマに関連したものではない。そのため、前向きな変化を期待して今この瞬間どの領域に介入するかは、臨床家の判断にかかっている。判断にあたっては、幼少期の子どもの発達、親の発達段階や現在の状況、親と子の精神病理、間主観的過程、または文化―生態学的要因、および暴力に関連したトラウマの心理学的側面に注目をする。

　子ども－親心理療法では、最低子どもと一人の親がいて、臨床的必要性に応じて、両親ときょうだいも参加する。治療的介入の最適な形は、臨床家と治療の受け手（クライエント）がともに作りあげるものであると考える。そこで、よくある治療上のむずかしい場面でも代替可能な戦略を提示している。その臨床家の創造性、個人的な臨床スタイル、タイミングを図るセンスが治療を方向づけ、その効果を高める。本書全体を通じて、「親（parent）」という語は、子どもが愛着を感じる対象となる養育者すべてを指す言葉として使われている。「親」という語には、安全で愛情たっぷりの関わりを連想させる情緒的な響きがあり、それこそが、私たちが親子の間に促し、また、修復したいものである。

第1章

子ども‐親心理療法
関係性に焦点を当てたトラウマ治療

　第1章は、子ども‐親心理療法の基本を概説する。前提となる概念、歴史的起源、治療上考慮すべき文化や発達の観点、介入の様式と目的について述べ、さらに、多様な母集団による無作為研究で得られた子ども‐親心理療法の効果を支持する研究結果を紹介する。

基本の前提概念

　子ども‐親心理療法には6つの前提概念がある。いずれも、幼い子どもの心の健康を育む治療的アプローチである。以下に説明する。

前提1：愛着システムは、5歳までの子どもが危険と安全に適切に反応するための中心的な機能である（Ainsworth, 1969; Ainsworth, Blehar, Waters, & Wall, 1978; Bowlby, 1969/1982）。愛着理論からみると、子どもにとって親とは、いつでも自分を守ってくれると信じられる存在である。しかし、トラウマを体験すると——例えばDVを見て育ち、虐待に耐えて生き延びてくると——、親は自分を守ってくれると信頼する、という子どもの発達相応の期待は打ち砕かれる。実際、この状況下では、親は子どもを危険から守る人というより、むしろ危険な存在となる。人間関係のストレスにさらされる幼い子どもは、自分にとって誰よりも大切な人が、自分を守ることができない、あるいは守ろうとしない、そして自分をひどく傷つける人になることを学ぶ。

アリエッタ・スレイドは、恐怖心の役割に改めて大きな関心を向けている (Slade, 2014)。ボウルビィ (Bowlby, 1969/1982) の考えでは、恐怖心は、愛着と探索行動の間のバランスを刻々と導く基本的な動機となる。また、愛着対象と自己それぞれの内的作業モデルを形成するもとになる。日常生活が自分ではどうすることもできない恐怖にまみれていると、子どもの自己感と他者への感覚は、不信感や不安、過剰な警戒心や怒りでいっぱいになる。これは、子どもが年齢相応に親に甘えたり安全を求めたりする気持ちとは相容れないものになる (Lieberman & Van Horn, 1998; Main & Hesse, 1990; Pynoos, Steinberg, & Piacentini, 1999)。

この反応は、特に出生時から就学前の子どもに顕著である。この時期、子どもは、自分の大好きな大人の行動を観察し、模倣して学んでいくからである (Kagan, 1981)。幼い頃から攻撃的なやりとりを見て真似る子どもは、攻撃的な若者や大人になり、親しい人との間で何かうまくいかないと、すぐ暴力に頼る傾向がある (Kalmuss, 1984)。研究結果によると、就学前の子どもに、幼い頃からの攻撃性、家族内の大きなストレス、そしてネガティブな子育てといったリスク因子が重なる時、就学後に不適応を示す可能性が高い (Campbell, Shaw, & Gilliom, 2000)。子ども－親心理療法の目指すところは、子どもがネガティブな感情を自分で調整し、社会に受け入れられる方法で感情を表現し、年齢相応の方法で親の行動の意図や思いに気づいて尊重するように手助けすることである。

前提２：乳幼児期の情緒や行動の問題は、その子の人生の最早期の愛着関係に照らし合わせて考えるのが一番よい (Fraiberg, 1980; Lieberman, Silverman, & Pawl, 2000; Lieberman & Zeanah, 1995)。愛着関係の安全性を身体的、情緒的に高めることが、子どもの健全な発達を促すのに最も効果的な方法である。子どもの自己感はその愛着関係を背景として発達するからである。

子ども－親心理療法は、より安全で保護的な養育環境を作り出すことを目指し、親子の気持ちや行動に影響を与え、親子の安全を脅かす過去や現在の脅威を明らかにし、取り組む。脅威には、その場限りのものも長引くものも含まれる。また、子どもの発達を促進する保護的で愛情豊かなやりとりや適切なしつけをするよう励ます。そして、親子のやりとりの中の攻撃的、懲罰的、そして心を閉ざす行動パターンを変えることを目指す。これらの目的を果たすために、親子がよりしっくりと心の波調がかみあい、互いに相手のニーズや感情や意図に適切に応えられるよう支援していく。

親子が互いに同調し、反応し合うやりとりは、乳児から幼児、就学前の年齢へと成長するに従ってより顕著になる。生後1年間は、赤ちゃんの欲求のサインが親の反応を引き出す中心的役割を果たす。赤ちゃんの泣き声は親の育児行動を誘発するものの原型である。子どもが運動能力と言語能力により自律性を増すにつれ、親の健全な育児の要素として社会化が重要な位置を占めてくる。その文化の中で社会的にふさわしい行動をとるように求められるようになる。それには文化的に期待される社会性の前段階の行動として、人と分かち合う、かわりばんこをする、待つ、思うようにならないことを我慢する、感情の表現には衝動的な行為でなく言葉を使う、大人の指示に従う、といったことが含まれてくる。愛着関係の最も成熟した段階は目標修正型相互関係、つまり目標に合わせて相互に修正するパートナーシップである。相手の気持ちを尊重しながら、自分のニーズや欲求と、愛する人のニーズや欲求との間で折り合いをつけることを望む気持ちのことである（Bowlby, 1969/1982）。内省機能とメンタライゼーション（Fonagy, 2010）は、この過程において、安定した愛着の支柱となる。安定した愛着は、親が幼い子のサインに感性豊かに応答すること、そして文化的に認められる年齢相応の行動を親が子どもに期待することの両方により促進される。

　前提3：家族の文化的、社会経済的背景は、臨床的公式化と治療計画に不可欠な要素である。愛着障害など5歳までに子どもが抱えるリスク因子は、子どもと環境との相互作用、つまり家族、隣人、地域社会、そして、より広い社会との関わりを背景として作用する（Cicchetti & Lynch, 1993）。
　子どもの親や親代わりの子どもの愛着対象となる大人は、彼ら自身が、自分たちではどうにもならない状況下で、身を削るような思いをしながら生きていると考えられる。貧困、低学歴、失業、暴力の多い地域性、喘息のような慢性疾患の発生を高める公害や有毒な環境汚染、健康的で手頃な食糧や適切な住宅、安全な交通手段や医療サービスの欠落、そして、歴史的なトラウマの問題もある。人種差別やその他の差別はいまだ根強く、悪質で、大勢の子どもや家族を社会の隅に追いやり、危険にさらしている。彼らは特定の人種や民族、宗教的背景をもつために不当なまでに不利益を受け、社会の犠牲になっている。このような状況は、幼い子どもの健全な発達に直接影響するだけでなく、そこで生み出された過酷な環境状況を通じても悪影響を及ぼす。

家庭内の暴力は、すでに述べた社会学的状況を含む多様なリスク因子によって多因子的に決められていく。親はこれらの多様なストレス要因を抱えているので、まず親の置かれた生活状況の改善に向けて、関連機関が連携して努力することを含む介入でないと、親は子どもの発達をサポートすることがしばしばできない (Fraiberg, 1980; Henggeler, Schoenwald, Borduin, Rowland, & Cunningham, 1988; Lieberman & Van Horn, 2008)。トラウマ事象にさらされてきた親は、次に挙げる能力がしっかり身についていないという悩みを抱いていることが多い。感情を調整する能力、心地よい身体感覚をもつ能力、他者を信頼して関わりをもち、ともに問題解決に取り組む能力、そして、安心して探索や学習に臨む能力である。このような場合、臨床家は親の受けたトラウマの影響が親機能のあらゆる側面に及ぶことに、特別な注意を向ける必要がある。親が日常生活の具体的な要求に気を配り対応する能力にも影響が出るため、そうなると、子どもの安全を守り、毎日決まったことを行って、予測可能な日々を提供することができなくなるのである。子ども－親心理療法は、親の心理機能と養育能力を改善することを目標として治療的な関わりを提供する。生活の問題に対して、同時に、親と一緒に心の中を振り返り、豊かな心の成長を導くよう、積極的に手を差しのべる。そのために、ホームレス状態、食糧不足、失業、危険な住居、親子が教育を受ける機会、その他心身ともに健康な生活を送るために必要な物資、といった問題に実践的に働きかけ、解決を図る。子ども－親心理療法の治療姿勢は、乳幼児精神保健の教義に概説されている前提に一致する (St.John et al., 2012)。相手に敬意に満ちた関心を寄せ、相手から学ぼうとする意欲をもち、多様な文化や社会性をもつ家族形態を受け入れていく姿勢で臨むよう呼びかけている。

前提4：対人関係の中で起こる暴力はトラウマ要因である。暴力をふるわれた人にも、それを目撃した人にも、特異な精神病理の影響を与える (Pynoos et al., 1999)。子どもが幼いほど、虐待やDVの被害を受けるリスクが極端に高く、児童虐待の被害者は5歳までの子どもが圧倒的に多い (Fantuzzo & Fusco, 2007; U.S.Department of Health and Human Services, 2010)。そのうえ、異なる種類の暴力が同時に起こる傾向がある。例えば、DVを目撃する子どもたちの多くは、身体的な虐待も受けている可能性が高い (Osofsky, 2004)。

こうした体験は残念ながら幼い子どもの生活の中にありふれているが、精神

保健の場では依然として暴力やトラウマがきちんと見立てられないでいる。幼い時期のトラウマが見逃されやすいことを示した研究で、クラストらは地域の精神保健機関に紹介された3〜6歳の子どもたちを調査した（Crusto et al., 2010）。彼らの大半は、社会的・情緒的・行動的な問題のために紹介されており（42.9％）、暴力や虐待を受けたために紹介された子どもはわずか13％であった。トラウマ事象スクリーニング調査票―保護者版改訂（Traumatic Events Screening Inventory-Parent Report Revised）（Ghosh Ippen et al., 2002）を用いて、著者らはこれまで確認できていなかったトラウマにさらされたケースの多さを発見した。42％の子が家族同士が攻撃し合うのを目撃し、18％の子は自分自身が攻撃され叩かれていた。6％近くの子は性的行為を無理やり見せられたりさせられたりしていた。27％は家族以外の人の喧嘩や暴力を目撃し、15％近くが親しい人と死別していた。そのうえ、通常、トラウマ体験は、単独のその時だけの事象であることはまずない。先の子どもたちは平均4.9種類の異なるタイプのつらいトラウマ事象を体験しており、48％以上の子どもは5種類、あるいはもっと多くのタイプの事象にさらされていた。トラウマを受けると、実際子どもとしての機能に具体的な影響が出ていた。子ども用トラウマ症状チェックリスト（Trauma Symptom Checklist for Young Children）（Briere, 2005）を用いたところ、23.4％の子どもに臨床的に深刻な心的外傷後ストレスの得点がみられた。16.2％は、診断基準を満たす症状はないが、要注意であった。このような子どもたちは、最初の見立てでトラウマ被害のスクリーニングがなされていなければ、トラウマ治療の必要性を認められることはまずないだろう。この研究は、精神保健の見立てを行い治療計画を立てる際、トラウマ体験のスクリーニングをしないと有害な影響が出ることを示している。

　虐待を受けた子どもたちは、身体の痛み、恐ろしい光景、大きな叫び声、物の砕け散る音、火薬と血のにおい、半狂乱の動きなどさまざまな感覚器官に及ぶ強烈な刺激に圧倒される。これはパイヌースらの言う「トラウマとなる瞬間」（Pynoos et al., 1999）であり、耐えがたい多様な感覚のうえに、それを止められない無力感が加わる。DVと虐待は、長期間にわたり、予測不能で突然起こる多様なエピソードからなる。そのため、子どもは多くの錯綜するイメージに直面させられ、恐ろしい出来事について、筋道の立ったまとまりある物語を生み出すことはできないだろう。幼い子が異なる発達段階でさまざまな暴力を体験すると、特にこの傾向が強くなる。例えば、前言語期から幼児期、もしく

は就学前の時期までといった幅広い期間に、多様な暴力を経験する場合などがそうである。

　人と人との間の暴力を経験してきた幼い子どもの示すトラウマティックストレス反応の多くは、事故や人の怪我、重い病気、侵襲的な医療処置に対する反応にもみられる。自動車事故、犬に嚙まれる、おぼれかける、危険物の誤飲、落下、その他の恐ろしい体験は、トラウマによる後遺症となり、子どもの世界の認識の仕方と、親は守ってくれるものだという信頼を変容させてしまう。これらの事象への子どもの反応がどれだけ深刻で広範囲にわたり長引くかは、さまざまな要因により異なってくる。事象の激しさ、単独か繰り返しか、トラウマによる二次的ストレッサーがあるか（例えば、交通事故のあと、病院まで救急車で運ばれる間に親と切り離されること）、神経質気質のような子どもの生まれつきの資質、トラウマ事象より以前の子どもの愛着の性質、そして親がトラウマにどう反応したかといった要因がある。シェーリンガとジーナ（Scheeringa & Zeanah, 2001）は、子どものトラウマへの反応を想定し、調整し、緩和するこれらの要因の関係性モデルを発展させた。臨床的公式化を行う際の貴重なツールである。

　一度トラウマを経験すると、すでに身についていた危険と安全についての予測が劇的に変えられてしまう。それまでは何でもなかった日々の刺激も、トラウマ事象のある一面と似ていると解釈されると、今や脅威をはらんだものになる。身体の底から湧き起こる生理的な感覚や、対人関係における手がかりが、トラウマ事象が起こっている間に経験したそれと客観的に、もしくは主観的に似ていると、通常の感覚や手がかりであっても、それを脅威と誤解するかもしれない。リマインダー（トラウマを想起させるもの）はトラウマ反応を引き起こすが、その反応が一見トラウマとは関連のない時に起きると相手に誤解され、親子関係の質にも影響を与えかねない。そこで、子ども－親心理療法は、愛着レンズとトラウマレンズの二重の視点を用いる。トラウマ以降、親子が互いに相手に抱いてきた認識の歪みを扱うためである。二重の視点を用いることで、臨床家は、トラウマが親子関係に与える影響に注意を向けることができるし、親子関係を保護メカニズムとして強化し、子どもがリマインダーにまつわる恐怖や感情調節困難にうまく対処していくように助けることができる。

前提5：治療関係は、治療に基本的変化をもたらす要因である。サメロフと

エムディが指摘したように、関係は関係に影響を与える（Sameroff & Emde, 1989）。臨床家が、感受性、共感、透明性と親子の経験に対する尊重に基づいて親子に関わる場合にのみ、よい変化をもたらそうとする努力が実を結ぶのである。親子それぞれの現実の生活体験、動機、気持ちやニーズを、臨床家と親がともに振り返ることにより、これからの両者の共同課題が明らかになっていく。そこから、ともに掲げた介入目標に向かって歩むことができるようになるのである。

子どもが1つかそれ以上のトラウマ事象を経験したら、子どものために大人が作業同盟を作り、この事象が子どもの現在の問題の原因にどのように関係しているかを、親が理解できるように支援する。子ども－親心理療法の中核となる項目の一つは、親に心のこもった、評価判断抜きの中立的な説明をし、トラウマ枠というものを作ることである。その説明には(a)恐ろしい事象はどの年齢でも激しい恐怖と怒りの感情を引き起こすこと、(b)幼い子どもも親も、その激しい感情を攻撃、感情調節困難、ひきこもりといった形で表現することがあること、そして(c)臨床家は親が安全な状況を作り出すのを手助けし、親と子が苦しい感情に耐えたり、そのつらい感情を変えたりしていくような練習ができるように支えたい、と伝える。

トラウマ事象とその結果としての行動と治療をつなげる「三角形」の説明は、臨床家のアプローチを治療関係に導く土台となる。協力して取り組む課題のその他の側面は、はっきりと話し合うこともあるし、それとなく伝えることもある。それは親と子のそれぞれが察しがよいか、防衛的かにもよるし、コミュニケーションスタイルにもよる。しかし、作業関係は、脅威を減らし安全を目指すこと、調和や生きる力や幸せを向上させること、そして、葛藤とストレスを減らすことを目指すものだという、親と臨床家間の一致した見解を反映するものでなくてはならない。親の文化的価値観は、人種や民族、社会経済的状況に影響されるが、治療同盟の確立には欠かせない要素なので、介入に組み込む必要がある。本書でも一貫して、実際の介入方略を考えるうえでの文化の役割について触れていく。

治療関係がしっかりと築かれるまでは、臨床家はトラウマ事象について話題にしたり探ったりするのは控えるものだという一般的認識に反し、子ども－親心理療法では、臨床家はそのトラウマを語ることで積極的に治療関係を形成しようと考える。トラウマが原因となって親子が情緒面や親子関係に問題を抱え

ていることに触れ、治療を通じてその問題が改善されることを伝える。治療におけるタイミングと勘どころは、いかなる心理療法の実践でも重要なテーマである。しかし、臨床家がトラウマを受けたことによる反応を説明し、それは誰にでも起きる当たり前の反応であることを強調することが、治療の基礎段階（第1段階）の中核部分になる。感情の世界に関する知識に根ざした希望こそが、すべての効果的な心理療法に最も大事な要素だからである。

前提6：治療には、安全と希望を確かなものにしながら、「言葉にできないことを語る」ことも含まれる。子ども-親心理療法では、子どもと養育者が経験してきたことで、現在の症状に関連がありそうな不運やストレス、トラウマ事象を、さりげなく、しかし率直に探って理解する。この援助的だが教訓的ではない心理教育は、トラウマ治療ガイドラインに一致する。それは、見立てと治療において、介入者が「この人はどこが悪いのだろう？」と自分に問う姿勢から、「あなたには、何があったの？」とクライエントに問う姿勢に変えるよう推奨している。同時に、介入は豊かな遊び心と楽しい活動を通して、肯定的感情の促進を積極的に盛り込んでいく。トラウマのナラティブは常に保護的なナラティブによりカッコに入れられ、治療の安全と回復を確かなものにしていく治療的関わりを着実にする。

　トラウマ事象について率直に話すことを強調するのは、治療態度として進んでいて革命的だが、まだまだ取り組むべき課題が残っている。臨床家は、クライエントに、恥ずかしい経験や感情的に耐えがたい体験を無理に聞き出してはいけないと訓練されている。ここで、私たちは、ロスとフォナギーの反響の大きな著書、『何が誰に役立つか？　*What Works for Whom?*』（Roth & Fonagy, 2014）の中で投げかけている核心的な問いについて考えなければならない。成人クライエントに自分のペースで心の中を模索できるような治療的に抱える環境を提供することは、依然として大きな価値がある。ゆったりした自由連想は、思いもつかない治療的変化をもたらすつながりを導き出すことがある。すなわち、バラバラになっていた過去の経験と、抑圧・抑制されてきた感情、あるいは、経験に伴う痛みを受け流すように働くさまざまな心理的防衛に影響されてきた感情とのつながりである。意識的に思い出せない体験の存在や、その影響を取り扱う際には、最大限の臨床的注意を払わなければならない。なぜなら、心理的防衛の働きが人格構造を支えてきたので、その人は過去や現在になんと

か適応しているからである。

　しかし、トラウマ事象が最近起きて、現在も進行中で、意識の中に想起できる場合の臨床状況はだいぶ異なる。特に幼い子どもの場合がそうであり、その子が正しい現実認識を得るために、まず、大人がその子の経験を認める必要がある。ボウルビィは、大人が子どもに圧力をかけて、子どもの体験した逆境やトラウマを何もなかったことにしたり、他の人にも隠しておくようにしたりしてきたことを長年さまざまな機会にわたり演説し、記述してきた。彼の代表作、「知ってはいけないことを知り、感じてはいけないことを感じること」の中で、ボウルビィ（Bowlby, 1988）は以下のように述べている。

　　子どもは、親が子どもには見てほしくない場面を見たり、親が子どもには抱いてほしくない印象を抱いたり、親が子どもは経験していないだろうと思いたい経験をしていることが多い。子どもたちの多くは、自分の親がどう感じているかに気づき、自分がすでに得た情報をそれ以上広げないようにして、親の望みに従おうとする。そうすることで、子どもは意識的に、これまでにそういう場面を見てしまったこと、そういう印象を抱いてしまったこと、あるいはそういう経験をしてしまったことを、あたかも気づかないことであるようにすることが証明されている。ここには、あまりにもよくあるのでついネグレクトされがちな認知障害のもとがあると、私は思う。(pp.101-102)

　ボウルビィは、そこからこの現象を大人の離人症、解離、健忘、虚構の体験と関連づけている。
　否定的な自己帰属感や、世界についての誤った思い込み（**病的信念**〔pathogenic believes〕）を修正することは、理論的背景の違いによらず、有能な臨床家の間で共有されている臨床的介入であることが実証されている（Weiss, 1993）。これらの病的信念の多くは、物事の捉え方がトラウマの影響を受けたことと関連がある。それは、子ども時代に恐ろしい状況に耐えながら安全に守ってもらえず、自分ではどうにもできないストレスを経験したことから生じる。乳幼児期の精神保健に関わる臨床家は、幼い子が知らなくてよい、感じなくてよいという圧力をかけられて、認知や人格構造が歪むのを防ぐ貴重な機会を与えられている。少なくとも5歳頃までに幼い子どもが経験するストレスやトラウマ事象のいくつかは、養育者も子どもも普通は気づいているものだ。

尋ねれば、何が起こったか、それについてどう感じているかを話してくれるだろう。話の内容は不完全だったり不正確だったりして、治療が進むにつれて明確化したり発展させたり修正したりする必要があるかもしれない。しかし私たちの経験では、親も子も、治療関係の最初から臨床家が関心をもち、痛みや心配、混乱、罪悪感や恥の気持ちを受けとめることができると、しばしばほんとうに安堵するものである。

　トラウマのもたらす心の痛みを理解することの治癒力を支持するからといって、他の側面をおろそかにするわけではない。身体を使う楽しみ、遊び心、支え合う関係、美しいもの、スピリチュアルなこと、そして幸せをもたらす人間のあらゆる試みもまた、強力な癒しの力を宿していることから臨床家が注意をそらすことはない。「赤ちゃん部屋の天使」(Lieberman, Padron, Van Horn, & Harris, 2005) の概念は、関係性パターンの世代間伝達には、未解決な子ども時代の葛藤だけでなく、子どもの時に育ててくれた人に丸ごと愛され、大切にされ、安心しきっていた経験も含まれることを認識するところから生まれた。物理学者のニールス・ボーアはこう述べている。「深い真実の反対は、もう一つ別の深い真実かもしれない」(Rozental, 1967, p.328からの引用)。よいことを思い出すことは痛みを思い出すのと同じように癒しに大事なことである。精神分析においては、相反するものの統合は心理的葛藤の最も成熟した解決法である。それはちょうど、絵画において光と影を相互に用いる技術としての明暗法の発見が芸術の進化に新しい次元を開いたのと同じである。ウォルフェンスタイン (Wolfenstein, 1966) は、幼い子どもは悲しみのスパンが短いと言う。これは、そうあるべきである。子どもは、成長し、探索し、発見し、生きていることから楽しさと意味を引き出すために、自分の情緒的エネルギーを守る必要がある。幼い子どもの親もまた同じで、前向きに発達していく段階で支援を必要とする。治療者は、悲しみや怒りや恐れの感情の中にいる親子に会わねばならない。そして、これらの感情を、彼らの情緒的体験の一部になるよう支えていくのである。心の色彩のシンフォニーの中の、より暗い色合いにも喜びの輝きや希望を照らす光が含まれているのだから。この姿勢はまた、臨床家にとっても個人的に価値がある。トラウマを人生のさまざまな可能性の一部という、より広い視点に位置づけることで、代償性トラウマやバーンアウト、共感疲労から自分自身を守ることができるからである。

6つの前提概念は、各治療段階において臨床家の介入の方向性を示すものである。

子ども-親心理療法の歴史的起源と発展

子ども-親心理療法は関係性に基づく治療法で、親子のやりとりと、その親子が互いに相手をどう認識しているかに焦点を当てる。中でも、特に人生の最初の数年間に親子の間で交わされる間主観的なやりとりの核心的領域である「安全と信頼」対「危険と恐怖」の問題に焦点を当てる。理論的枠組みとしては、精神分析、愛着理論、発達精神病理学的観点の統合されたものである。目標とするのは、親子がそれぞれ年齢相応の**目標修正型相互関係**（Bowlby, 1973）を築く能力を高めていくこと、すなわち、互いに心を通わせ、相手の動機とニーズに臨機応変に応答する力を身につけることである。また、否定的なやりとりのもたらす恐怖や不信や疎外感の悪循環を変えていくこと、そして、どのようなトラウマが原因となって親子の間の感情調整困難としっくりいかない応答を引き起こしているのかを明らかにし、それに取り組んでいくことである。

子ども-親心理療法の理論的対象は、親子関係において親子がともに作りあげてきた物事の意味の絡み合いであり、それは親と子それぞれがもつ自分自身および相手に対する心的表象から生まれる（Lieberman, 2004）。その意味では、この介入は親と子の不適応に陥った心象をターゲットとし、自分自身と相手の内的世界を理解し、尊重しようとする動機を育むものである。親子の行動を直接取り上げる時にも、その介入は行動が起きた文脈と、その行動が親子にとりどのような意味をもつのかをよく理解しながら行う。

子ども-親心理療法の起源は、**乳幼児-親心理療法**（infant-parent psychotherapy）である（Fraiberg, 1980）。それは、生まれてから3歳までの間に親から子へ精神病理の世代間伝達が起きないよう予防するための、精神分析的治療法である。この世代間伝達は、「赤ちゃん部屋のおばけ」として知られる。乳幼児-親心理療法は、『乳幼児精神保健の臨床研究：人生の最初の年 *Clinical Studies in Infant Mental Health: The First Year of Life*』（Fraiberg, 1980）にきわめて詳細に述べられている。人生の最初の年、2歳まで、3歳までと続く3部作の第1部になる予定であったが、セルマ・フライバーグは1981年に63歳の若さで亡くなったため、乳幼児の心理療法に多大な貢献をするはず

の3部作は完成されなかった。しかし、フライバーグは次世代の乳幼児精神保健の臨床家たちに深い臨床の知恵を授け、不朽の功績を残した。フライバーグモデルをよちよち歩きの幼児と親の心理療法に応用したのはリーバマンである（Lieberman, 1992）。そして、以下複数の研究者の無作為研究により、その効果が実証されてきた。リーバマン、ウェストンとポール（Lieberman, Weston, & Pawl, 1991）と、シチェッティ、トスとロゴシュ（Cicchetti, Toth, & Rogosch, 1999）、シチェッティ、ロゴシュとトス（Cicchetti, Rogosch, & Toth, 2000）、トス、ロゴシュ、マンリーとシチェッティ（Toth, Rogosch, Manly, & Cicchetti, 2006）。年長児とその親治療への応用は、トス、モーガン、マンリー、スパグノラとシチェッティ（Toth, Maughan, Manly, Spagnola, & Cicchetti, 2002）、リーバマン、ヴァン・ホーンとゴッシュ・イッペン（Lieberman, Van Horn, & Ghosh Ippen, 2005）、リーバマンとヴァン・ホーン（Lieberman & Van Horn, 2005, 2008）らによってなされている。

　最初の5年間の親子への介入方法の実質的な概念には重なる部分が多く、フライバーグの「赤ちゃん部屋のおばけ（1980）」モデルに根ざした乳児、幼児、年長児の治療をひとくくりにする名称が明らかに必要になってきた。また、愛着理論や発達精神病理学やその他の分野での進歩を、乳幼児期を対象にするこの治療アプローチの概念と実践に反映させる必要も出てきた。さらに、主に母親の未解決な子ども時代の葛藤のレンズを通して、子どもの精神保健の症状や母子のやりとりの病理を第一に理解する古典的な乳幼児－親心理療法モデルに、乳幼児の発達の特色を組み込むことが重要であることも明らかになった。赤ちゃんもさることながら、それ以上に幼児や年長児は、治療の場にその子独自の差し迫った問題の表現をもちこんでくる。それぞれの行動の意味は、必ずしも親のネガティブな背景を通して理解できるものではない。しかし、こうした親の背景は子どもに対する反応に表れ、それが子どもの問題行動を深刻化させたり長期化させたりすることがある。例えば、活動性のレベルが高く感受性の激しいタイプの2歳の子は、父親が母親に暴力をふるうのを目の当たりにすれば攻撃的になるかもしれない。それは、父親の目には「男らしい」と映り、母親の目には「父親そっくりの虐待者」と映るだろう。そうなると、この場合父親も母親も、子どもの攻撃的な行動が古典的な「加害者への同一化」（A.Freud, 1936/1966）であり、父親の怒りに怯えるあまりの死に物狂いの行動であることが理解できなくなる。

　子どもなら何歳でも、生まれる前や生まれたての赤ちゃんでも、親の転移対

象になりうる。しかし、子ども個人の気質や、親の背景へのその子特有の適応スタイルは、包括的な治療アプローチの重要な要素である。前出の攻撃的な幼児の場合、親の背景を解釈したとしても、それだけでその子の攻撃性が収まることはないだろう。その親と子が怒りのありかを見つけるために年齢相応の介入の仕方を学び、実際に使い、攻撃的でない怒りの表現方法を練習するのを手伝う必要がある。リーバマンとトスは、乳幼児臨床のジレンマに向き合う中で、幼児と親の治療における発達面について議論し、フライバーグの乳幼児－親心理療法から発展した5歳までの子どもを対象とする治療介入方法を「**子ども－親心理療法**」（CPP）と呼ぶことに合意した（Alicia Lieberman & Sheree Toth、私信、2004年2月）。今では、**子ども－親心理療法**は、精神分析、愛着理論、発達精神病理学を統合した、乳幼児と親の関係性を重視する治療法を指す一般的な呼び名として定着している（例：Cicchetti, Rogosch, Toth, & Sturge-Apple, 2011; Lieberman, 2004; Lieberman, Ghosh Ippen, & Van Horn, 2006; Lieberman et al., 2005; Lieberman & Van Horn, 2005, 2008; Osofsky, 2005; Osofsky & Lederman, 2004; Toth, Gravener-Davis, Guild, & Cicchetti, 2013; Toth, Manly, & Nilsen, 2008）。

　子ども－親心理療法は、精神分析、愛着理論と発達精神病理学の理論的統合に基づくものである。そして、発達理論、トラウマ理論、臨床実践、認知行動療法、社会的学習理論から発展した、身体中心の行動に基づく手法も取り入れている。とりわけこの療法は、情動調律、心因性信念、また、威圧的な親の子育てと子どもの攻撃的で反抗的な行動とのつながりに関わるものだからである（Cohen, Mannarino, & Deblinger, 2006; Patterson, 1982; Reid & Eddy, 1997; van der Kolk, 2014; Webster-Stratton, 1996）。

　この介入では、安全を促進するような、また、前向きな気持ち、親子が互いに楽しめる遊び、ともに世界を探索すること、年齢相応の社会性や建設的な葛藤解決力を培うような認知や態度や行動を支援し強化する。また、懲罰的な子育てや、うまくかみ合わず加減のできない親子の行動の改善を目的とする。そして、特にトラウマによるストレス兆候に焦点を当てる。それは、攻撃性、反抗的態度、不服従、無謀さやなだめにくさ、過度のかんしゃくなどの外在化問題や、多様な恐怖、分離不安、睡眠障害、社会的・情緒的ひきこもりなどの内在化問題を含む。

　この介入は家族のやりとり、とりわけ親子の関係性に焦点を当てるが、介入にあたっては、その家族の文化的価値観や社会経済的状況、教育といった背景

に最大限の考慮を払う。そのため、子ども‐親心理療法では、家族との協力体制を築く過程で、家族の生活問題にも積極的な支援をする。自分の育った文化から切り離され、社会経済的に困窮した家族、混乱の中を生きる親は、子どものニーズに情緒的に寄り添うことがなかなかできない。実際、子どもがなんとか親に振り向いてほしくて必死にやることも、くたびれ果てた自分に追い打ちをかける負担と感じるだろう。このような状況下で、生活問題を具体的に支援することは、親を治療に参加する気にさせる大切な第一歩となる。臨床家が親の視点を治療に取り入れる力やそうする気があることが伝わるからである。

子ども‐親心理療法は、幼い子どもと親の関係性が家族の困難な状況から悪影響を受けている、以下のようなあらゆる場合にも適用できる。親のうつ病などの精神疾患、親しい人との死別体験、慢性的ストレス、安定した愛着形成を妨げる子どもの生まれつきの資質や発達上の特徴や親子の気質の「相性の悪さ(poorness of fit)」(Chess & Thomas, 1984) など。それぞれの要因に各々合わせた介入が必要である。子ども‐親心理療法と精神力動的乳幼児精神保健の治療の違いは、子ども‐親心理療法がトラウマ事象とその心理的後遺症を明らかにしてその取り組みに焦点を当てる点にある。乳幼児期精神保健ではまだトラウマ治療が不足しているため、本書では、親子関係や子どもの精神保健や子どもの発達の勢いが、暴力を体験することによって損なわれた時に行う治療法に焦点を当てる。

子どもと親の発達的側面への考慮

いかなる心理療法も、発達を全生涯にわたる過程と捉えるべきである。そこには発達指標通りにはいかない偏りや遅れや精神病理パターンもある一方、健康な成長へと向かおうとする勢いもある。子ども‐親心理療法は**発達精神病理学**の基本概念を取り入れている。それは、精神病理の発症の起源と、進行の仕方と確立に至る多様な過程を理解するために、生涯にわたる視点を取り入れた、多職種的な分野である。発達精神病理学は以下のさまざまな分野を統合している。発達・臨床・社会・実験心理学、精神医学、精神分析学、社会学、文化人類学、発生学、遺伝学、脳科学、疫学である。個人差や、適応的パターンや不適応パターンの連続性と不連続性、そして精神病理の発現と経過を研究するための統一された概念の枠組みを作る試みをしている。発達精神病理学の理論と

研究から得られた知見は、臨床にも大きな価値がある。例えば、この分野は、単一の個別的リスク因子を追究する代わりに、リスク因子と保護因子の絡み合いを理解し、普通とそうでない行動の理解に文脈の重要性を置くことで、精神病理の因果論の解明に役立っている。さらに、**等結果現象**（*equifinality* 異なる環境で育った結果、同じ状況になる）や**異結果現象**（*mutifinality* 同じリスク因子がありながら、人によって結果が異なる）を含む、特定の結果に行き着く発達経路の概念化にも役立っている。単一で累積するリスク因子に着目することもまた、臨床上大きな意味をもっている。発達精神病理学の視点を学んだセラピストなら、生物学的、心理学的、社会学的、そして人類学的に子どもと親の機能に影響するリスク因子や保護因子を考慮した臨床的公式化と治療計画を立てることができる。

　子どもはトラウマにさらされると、トラウマ状況から受けたストレスとその子の人格発達とがきわどく絡み合って、トラウマに関連づけたものの見方が形成される。それは発達途上の子どもの生態系を形作り、その子の知覚、気持ち、考えや行動を通して表現される（Pynoos, Steinberg, & Goenjian, 1996）。トラウマを通して物事を捉えるようになると、子どもの発達軌道は変わり、一生続くことにもなる。どれほど発達が阻害されるかは、その子の資質と過去の経験の複雑な絡み合いによる。過去の経験とは、トラウマ体験の客観的、主観的特徴、リマインダー、併発していた状況、二次的ストレス、そして、トラウマの前、中、後の周囲のサポートである（Pynoos, Steinberg, & Wraith, 1995）。トラウマが家庭内の暴力による場合には、そこにもう一つ複雑な次元が加わる。子どもが暴力によって受けるトラウマの影響は、親自身が暴力を受けたりまたはふるったりしたトラウマの影響と作用し合うからだ。

　暴力は長期間にわたるほど、そして安全と保護が個の尊厳の前提となる親密な関係において起きるほど、トラウマとして重症化する。たとえ診断可能な精神医学的状況にまで表れなくとも、家族間の暴力は、自己認識、情動調律、他者との関係性、意味体系に決まって変化を及ぼす（Herman, 1992; Horowitz & O'Brien, 1986; Pynoos et al., 1999; van der Kolk, 1996, 2014）。どれが損なわれても、その人の親としての育児能力やわが子と築けるはずの親子関係に影響する。年齢にかかわらず、トラウマ事象を体験すると、トラウマを咀嚼するための論理的理解や、目的に適った計画の立て方などの高次機能が働かなくなる。圧倒的なストレスに耐える瞬間的生理学的反応——闘うか逃げるかすくむか（flight fight freeze）——は、生き延びる確率を高める本能的な知恵である（Cannon, 1932）。しかし、それが慢性的な反応に定着すると不適応反応となる（Sapolsky, 1994）。こうした反応のうち、幼い子によくみられるのは、愛着対象に向かってすばやく動く、愛着対象に危害を加えるものと戦う（例：両親の夫婦喧嘩に割って入り、やめて！　と言いながら加害者を叩く）、じっと動かない、視線を避ける、もしくは、危険のもとに目が釘づけになる、といった反応である。危険が去ると、生命体としてすべての感覚器官（視覚、聴覚、嗅覚、触覚）が受けた激しい知覚は、消えることのない傷跡を残す。ベッセル・ヴァン・デア・コークが「身体が覚えている」と表現した通りである（van der Kolk, 2014）。トラウマのリマインダーがあると、生理的、情緒的、行動的にもとのトラウマ反応が呼び起こされる（Pynoos et al., 1999; Sapolsky, 1994）。

　乳児から就学前にわたる幼い子どもは、暴力にさらされるとしばしば正常な発達が阻害される。ヴァン・デア・コーク（van der Kolk, 1987）が「最も早期に体験しうる、最も有害な心的外傷は安全基地の喪失だ（p.32）」と述べている。暴力を体験した幼い子が高い割合で内在化と外在化の以下の問題を抱えていることは、実証的論文でも裏づけられている。感情調節困難、対人関係困難、トラウマの再現遊び、睡眠障害、発作的な怯えと収まることのない激しい泣き方、発達段階の退行、攻撃性、言うことを聞かないことなど（Davidson, 1978; Eth & Pynoos, 1985; Gaensbauer, 1994; Parson, 1995; Pruett, 1979; Pynoos & Nader, 1988; Terr, 1981）である。

　幼い子どもは、急激な発達変化の時期にある。トラウマへの反応は、その子の発達段階に左右される（Marans & Adelman, 1997; Osofsky, 1995; Pynoos & Eth, 1985）。1歳までの乳児は、危険を察知すると、感覚運動の乱れや生体リズムの混乱として反応する。例えば、長時間激しく泣きやまない、なだめても効果がないなど。また、手足を過剰にばたつかせる、筋肉が堅い、落ち着きがない、動揺するといった運動の問題、食欲低下や過食といった摂食の問題、そして、寝つきの悪さ、頻回な夜間覚醒、夜驚といった睡眠の問題、さらに、明らかな疾患を伴わない便秘や下痢といった排泄の問題などの形をとる。感情鈍麻は、もの悲しげな雰囲気や抑制された様子、また、年齢相応の刺激に鈍感といった形で現れる（Drell, Siegel, & Gaensbauer, 1993）。最も深刻なレベルのトラウマは、身体で体験され、現される。

　自律して動ける幼児や就学前の子は、危険を察知すると闘争・逃走メカニズ

ムで反応する。このメカニズムは、向こう見ずで怪我をしやすい傾向や、探索行動の抑制を引き起こす。また、無理に身辺自立しようとする子もいる。いずれも、2、3歳までの特徴である安全基地行動の標準パターンからのずれとして現れる（Lieberman & Zeanah, 1995）。

　幼児や就学前の子は、言葉の使用と象徴遊びが急に増え、活発に物事の因果関係を理解し、自分の体験の意味づけをしようとする。怖い思いをすると、そうなった出来事の理由を思い違いすることが多い。親が怒ったり、大人同士の大喧嘩を自分のせいにして自分を責めてしまう。また、自責の念や親への恐怖心と同時に、親のそばにいたいという願望もあり、その板挟みになって、子どもは引き裂かれた気持ちになる。その時生じる内的葛藤を外在化させ、攻撃性や反抗、言いつけに従わない問題で示すこともあれば、内在化させ、過剰な恐怖心やひきこもりの問題で示すこともある。また、親に頼って安心することができないと、子どもは早熟な能力を身につけ、自分で自分を守る行動をとることもある（Lieberman & Zeanah, 1995）。

　早期幼児期における心的外傷後ストレス。PTSD の診断は、子どもが実際に死や死ぬ恐れのある場面、本人や他者が深刻な怪我を負うような出来事、あるいは、本人か他者の身体、もしくは心の本来の状態が脅かされる出来事を、体験したり目撃したりまたは聞き知った場合になされる（ZERO TO THREE, 2005）。以下の症状が、その診断基準と考えられている。

1. ポストトラウマティックプレイを通じてトラウマを再体験する、生活の中でトラウマ体験を頻繁に想起する、繰り返し悪夢を見る、リマインダーにさらされた時に不安を示す、および／もしくは、フラッシュバックや解離の明確な特徴を伴うエピソードを示す
2. トラウマリマインダーの回避としてリマインダーとなる活動や人々や場所を避ける努力
3. 以下の症状にみられる応答性の鈍さ、あるいは発達の勢いの停滞。社会的なひきこもり傾向、情動の幅の狭さ、今までにできた発達スキルの一時的喪失、および／もしくは、遊びの減少または抑制
4. 以下にみられる覚醒の亢進。夜驚、入眠困難、頻繁な中途覚醒、注意散漫、過剰な警戒心、および過度の驚愕反応

トラウマ事象にさらされた子どもたちは、PTSDの診断基準を満たさなくても、とても深刻な機能不全を示す。カリオン、ウィームズ、レイとリース（Carrion, Weems, Ray, & Reiss, 2002）によると、虐待を受けた子どもは、PTSDの診断基準を満たしているかどうかにかかわらず、皆おしなべて低い成績だった。抑うつなどの別の臨床障害の症状を呈することもある。これは、トラウマを受けた子の行き着く状態はいろいろ異なるという発達精神病理の基本原則に則っている。また、トラウマ事象が起こる前にはみられなかった新たな症状が現れることもある。友達、大人、動物への攻撃、分離不安、一人でトイレに行くことへの恐怖、暗闇恐怖や他の新たな恐怖、身体症状、身体の動きによる葛藤の再現、早熟な性的行動などである。

　こうした行動上の問題は、真空状態で生じるのではない。その子が抱えているトラウマの影響だけでなく、ぎくしゃくした親子関係、家庭内や周辺環境の情緒的雰囲気、例えば近隣の危険やサポートの有無なども反映している。トラウマを受けた子の親もまた、トラウマを受けていることが多い。親がトラウマから受ける影響にも臨床的な目とケアを向ける必要がある。

発達段階に即した子育て。発達とは今まさに起きていて、人の生涯にわたり続くものである。親になることにより、成人の発達段階へと導かれる。そこで、長年続いてきた不適切なパターンをやり直し、自分自身や他者ともっと満足のいく関わり方を探る新たな機会を得る（Benedek, 1959）。同時に、親であることは、日々自分の子育て力や個人としてのセンスが試されるため、自分の大人としてのアイデンティティへの絶え間ないチャレンジとなる。

　家庭内の暴力やDVは、親の養育能力の健全な発達を阻害する手ごわいリスク因子である。どんなに最善の環境でも、親であることはとても大変な精神的な仕事である。乳幼児がどのくらい人の指示に従うことができるか、自制できるかの知識を十分もっていない親は、普通の生活のストレスに加えて子どもが親の困ることや煩わしいことをした時、厳しくその子にあたってしまう。

　暴力をふるったり受けたりしがちな親には、手を焼く子どもの節度ない行動に応じる能力がなおさら備わっていない。なぜなら、親自身が自分の強い感情をコントロールできず、しばしば不安定で落ち込みやすく、PTSDに苦しんでいるからである。そのような親たちは、わが子の行動を、この子が生来「悪い子」で、礼儀知らずで、かわいくないしるしと勘違いする傾向がある

(Lieberman, 1999)。また、世の中や人々は危険なものという自分自身のトラウマ体験に基づいて、わが子の年齢相応の行動を有害で危険なものとみなしてしまう（Pynoos et al., 1996)。

　個人的な問題を抱えながらも普段は情緒的にわが子に寄り添えている親でさえ、子どもが親をわざと困らせる行動をした時にどうふるまえばよいか、途方に暮れてしまう。そして、何とか子どもをなだめようとしてこびたり、衝動的に罰を与えたりするかもしれない。すると子どもは、DVを目撃して身についた、親は子どもを安全に守ることができないという感覚を強めてしまう。結果として、親の対応は、無意識のうちに、子どもの無力感や怒り、恐怖を増大させる。そこで、子ども‐親心理療法は、親と子がリマインダーに対する反応をともに理解し、反応を調節できるよう手助けする。また、気が動転した時に自分をどう落ち着かせなだめるか、親子の信頼をどう保つかを、家族とともに考え、そして、親子間の気持ちの行き違いを調整することを目指す。

文化的配慮

　親密な関係性のあり方を統制しているのは、文化の慣習である。それぞれの文化によって、感情を表すのかどうか、いつ、どのように表すのかが決まる。これは大人同士の関係性だけでなく、大人と子どもの親密な関係性にも当てはまる。すべての親密な関係性は文化的な背景の中に存在し、感情表現もその影響を受ける。どの文化も、そのままでは社会構造を損なう感情表現を、抑え、調整する仕組みを育んできたのである。

　怒りは、そうした情動の一つである。文化が異なれば、怒りを表現する方法、相手、怒りの表現への許容度も異なる。ある社会では暴力とみなされる行為でも、別の社会ではただの不機嫌とみなされる。これは、特定の文化において怒りやその他の感情の表現が一様で、画一的だという意味ではない。文化は幅広い個人差を内包し、微妙な意味合いを含む多面的なものである。文化内の相違を認めずにひとくくりにしてしまうと、その文化をステレオタイプで捉えることになってしまう。その相違は、民族性、社会経済的状況、教育背景、文化変容、世代間の相違、年齢、気質、家族の歴史など、多様な要素から生み出されるものである。

　臨床家はクライエント家族の文化的習慣を学び、どのような育児のやり方が、

その文化集団の一般的価値観を表すかを理解するよう努めなければならない。ただし、状況によっては、その基本姿勢を修正しなければならないこともある。例えば、ある文化では一般的な育児のやり方が、米国では違法または道徳的に受け入れられないかもしれない。このような育児のやり方は介入の中でちゃんと取り扱う必要がある。別の文化では普通のことであるからといって、米国で普通とされる価値観からみた、その基本姿勢の機能と子どもへの影響について、じっくり話し合うことを省いてよいことにはならない。

　文化もそれを代表する個人も、状況の変化に応じて進化していく。歴史の流れの中で、社会や経済変化につれ多様性が生まれてくるが、文化も人も、多様性に寛容になったり不寛容になったりする。女性や子どもやマイノリティの社会的地位の変化はそのよい例である。彼らは歴史的に暴力や虐待の標的となってきたが、歴史、社会、政治、経済状況に応じて文化が変化するにつれ、その文化における地位は、よいほうにも悪いほうにも変化してきた。

　力の強い者から弱い者への攻撃が減ることが道徳的で治療的な目標であり、狭義の文化的配慮を超えて重要なことである。文化の違いへの尊重を理由に強者が弱者に苦痛を与えることを容認する文化相対主義に陥ってはならない。米国では、DVと子どもへの厳しい体罰は有害で違法という社会的な合意がある。加害者の責任を追及し損なう個人や団体例がしばしばあるが、児童虐待やDVを禁ずる法の整備に関して社会が大きな進歩を遂げてきたことは、きちんと評価すべきである。この視点から、家庭内の暴力と体罰を、臨床家が見逃したり、伝統的慣習として簡単に片づけたりしてはいけない。

　臨床家がある親の育児のやり方が有害だと思う時、異なる文化には異なる育児のやり方があることを十二分に尊重してから介入を行う。そのうえで、論点となる習慣がなぜこの国では受け入れられないかを説明し、親の見解を引き出しながら、複雑な要素すべてを含めて思慮深く話し合えるように会話を導いていく。特定の育児のやり方やその意味づけの文化的根源を明らかにしていく中で、臨床家は、とりわけ社会経済的な要因によって、同じ文化内でも子どもの養育には多様性があることを念頭に置かなくてはならない。同じ文化内の相違が、異文化間の相違を超えることさえあるだろう（van IJzendoorn & Kroonenberg, 1988）。必要であれば、子どもを保護するために児童保護局につなげるべきである。

トラウマ体験から回復するための治療の目標とメカニズム

　トラウマ反応の治療に欠かせないのは、実生活でも治療の場でも、安全な環境の確保である。これは大人でも子どもでも同じである。家庭内や隣近所で、不意に繰り返される暴力に、なす術なくさらされ続けてトラウマを負った場合、これは特にむずかしい課題となる。虐待された女性は、自分自身のトラウマによって危険信号を現実的に察知できない。そして、自分と子を無防備なままトラウマ体験に繰り返しさらし続けることになる。セラピストは、治療の土台として、親の自己防衛能力や子どもを守る能力を引き出し、その能力をうまく発揮できるようになることに焦点を当てておく必要がある。

　暴力による心の傷の深さを認識することもまた、回復過程に必須である。子どもがどの程度暴力を目撃し、そのために悪影響を受けたかについて、親は過少に評価しがちである（Peled, 2000）。子ども-親心理療法は、暴力について話し合ってはいけないというタブーを親子が乗り越えていけるようにする。臨床家は、親子の安全な仲介役を担う。暴力について口にすると、罪悪感、恥、非難や喪失感に圧倒されるのではないかという恐れから、暴力について親子ではなかなか話し合えないものである。

　子どものトラウマ治療も大人のトラウマ治療も、さまざまなアプローチの仕方があるが、治療目標やメカニズムには多くの共通点がある（Marmar, Foy, Kagan, & Pynoos, 1993）。いずれの共通点も、以下に挙げるトラウマ反応の主要症状を対象にしている。

1. **正常な発達を取り戻し、周りに適応し、目の前の活動と未来の目標に取り組むこと**。健全な普通の発達は、子どもにとっても大人にとっても、何よりも重要な治療目標である。介入の中心になることは、日常生活が今まで通りに行われることである。子ども-親心理療法のセラピストは、発達に見合った課題を達成するのを手伝い、さらに、その目標を達成するメカニズムとしての新しい適応的なやり方に挑戦するのを助ける。
2. **脅威に対し、現実的に対応する力を育むこと**。安全性の確保には、まず、その状況が危険をはらんでいるかどうかをモニターする能力が必要となる。トラウマを受けた子どもや大人は、しばしば危険信号を察知して反

応する能力が損なわれている。危険を軽く見すぎたり、おおげさに捉えたり、その両方であったりして、些細な刺激に過剰反応したり、深刻な脅威を見過ごしたりする。子どもの場合、この傾向は無謀さや事故に遭いやすい傾向として現れる。おもちゃを取られた、という些細な出来事に攻撃的になるか、そうかと思うと、道路に飛び出す、知らない人に近づくなどの危険な状況に飛び込んでしまう。治療方法としては、より正確に危険を察知し、それに適切に対応する力を育てることに焦点を当てる。

3. **普通の情動覚醒レベルを保つこと**。トラウマ事象の体験は情動の統制力を損なう。この能力の欠陥は、「生物心理社会的な落とし穴 (biopsychosocial trap)」を作り出す。なぜなら、覚醒状態の調整に関する神経生理学的混乱が起きると、その他の自己調整的な自然治癒メカニズムも影響を受けるからである。例えば、感情鈍麻、回避、過覚醒が起こると、身についた条件反射が消えにくくなり、他者に頼って安心感を得る能力は阻害されてしまう (Shalev, 2000)。子どもは特に、トラウマを受けたあと睡眠障害を起こしやすく、夢遊病や寝言、始終手足を動かす身体の休まらない睡眠、夜驚症を示す (Pynoos, 1990)。睡眠不足は子どもを、些細な出来事に怒りや攻撃性で過剰に反応しやすくする。このような生理学的変化は、トラウマへの予期反応と同類の行動である (Pynoos et al., 1996)。この治療方針は、有害な覚醒レベルを予測、予防し過覚醒への感情調節方法を実践することである。

4. **身体感覚への信頼感を取り戻すこと**。身体は、情動が体験され、トラウマの記憶が生き続ける、原初的な舞台である。その結果、身体そのものが「記憶」を留め (van der Kolk, 1996)、身体は何か恐れ避けられるものになってしまう。そして、自分を守るために感覚を遮断し、誰かと親しくなってともに喜びを感じ合う可能性を閉ざしてしまう。幼い子どもには、身体に触れたり触れられたりする体験が自分自身や他者との健康な関係性を得る土台となる。そのため、自分と養育者の身体感覚をもう一度信頼できるようになることが、発達過程における重要な要素となる。

介入は、触れたり触れられたりしても安全で、安全に触れ合い感じる喜びはいとおしいものというメッセージを与えなければならない。このメッセージを伝えるために、セラピストは親子の間で感情表現を促し、

子どもがセラピストに身体を通じて感情を表現した時、あまりおおげさにならずに自然に受け入れてみせたり、遊びやその他の活動でのちょっとした触れ合いをひるまずに受け入れたりする。

5．**親密な関係における互恵性の回復**。もし、安全基地の喪失が、心理的トラウマの引き起こす、最も早期の有害な結果であるならば、その回復には、安全基地の再構築が必要不可欠となる。安全な愛着関係が築かれるには、幼い子どものサインに自然と応答できる養育者の能力がなければならない（Ainsworth et al., 1978）。一方、暴力によるトラウマは、一方のパートナーの支配により他方に無力感を生み出し、互恵的相互作用の最悪の破綻を引き起こす（Benjamin, 1988）。虐待を受けた女性の多くは、子どもとうまく情緒的なやりとりを育むことができない。というのも、感情鈍麻や過覚醒が起こり、子どもの行動を無視したり、過剰に反応したりするかもしれないからである。暴力を受けた子もまた、問題を内在化させたり外在化させたりして、よけいに母親の不適切な反応を引き出してしまう。介入では、こうした親子関係の互恵性のつまずきを一つひとつ改善する方法を探る。それは、発達段階に見合うもので、さらに、親子の間で心理的に取り組める範囲内のものでなくてはならない。

　　虐待された母親と子どもが父親に対して抱く感情は複雑で、母子の間でまったく異なることさえある。子ども - 親心理療法のセラピストは、そのような2人の互恵性のつまずきにも注意を払わなければならない。母親も子どもも、父親が怖くもいとおしくもあり、父親がいなくなると戻ってきてほしいと切望する。しかし、これらの感情を、母と子が同じ時に、または同じくらいの強さで抱くとは限らない。子どもが父親の帰りを待ち望んでいる時に、母親は父親に対して恐怖を感じ、自分と子どもを父親から守ることに必死になっていれば、互いに満たされ合う関係は崩れてしまうだろう。介入は、親子が互いの視点を理解できるよう手助けしながら、互いに相手を満たしていく関係のつまずきの解決を探らなければならない。

6．**トラウマ反応のノーマライゼーション**。自分の行動に対して他者が否定的な反応をみせる時、トラウマをもつ大人は「自分はおかしいのだ」と悩み、子どもは「自分は悪い子」で「愛されていない」という空想を抱く。大人も子どもも、トラウマ事象を食い止められなかったことや、

時々あまりに露骨で暴力的な仕返しの願いを抱くことに、罪悪感をもっているかもしれない。子どもに対しても大人に対しても、治療の焦点は、トラウマ反応というものは普遍的に誰にでも起こる正しい妥当性のあるものと認める意味づけの枠組みを確立することである。仕返しの空想は、公平感を回復するための攻撃と捉え直すと、受けた攻撃の痛ましさをやり直そうとする感情だとみなすことができ、扱いやすいものになる。

7. **追体験と記憶の区別を明確にすること**。トラウマの後遺症の一つは、容赦なく想起が押し寄せることである。また、子どもは、行動や遊びの中で、トラウマの光景を繰り返し再演する。治療では、大人にも子どもにも、今自分がしていることや感じていることと、トラウマ体験とのつながりに気づくよう働きかけていく。過去と現在の環境の違いを強調し、そして、今はより安全な環境にいることに気づけるよう支援していく。

8. **トラウマ体験の全体像を捉えること**。治療は、大人も子どもも、トラウマの記憶によって引き出されるどうすることもできない感情を自分でコントロールできるようになることに焦点を当てる。トラウマの記憶が消し去られはしないものの、バランスがとれるようになると、トラウマにとらわれることは著しく減る。代わりに、その人が生きがいのある人生の出来事や自分の個性を楽しみ、受け入れ、前向きで豊かな人生の価値を認められるように励ます。

介入様式

　子ども－親心理療法にとっての特別な難題は、前述の介入の目的と変化のメカニズムを、少なくとも親と子どもの双方に同時に耕していかなければならないことである。親子は異なる発達段階にあり、トラウマとのつきあい方も異なる。子ども－親心理療法はまた、時には逆説的に、トラウマを抱えている（そして時には虐待的な）親に、子どもの心理的回復の過程で積極的なパートナーとしての役割を担ってもらうこともある。両親に加えきょうだいがいる場合、状況はより困難になる。複数の人間のそれぞれのニーズを考慮しなければならないからである。しかし、たとえそうであっても、この治療にはアプローチの困難さを上まわる潜在的な力がある。なぜなら、親子関係の回復は、親子それぞれの回復を必ずもたらすからである（Lieberman et al., 2006）。ひとたび健全な

親子関係が築かれると、介入が終了したあとも、引き続き子どもの健康な発達が長い間支えられていく。

前項で述べたように、トラウマの治療の目的とメカニズムは、乳幼児期の子どもが身体に基づく感覚や感情、思考を、以下に挙げる安心しても大丈夫という期待に統合できるようになると、幼少期のトラウマによる悪影響が和らいでいくという信念に基づいている。

・身体で感じるつらい体験は、他の人の助けを借り、子ども自身が積極的に対処することで和らいでいく。
・大人は子どもの味方で、子どもを危険や恐怖から守ってくれる。
・悪い出来事が起こったのはその子のせいではなく、その子に責任はない。
・強い否定的な感情は、有害な行動の形で吐き出す代わりに、整理して別の形に転換することができる。
・人生には、喜びも、達成感も、希望もある。

子ども－親心理療法は、これらの目標を達成するために、主に6つの介入様式を用いる。各様式では、自分の抱く気持ちはまともなものであり、親子双方がより強く自信をもてるように促すことが強調される。6つの介入様式は以下の通りである。

遊び、身体接触、言語を通して発達を促す。乳幼児期の健全な発達は、信頼関係に関わり、探索して学び、湧きあがる気持ちを抱え、気持ちをはっきりさせ、勘違いを直す、といった子ども自身の能力が基盤となる。子どもからのサインに感性豊かに反応し、安全でホッとするような身体の触れ合いをし、年齢相応の遊びを行い、そして、現実を言葉で説明し、感情を言葉で表現することは子どもに自信をつけ、先に述べた能力を育てていく。これは、暴力にさらされた結果、行動の調整力が損なわれ、対人認知に歪みが生じている乳幼児や就学前の子どもにとっては、なおさら重要である。遊びと言語は、危険や安全とは何かを考える時の手段として用いられ、怒りや恐怖や不安の表現として破壊的行動を用いる代わりに、感情を表現するための語彙を増やす手段でもある。『あなたの遊んでいる子ども *Your Child at Play*』（Segal, 1998a, 1998b）という題の2冊の本は、0～5歳の子どもに年齢相応の遊びを展開させる方法を学びた

い臨床家にとって、とても参考になるだろう。

非構造的な内省的発達ガイダンスを行う。この介入様式は、年齢相応の子どもの行動、ニーズや感情について、セッションで臨機応変に親に情報提供する際に用いる。セラピストは、子どもの行動やニーズ、感情を家族の生活環境と関連づけて話し、家庭内の暴力を目撃するような生活環境が子どもにどう影響するかを伝える。発達ガイダンスは、規定のカリキュラムに沿って行われるわけではないので「非構造的」である。また、その子がある特定の状況をどう理解し、反応するかに関心を向けると同時に、親に自分の内面と向き合うよう促し「内省的な機能」を高める（Fonagy, Gergely, Jurist, & Target, 2002）点で「内省的」である。

介入していくうちに、子どもや親、あるいはその親子関係に、いきづまりやもがき、または葛藤が生じる時がある。その都度、非構造的に、そして内省的に、発達に関する情報を提供する。また、楽しいことや得意なこと、成し遂げられたことにも触れる。できるだけ親自身の人生経験を発達ガイダンスに取り入れ、子どもがどのような体験をしているかを想像し、理解してもらうよう努める。この様式では、発達についての情報と内省、再構成、共感、そして適切な限界設定が強調される。

発達ガイダンスでは、ただ情報提供するだけでなく、幼い子どもが今築きつつある世界（Fraiberg, 1959; Lieberman, 1993）を親が十分尊重できるよう促す。ここに12のよくある発達上のテーマとなる項目を挙げる。

1. 泣くこともしがみつくことも、子どもの最も基本的なコミュニケーション法である。親がそれに対してホッとするように応答すると、子どもの健康な有能感と自尊心が育つ。
2. 幼い子どもは、親を喜ばせたい強い欲求をもっているが、親はあまりそれに気づいていない。
3. 分離不安は振りまわそうという気持ちの表れではなく、むしろ、愛情と喪失への恐れの表れである。
4. 幼い子どもは、親の愛情と承認を失うことを恐れている。
5. 幼い子どもは、親のようになりたくて、親の真似をする。
6. 子どもは、親が怒り、動揺する時や、物事がうまくいかない時に自分を

責める。幼い子どもが自己中心的に物事を捉えることの情緒面の副産物と理解できる。ある結果の原因を探る時、自分の役割を過大に捉えすぎてしまう（Piaget, 1959）。

7. 幼い子どもは、親は常に正しく、何でも知り、望めば何でもその通りにできると信じている。この親の全能感への信頼は、逆説的に、子どもが自分にも同じ力があり、それをどう使うかを決められると信じてしまうことにつながる。

8. 親が自分の子育てに自信をもち、何が安全で何が危険か、何が正しく何が間違っているか、何が許され何が禁じられるかについての自分で決めた基準をしっかりもち行使できると、子どもは愛され守られていると感じる。

9. 幼児や年長児が「いや・だめ（No）」という言葉を使うのは、親を尊敬していないからではなく、自律心を確立するためである。

10. 赤ちゃんも幼い子どもも物事を記憶する。生まれて間もない頃から記憶する力が十分発達しているが、記憶したことを話せるようになるのは、もっとあとになってからである。喜びや怒り、恐怖などの強い感情を伴う出来事ほど、生々しく覚えている。ただ、子どもの記憶は、その子の情緒の状態や、因果関係の理解度を含む認知発達レベルに影響されるため、常にこまかいところまで早く正確に覚えているとは限らない。しかし、いずれにしても、子どもの観察力は優れており、自分の周りで起きたことをその後長い間覚えていることもある。

11. 赤ちゃんも幼児も年長児も皆、鋭い感受性をもっている。しかし、感情をコントロールする術をまだ知らない。激しく泣き、かんしゃくを起こし、攻撃するのは、その子の生まれつきの性質ではない。子どもは皆、ただ、あまりに未熟なため、何かに困っていても、それを社会的に受け入れられるような方法で表現できないだけである。

12. 親子間の葛藤は避けられないものである。親と子は目指すものが違うし、人格や発達課題も異なるからである。親子が、互いの目標や願いは自分のそれとは異なるが、等しく正当なものであると認めたうえで、葛藤を解決するために協力していこうとする時、葛藤は貴重な発達的機能を果たす。

こうした一般的な発達ガイダンスに驚く親も多いだろう。ストレスや苦痛を伴い、予測不能なことの起こる環境で育った親にとっては、特に驚きであろう。親は、わが子が世界をどのように解釈するかを知るにつれ、自分自身の子ども時代の記憶について、新たな意味を見つけることができるようになる。そして、その積み重ねのあと、自分自身への、より豊かで、思いやりのある理解ができるようになるのである。

　適切な保護的行動のモデルを示す。この様式では、行動がエスカレートして危険な時、その場で対処する。例えば、危険に身をさらす行動をしている子どもを守ったり、人を傷つけるのをやめさせたりする。臨床家は手本となる行動を示したあと、なぜそのような行動をとるのがよいのかを必ず説明する。さらに、親に（適切なら子どもにも）、何が起きたのかを振り返り、それがなぜ危険なのかを知ったうえで、身を守る行動の大切さを理解できるように働きかける。親と子どもが互いをどれほど大切に思っているか、危険から守られて安全であることがどれほど重要かを強調する。また、親が何か危険なことをしようとする時、臨床家は、親の安全性にも目を向け、適切に危険を避ける手本を示す。親の心配事の原因をはっきりさせ、危険な行動の代わりとなる行動を提案する。

　気持ちと行動を解釈する。解釈は、うまくいくと、混乱した気持ちや、説明しがたい反応や行動に意味を与えることになり、それによって、親子は自分たちの心の内側で起こっていることと、現実に他者との関わりの中で起こっていることとの関連性をより実感できるようになる。つまり、解釈は、親子の行動の、無意識にあって語られていない、または象徴的な意味を言語化することにより、親や子どもの深い自己理解へとつながる。
　子どもの行動の解釈：4つの根源的な不安
　子どもは、5歳になるまでに、次の4つの普遍的な不安を順番に経験していく。(a)喪失／見捨てられる不安、(b)親の愛を失う不安、(c)身体が傷つく不安、(d)自分と人の期待に応えられない不安（**超自我非難** superego condemnation と呼ばれる〔S.Freud, 1926/1959〕）である。それぞれの不安は、子どもが危険を理解する能力を新たに獲得したことの表れである。見捨てられ不安と喪失不安（分離不安として特に8〜18ヵ月に特徴的に表れる）は、親の愛と承認を失う

不安へと移行していく。それは、親がただここにいれば安心だったのが、親の気持ちが自分に向いているかどうかということに、幼児期のうちに鋭く気づくようになることを示している。1～2歳になると、身体が傷つくことへの不安が出てくる。これは、自分で動く能力を獲得したばかりの幼い子が、同時に身を守る力を身につけていることの表れである。自分や他人の期待に応えられない不安（「悪い子」になる不安）は年長児によくみられ、子どもが社会の基準を自分の中に取り込み、道徳心が芽生えていることを示す。

これらの正常の不安が強まるか収まるかは、親との関係で身についた自己意識による。例えば、子どもが性器に関心をもった時、親は叱りつけるかもしれないし、理解し賛成を示すかもしれない。子どものほうも、この認められるかそうでないかの反応を、自分がよい子か悪い子か、愛されているか愛されていないか、受け入れられているか拒否されているか、の表れと受け取るかもしれない。

トラウマは、これらすべての幼い子どもの正常な不安を増悪させる。子どもは、身近に何か重大なことが起きる時、自分のせいだと考える（Piaget, 1959）。そのため、生後2年目になると、自分や家族に悪影響を及ぼすよくないことが起きた時、自分を責める傾向がある。幼い子の、一見筋の通らない行為の多くは、家族の状況に基づいて解釈すると理解できるようになる。すなわち、それらの行為は、その子の自分がどこかに捨てられてしまう不安、愛されていない不安、傷つく不安、そして、自分は悪い子である不安の表れなのである。トラウマを予期してしまう物事の捉え方には、その根底に、その不安が現実に起きるだろうという恐れがある。その不安を声に出して話し合い、その不安（恐れ）は根拠がないとはっきり伝えて子どもを安心させると、子どもはわりとすぐにこの重苦しい不安な気持ちから解放される。例えば、ある4歳の男の子が先生に「僕が悪い子だったんだ。だからもうママとは一緒に住めないんだ」と言った。先生は「君はまだ小さいんだもの、君は悪い子なんかじゃない。ママが君と一緒に暮らせないのは、ママが君みたいな小さい子の面倒をどうやってみればいいか知らなかったからなんだ」と答えた。子どもは見るからに驚いていた。それからは、その子がクラスで悪いことをした時はいつも「君は小さいんだもの、君は悪い子じゃないよ。4歳らしくするにはどうするか、私が教えてあげなくてはね」と言った。2週間ほどで、子どもの行為はかなり改善された。

親への解釈

　子ども－親心理療法でよく行われる解釈は、自分の人生経験に対する親の認識と、子どもに対する親の感情と子どもへの実際の関わりとの関連を明らかにするためになされる。例えば、日常的に体罰を受け、批判され、ネグレクトされて育った親は、無意識のうちに、同じことを自分の子どもとの関係で繰り返してしまう（Fraiberg, 1980; Lieberman & Pawl, 1993）。DVや虐待で傷つけられてきた親は、わが子と、加害者である配偶者や過去に自分を虐待した養育者が似ていることに気づき、ぞっとするかもしれない。また、子どもの行動やその動機をトラウマの視点から捉えて、攻撃や虐待を予期して不安になるかもしれない。こうした場合では、親が子どもを否定的に捉え、それが子どもの内面に取り込まれ、子どもの自己感の根底に大きな影響を及ぼすことになるだろう（Lieberman, 1999; Silverman & Lieberman, 1999）。

　タイミングよく解釈を行うと、親は、自分が過去を無意識に現在に繰り返していることに気づく。子どもへの歪んだ認識を訂正し、そして、何にも縛られず、子どもの発達にふさわしい育て方を学ぶことができるようになる。解釈はまた、子どもが無意識に抱えている自分の不適切な信念や防衛機制に気づくきっかけになる。

　無意識過程の解釈には、熟練と洗練されたタイミングのセンスが求められる。解釈により、新たな、時に動揺させられるかもしれない仮説が示されても、親は十分それに耐えうる性格構造をもつというセラピストの確信が必要である。これは、セラピストが、親の行動を子どもの前で解釈する必要を感じる場合に特にあてはまる。前言語期、前象徴期の乳幼児の場合、親の行動の解釈はたいてい子どもの前で行われる。それは、子どもが受容言語に習熟しておらず、親の痛ましい体験がはっきりとは理解されず、ストレスを受けにくいからである。幼児や年長児の前で大人への解釈を行う際は、慎重を要する。なぜなら、そのくらいの子どもたちは治療的な介入に積極的に参加したがり、親や治療者が話し合っていることをよりよく理解できるからである（Lieberman, 1991）。

　子どもの前で強く感情を揺さぶられるような話題について話すと、子どものストレスが高まり、親子の身の安全と安定した生活についての不安が増す。しかし、実際は、多くの子どもたちが日常的に子どもにふさわしくない苦痛な話題にさらされている。子どもがまるでそこにいないかのように、あるいは、子どもは大人の話を理解できないかのように、大人は会話を続けるからである。

親や大人たちが気がかりな話をしている場に居合わせる子どもにとり、日頃耳にする話題が出てこなければ、それは治療者とは話してはいけない話題があるというメッセージが送られているのと同然である。そうした状況では、臨床家は板挟みになる。どちらのほうが、より子どもの心の健康によいのだろう。子どもの前で、子どもの年齢にはふさわしくない話題を話し合い、日常生活でその子が目撃している状況に対して少しでもバランスのとれた見方を提示するようにするのがよいのか。それとも、親に対して、子どもの心に重荷となる話題から子どもを守る姿勢の手本を示すのがよいのか。

　その答えは、個々の状況によってまったく異なる。そのため、臨床家は、子どもがいる前で親のつらい体験について話を聞くかどうか、聞くとしたらいつ聞くのがよいかをよく考えなければならない。もし、臨床家が、子どもの前で話すことは子どもを怖がらせ、傷つけると判断したら、親と2人だけの面接を応用した次の3つの方式を用いてもよいだろう。

・面接の時間を前後2つに分ける：一方は親面接、もう一方は子ども面接。この方法は、親と子のどちらもが相手とうまくいかないと感じている親子に喜ばれることが多い。親も子も、臨床家と一対一の面接を希望しているからである。
・定期的に、または必要な時だけ、いつもの面接に並行して親面接を行う。親子関係や子どもの発達を改善するために、親への直接介入が重要である場合に行う。
・親が必要とする場合には、並行して個人または集団心理療法を紹介する。

　解釈を用いることによって、怒りや悲しみといった否定的な感情の起源に気づくようになることが多い。「赤ちゃん部屋のおばけ（Fraiberg, 1980）」のモデルは、虐待やネグレクトを通して起こるトラウマの世代間伝達の古典的な象徴となった。親が子どもに抱く拒絶や怒りや疎外の感情の起源は、親の人生早期の体験にあるとされる。その点を親が深く洞察できると、子どもは親の葛藤に巻き込まれずに済むようになる。同時に、親自身が、忘れ抑圧してきた、楽しく充実した人生経験を思い出し、自己感へ統合することも大切である。この「赤ちゃん部屋の天使（W. Harris、私信、2003年4月23日）」は、親、子、そして親子関係によいことがあるという希望の兆しである（Lieberman, 2004）。

情緒的に寄り添い、共感的に関わる。臨床家が情緒的に関わることで信頼関係が築かれ、その信頼関係が土台となって、治療的介入の効果が生まれる。子ども－親心理療法において、親による情緒的サポートや子どもとの共感的なコミュニケーションは、臨床家が親子とのやりとりで見せる情緒的共感的な関わりによって促される。支援的で共感的な介入とは、以下のように理解できる。言葉と行動により、治療目的は達成できるという現実的な望みを伝えること、個々の目標や発達課題を達成する満足感を分かち合うこと、物事にうまく対処する方法を維持できるように、進歩を明確にし、自己表現を促し、現実検討を支援することである（Luborsky, 1984）。

危機介入、ケースマネジメント、生活上の問題への具体的支援を行う。この様式では、家族の危機やストレスの多い環境から受ける影響を予防し軽減するために適切な行動をとる。6つの様式中最後に挙げたが、実際は介入の最初に行われることが多い。家庭内暴力の被害者は、早急な対応が必要な現実生活のさまざまなストレスに直面していることが多いからである。具体的に親を支援することは、揺るがぬ治療関係を築く時の最初の土台作りになる。親は臨床家を、積極的に関わり、親の状況を受け入れてくれる人と認識するからだ。この介入様式では、立ち退きを防ぐために住宅当局に家族の権利擁護をしたり、子どもの不適切な行動を理由に除籍されないよう保育施設と相談したりもする。また、虐待やネグレクトの疑いが浮上した場合には、母親と児童保護局の仲介をしたり、あるいは、その他に必要なサービスへとつなげたりすることもある。

DVを抱える家族は、むずかしい法的な問題にしばしば直面する。子どもの親権の決定、保護命令の出願と施行、弁護士とのやりとり、宣誓供述、出廷、その他、法的システムの諸々は、それだけで当惑するものである。さらに、暴力を受け、精神的な後遺症に苦しみ、自分と子どもの身の安全に不安を抱え続ける女性たちにとり、これらの問題はより大きなストレスになる。臨床家は、当然、地域（州）の関連法令を熟知しているべきである。また、適切な相談先を紹介するとともに、法的問題に付随するストレスにうまく対処できるよう親を支援する必要がある。親子の安全に必要と判断される時には、法的に権利擁護をしたり、仲介役を担うことも含まれる。

暴力にさらされる子どもは、自分の情緒的問題を保育の場で表すことが多い。保育施設からの相談を受けて助言すること、子どもを見守り危険に備えること、

子どものニーズに関して、親と保育施設でよく話し合うよう促すことも、子ども‐親心理療法の重要な要素である。

子ども‐親心理療法の特徴

　前出の6つの様式はいずれも、子ども‐親心理療法特有のものではない。子ども‐親心理療法の特徴は、その6つの様式を応用し、家族のニーズに合わせて臨機応変に適用する点にある。この意味で、子ども‐親心理療法は実に学際的である。ソーシャルワーク、精神保健介入、教育、そして権利擁護の要素も兼ねている。

　子ども‐親心理療法で多様な治療様式をどのように適用するかには、2つの特徴がある。

1. すべての様式を、より安全で成長を促すような親子関係を発展させるという治療目標に向けて応用する。
2. 子どもと親が、自分と相手に互いに抱く否定的な心的表象を変化させ、その表れである望ましくない行動を変えることを目的に治療法の選択を行う。

　この2つの特徴と、すでに述べた一般的なトラウマ治療の目的に沿って治療計画を立て、介入様式を選択する。異なる介入様式をいくつか取り込むことで、親のこれまでの経験全体にセラピストが関心をもっていることが親にしっかりと伝わる。気持ちや考えの問題（従来の精神保健介入の中心）だけでなく、日常生活のジレンマや具体的な状況、生活上の問題をも扱う。共感も洞察も、それだけでは治療的な変化を起こすには不十分であり、これらすべての様式が必要である。子どもと親それぞれを支え、親子関係がうまくいくように支援するには、共感と洞察がセラピストの適切な行動とつながっていることが重要である。この包括的な治療スタイルによって、「出会いの瞬間」（すなわち、患者と治療者が互いに相手の本質を理解し合うような真の人間関係）の機会を最大限に活かし、それが精神力動的解釈に「さらなる何か」を加え、治療的な変化を促進する（Stern et al., 1998）。

　子ども‐親心理療法の目指すところは常に同じだが、治療の選択肢はいくつ

もある。子どもと親それぞれの必要性に応じて、前述の介入様式とは異なる介入様式がさらに加わることもある。例えば、運動機能協調障害のある乳児には、安定状態に導くために乳児マッサージを取り入れることがあるだろう。急性不安状態の母親を落ち着かせるために呼吸法を用いることもあるし、次の面接で一緒に振り返るために、セッションのビデオ撮影もするかもしれない。本を読む、歌を歌う、ヨガをする、コラージュや家族写真を製作するなどの介入方法を導入するかどうかは、臨床上の必要性、治療者の創造力や介入技術のレパートリーによって決まる。

　乳幼児への精神保健介入の効果的な方法が明らかになるにつれて、子ども－親心理療法で用いられている様式に新たな介入方法を取り入れることもある。その他の介入方法、例えば、親または子どもの個人心理療法、ストレスや怒りのコントロールグループ、トラウマグループ、精神的絆でつながる集団、マッサージ、瞑想、スポーツ教室、その他の活動への紹介は、家族のニーズに対して適切かどうか、妥当かどうかによる。

　子ども－親心理療法はまた、多様性を備える点で、児童思春期の反社会的行動に対するマルチシステミックセラピー（muitisystemic treatment：MST）といくらか類似している（Henggeler et al., 1998）。ベイトソン（Bateson, 1972）とブロンフェンブレナー（Bronfenbrenner, 1979）の多大な貢献により、家族システムと社会生態学の理解が深まった。その影響を受け、MSTは、深刻な反社会的行動は多くの要因から発生していると強調する。そして、問題を誘発していると治療者と家族がともに認める要因に焦点を合わせ、さまざまな介入方法を柔軟に組み合わせて治療を行っていく。子ども－親心理療法でも同様に、子どもの問題行動の背景に多くの要因があると考える。そのため、介入は、子どもと家族の組み込まれているマルチシステムがいかに互いに影響し合っているかを理解したうえで行われるべきという基本姿勢がある。しかしながら、多様な生態学的視点がある中で、子ども－親心理療法は、親子間のやりとりの本質に主眼を置く。というのも、人は、5歳までに養育者との関係を通してさまざまな環境の影響を受けるため、幼少期の養育者との関係は子どもの発達に大きな意味をもつと考えるからである。

介入の糸口——身近なことから始める

　幼い子どもは、どこまでも自発的である。自分のすることを自分で方向づけていく時、子どもは最もその子らしくいられる。指示に従うことは、精一杯無理して得たスキルであり、とうてい子ども向けとはいえない。このような発達特徴は子ども－親心理療法にも組み込まれているが、セッションごとのカリキュラムがあるわけではなく、むしろ親子のその時々の自発的な活動ややりとりを利用する。スターン（Stern, 1995）は、「糸口（ports of entry）」こそ子ども－親心理療法の要素だと言う。糸口とは、臨床的な注意を向ける今この瞬間の対象のことで、臨床家が変化を起こすためにシステムに入っていく道筋のことである。一度糸口を見つけたら、臨床家は、前向きな変化を最も起こしやすい具体的な治療様式を決定しなければならない。

　たいていの場合、基本的介入が一番よい。親の多くは、発達の基本を知らない。一度発達について学べば、それほど苦労せず子どもの発達に必要なことを実践していける。例えば、一つの例は小児医療では今、乳児突然死症候群（SIDS）の予防に、赤ん坊を腹ばいでなく、仰向けに寝かせるよう勧めていると親に教える。ほとんどの親は、一度このアドバイスを聞けば十分である。タイミングよく情報やアドバイスを提供し、手本を見せると——それらがうまい具合に提供され、親の文化的価値観にも沿っているなら——親は素早く理解し、かつ深く学ぶことができる。これは昔から知られていることである。

　この方法が効果的でない場合にのみ、臨床家は、親の抵抗、不信感やその他の心理的な障壁に合わせた介入様式を考え直す。子ども－親心理療法は、母親が抱く子どもの表象など、概念的に決められた一つの糸口だけを当てにするものではない。むしろ、多様な糸口が存在し、その中から、今ここに糸口があるかどうか、その糸口からの介入が適切かどうか、また、その時の親子の情動がどう調節されているかに基づき選択していく。その糸口は、家族によって異なり、また、家族の中でもセッションによって異なることもある。さらに、一つのセッションの中でも、時間枠によって糸口が異なることもある。この糸口の多様性が、介入を多彩で柔軟なものにし、感情の豊かさを生み出していく。臨床家は、タイミングやその家族の受容力に応じて、治療的な変化をもたらすのにどの糸口が最もよいか、臨床的に判断する必要がある。

臨床家がどの糸口を介入に選んでも、次の原則には常に従う。それは、親または子に直接語りかける時に臨床家はいつでも、親子の関係性を頭に留めておかなければならないということである。経験豊富な臨床家でさえ、初めて子ども−親心理療法を実施する時、母子２人から一人を排除し、一人にだけ焦点を当ててしまうミスを侵すことがある。この焦点の偏りが数分からセッションを通して続くと、親子は互いの関係性を発展させ深めるより、臨床家との一対一の親密な関係作りに追いやられてしまう。臨床家と親子の関係は治癒に導く重要なものだが、子ども−親心理療法のセラピストは、親と子が関係性を築けるよう尽力し、その関係性を支えることを第一に探求する。つまり、その関係性に介入の照準を合わせていく。臨床家が親か子どもに直接話しかけるという糸口を選択する場合、もう一人がその様子を見て、内容を聞いて、どう思うかをよく考えることが重要である。子どもの発達を支えるのは主に親子の関係性だと考えられるため、親子両者を心に抱いている臨床家は、親と子の気持ちが近づくような雰囲気を作り出す。

　介入の糸口と介入の方法は、子どもの発達に見合ったものでなければならない。一般的に、言語でのやりとりが少ない子ほど、直接的な行動を用いた介入が効果的である。なかなか泣きやまない子は、抱きあげてなだめてやる必要があるし、あちこち走っていってしまうよちよち歩きの子は、手をつかんで引き戻してやらなければならない。また、やってはいけないことをやろうとしている幼い子には、何かで気を紛らわせ、他の活動に目を向けさせる必要がある。行動を用いた介入が効果的だからといって、介入に言語を用いなくてよいというわけではない。前言語期の子、言語発達に遅れのみられる子、もしくは興奮して話に集中できない子にとり、大人が言葉で話しかけることは、行動を適切に補うことになる。それにより子どもは、行為とその象徴的意味を関連づけて捉えるようになる。とはいえ、はっきり行動を起こすことは、やはり、今述べた状況では、根本的に重要な介入手段である。臨床家は、できるだけ親が行動を起こすよう支える。しかし、安全面の配慮が優先される時は、まず臨床家が最初に行動を起こし、そのあとでその行動について親子と一緒に話し合うこともある。

　行動に基づいた介入は幼い子には適切だが、言葉でやりとりできるようになった子には不十分もしくは不適切なこともある。子どもは大きくなると、まず、攻撃的な衝動性を抑えることを学ばなければならない。そうすることで、確実

に道徳的な良心を獲得し、他者を傷つけることは悪いことであると理解していく。例えば、やっと話せるようになった2歳の子が噛みたい衝動に駆られた時は、他の子どもに噛みつくのではなく、歯がためのリングを噛ませればよい。もう少し大きな子どもには、もっと期待できる。例えば、言葉が流暢になった4歳の子は、怒りのあまり噛みつきそうになる時、そのことを自覚する必要があるし、さらに、噛まずにやりすごすか、噛む代わりに言葉で怒りを表現することを学ばなければならない。噛みつく前に、噛むことは人を傷つけること、そして、人を傷つけることをしてはいけないという認識を思い起こさなければならない。この介入は、子どもが他者との関係の中で自己感を築くのを促進するねらいがあり、その自己感には、道徳への責任感も含まれる。さらに年長の子どもには、言葉で感情を説明したり、世界がどのような仕組みかを説明したりすることが、ますます重要な介入方法となる。

　行動や言語は、臨床家が治療に用いる重要な手段である。しかし、子どもが最も自由に意思疎通を行う手段は、遊びである。第2章で、介入の最初の領域として遊びを選んだのは、そのためである。ウィニコット（Winnicott, 1971）は、精神療法は2人の人間が「一緒に遊ぶ」ものだと指摘している。言い換えれば、2人はルールのないゲームをともに楽しみ、そこでは、あらかじめ決められたゴールや結論のない、自然な対話が生み出されていくのである。

　子ども－親心理療法において、ともに遊ぶプレーヤーは少なくとも3人いる。子ども、親、そして治療者である。親は、子どもの遊びを仕切ったり、遊ぶ場所を占領したいと思うかもしれないので、順番に交代したり、場所を譲ったりして遊ぶのは複雑になる。治療者の役割は、親子のやりとりがスムーズになされるように働きかけ、親もしくは子どもが独り占めしたり、遊びの流れを無理やり仕切ったりしないよう、如才なく動きながら、子どもが自由に遊べるようにすることである。うまくいくと、子ども－親心理療法の中で、親子はそれぞれ、または一緒に遊ぶための新しい自由を得る。相手も遊びの主役でいたい衝動に駆られていることを理解し、それを尊重しながら、自分が主役でいたい気持ちとのバランスをとれるようになる。親子で遊んだり、治療者と遊んだりしながら、排除されたり見捨てられたりする気持ちにならずに順番を譲ることを学んでいくのである。

　発達に即した適切な介入をするには、臨床家が乳幼児の発達段階と個人差を理解していることがきわめて重要である。幼少期の発達を説明している素晴ら

しい本や資料は数多くある。臨床家は幼い子どもとその親たちに関わってきた経験に基づく知識と、この概念的な知識とを統合するよう努めなければならない。

介入の場——診察室のプレイルームか家庭訪問か？

　子ども‐親心理療法はさまざまな設定で行うことができる。最も多いのは、診察室のプレイルームと自宅であり、どちらの設定も利点と限界がある。プレイルームで治療が行われると、ある程度物事を予測できるため、その意味で、安全な場所を提供できる。外部に気をそらされることなく、親子は自分たちの困難を表現し、葛藤解決に適応する方略を身につけることができる。その一方、日々の親子関係に影響を与えている目下のストレスには気づきにくく、見過ごしてしまうかもしれない。

　家庭訪問にはまた別の利点と欠点がある。介入に際して、家庭訪問が非常に効果を発揮するのには少なくとも3つの理由がある。まず、クリニックに来る動機、あるいは、財源や移動手段（外的資源）に欠ける親にも手を差し伸べることができる。次に、家族の事情と子どもの環境を理解し、正しく認識するまたとない機会となる。最後に、家族の環境がどれほど張りつめたものであっても、臨床家はそれを分かち合いたいと思っているメッセージが伝わる（Fraiberg, 1980）。以上のことから、介入の形式として家庭訪問が効果的であると研究結果が支持しているのは当然といえる（Olds & Kitzman, 1993）。

　家庭訪問は優れた機会になるとはいえ、別の課題もある。まず、自宅の周囲の状況が頻繁に変わる中で、どのように臨床目標を維持するかということが問題である。この点では、家庭訪問は臨床家に強い自律心を要する。なぜなら、訪問者が自宅に到着してから帰るまで、自宅で何が起きるかまったく予測できないからである。このように予測できないと、訪問に先立つ具体的な疑問（その時間、交通渋滞はどうか？　車を駐車する場所があるか？　家族はいるか？　もし留守ならばどのくらい待つべきか？　その近隣は安全か？　隣人から、何者なのか、なぜいるのかと聞かれたら何と答えるか？）から始まり、訪問している間、食べ物や飲み物を勧められたらどうするか、玄関で靴を脱ぐ（習慣の）ような文化的慣習にどう対応すればよいか、思わぬ客がいたり、テレビが大きい音でついていたり、面接の時間の大部分を親が誰かと電話したりしてい

る場合にはどのように対応するのがよいか、というような難題が次々と突きつけられるだろう。

　これらの疑問や葛藤は、訪問者の最初の課題を浮き彫りにする。それは、特定の目的をもった専門家としてのアイデンティティと、同時に、訪問客としての役割のバランスを見つけることである。この２つのまったく異なる社会的役割の間にはそもそも葛藤が存在し、それが家庭訪問の際に臨床家のどのような態度が適切なのかをよくわからなくさせる原因となる。専門家としては、面接の間に起こることを率先してまとめていく必要がある。訪問客としては、彼らの家庭で何が適切で何が適切でないかという親の感覚を尊重し、従う必要がある。

　もし専門家としてのアイデンティティが先立つなら、まるで「私があなたの家にいる時には、このリビングは私の診察室であり、何をすべきかは私が決めます（そして例えば、一方的にテレビを消す）」とでも言うかのように、権威主義的で、思いやりがなく、無礼な印象を与える危険性がある。このようなやり方は、生活の場での親の尊厳と心理的な権威を奪い、家の中で指示を待つだけの子どものような立場におとしめることになる。

　しかし、訪問客としての側面を重視しすぎると、家庭訪問をする理由を忘れる恐れがある。コーヒーを飲み、お菓子を一緒に食べるのが目的の社交になってしまい、専門家への誠意と感謝を示す社会的な儀礼ではなくなってしまう。この緊張状態について治療の早い段階で話し合えば、介入者と親それぞれの見通しが明確になり、協力して葛藤を解決できる。

　家庭訪問者は、専門家の役割と社交的役割のほどよいバランスを見つけなくてはならない。そのためには、自分のプライベート空間に訪問者を受け入れる親たちへの共感と自己内省が必要である。介入目的を遂行しながら、同時に、親が皿を洗ったり、箱からこぼれた米を掃除したり、洗濯物を干したりするのを手伝うことに抵抗のない臨床家もいる。また、自分が家事が嫌いで、よその家事には手を出さず、親たちの日々の家事に参加しないと固く決めている者もいる。このようなさまざまなやり方があって当然だが、依頼者の家庭で、親の権威に敬意を払うことは、効果的な介入を行うために必要不可欠である。

　セッションは家庭や診察室以外でも行われることがある。窮地に追い込まれ、力を奪われている家族は、重要な予約や家族にとって大切な用事に出向く移動手段にすら援助を必要としていることが珍しくない。生活上の問題を援助する

ということは、臨床家がこうした問題に進んで手を差し伸べることを含む。その場合は、車の中、路上、スーパーマーケット、小児科の待合室、住宅公団の事務所など、どこでも介入の場となりうる。

治療の場をごく簡潔に定義すると、親、子ども、臨床家がともに過ごし、互いに話し合う場所といえる。なぜなら、そのような場であればどこであっても、行動を変える機会が生まれるからである。同時に、これらの多様な場の設定が確実に介入を補佐するものとなるよう、臨床的に問う視点をもたなくてはならない。家族の用事を済ませたり、具体的な問題を支援することは、それだけで完結し、親子関係や子どもの情緒機能を継続的に改善する臨床目的をあやふやにしてしまうリスクがあることを、臨床家は知っておかねばならない。

臨床家の身の安全

どの場所で介入するのが適切かを決定するにあたっては、臨床家の安全が論点の中核となる。セッションを自宅で行えるかどうか判断する前に、近隣や家庭環境の安全性について不明確なことがあるなら、いつでも親と話し合うことが重要である。親の多くは周囲の危険性をいやというほど認識しており、臨床家が親の情報提供を頼りにし、率直で正直な姿勢を示すことに好感をもつ。

DVの問題がある時、たとえ加害者がすでに別居していても、今でも自宅に近づくことができる、以前パートナーをつけまわしていた、過去に禁止命令を破った、というようなことがある場合には、自宅周辺の安全性の確認は特に重要である。安全問題を取り上げること自体が、臨床家自身を、親を、子どもを保護するという基本的姿勢の手本となる。自分を、そして親子を守るのだということを、介入の間、繰り返し行動で示していく。

時に、臨床家が家族や治療プロセスに深く関与しすぎてしまい、その環境に潜む危険を見落としたり軽視したりすることがある。また、危険性をよく承知していても、依頼者との結束を強めるために危険を顧みない場合もある。この状況は、臨床家が、危険にさらされた親に同一化して自分自身を危険にさらす並行過程（parallel process）といえる。そうなると、断固とした行動をとれば暴力を回避でき、自分自身と子どもを守ることができるということを親に示す機会を失ってしまう。

DVに取り組むプログラムで、安全性が問われる時には、臨床家が自分の恐

怖、怒り、不安を表出することができ、同僚も自由に発言できるような、信頼し合う雰囲気を作りあげなければならない。内省的スーパーヴィジョンや、スタッフミーティング、毎週の事例検討会は、臨床のむずかしさと同時に起こりうる危険への懸念についても取り上げる場として必要である。危険を未然に防ぐために、介入の場を家庭訪問から診察室に代えるという決断は、治療において安全の確保が最も重要な目標だという臨床家のこだわりを如実に示すものとなる。

臨床家のセルフケア

　ユダヤ教の賢者ヒレルは、自分を大切にすることと、世の中のために努力することの間の明らかな矛盾に、3つの質問と答えを同時に投げかけた。「私が私のために生きるのでないのなら、誰が私のために生きるのか？　もし私が私のためだけに生きるのなら、私は何者なのか？　もし今でなければ、いつなのか？」

　臨床家の身の安全はセルフケアから始めなければならない。そして、常に今がその時である。トラウマ治療にあたると、折にふれ精根つき果て、もどかしくなり、混乱し、疲労困憊し、そして圧倒されるものである。同時に、刺激的で、豊かになり、変化ももたらす。臨床家が自分の幸せに関して内省的態度を保っていると、バーンアウトやトラウマの代理（二次）受傷、共感疲労の兆候に気づきやすくなる。臨床家が臨床家として在るためには、セルフケアを日常に取り入れることが不可欠である。「あなたが他の人にしてあげるように、自分のためになることをしなさい」「そして、自分が人にされたらうれしい方法で、自分を大事にしなさい」

　セルフケアの方法は、この治療を実践する臨床家の好みや優先順位、性格によって変わるし、身体、心、そして魂に目を向けることもある。食べて歌って、お祈りして、というどのような具体的な活動でも、共通するのは、治療から一時的に離れ、治療が生活のあらゆる面まで侵略しないように、臨床家の個人的な生活を守り、そして今のよい瞬間という贈り物を喜んで受けとめることである。

　セルフケアは職場でも取り入れなければならない。困った時にコンサルテーションとスーパーヴィジョンを受けることと、仕事を進めるうえでサポートシ

ステムを打ち立てることは、重要な2つの戦略である。村中皆で子どもを育てるのと同様に、トラウマを治療する臨床家を守り支える共同の取り組みが要る。所属機関の管理体制では、クライエントだけでなく臨床家も尊重する。そのためには、協力して支える雰囲気を作り、コンサルテーションとスーパーヴィジョンの時間を確保する。また、治療にいきづまった時、臨床家が安心して臨床上の相談ができるように、管理上のスーパーヴィジョンと臨床上のスーパーヴィジョンの区別を明確にする。熟慮された自己弁護（セルフアドボカシー）はセルフケアの一つである。所属機関とプログラムがうまく機能すればするほど、臨床家が大事にされ、子どもと家族はよりよいケアを受けることになる。

子ども－親心理療法の効果の研究結果

子ども－親心理療法は、5つの無作為研究において対照群よりもよい結果が出た。それが認められ、薬物乱用・精神衛生サービス局の全米実証的治療プログラム（Substance Abuse and Mental Health Services Administration National Registry of Evidence-Based Programs and Practices）（http://nrepp.samhsa.gov）に実証的な治療法として登録される。ここでは、研究結果について述べる。

近年移住してきたラテン系母子の愛着（Lieberman et al., 1991）。この研究では、子ども－親心理療法を受ける不安型愛着（anxiously attached）の母子群（n＝34）、介入を受けない不安型愛着の対照群（n＝25）、安定型愛着の対照群（n＝34）の3群があった。子ども－親心理療法を受けた不安型愛着の母子群が、治療を受けない母子群よりも関係に改善がみられるかどうか、また、子ども－親心理療法群に、治療の終結までに安定型愛着の母子群と同等になるくらいまで改善がみられるかどうかを検証した。愛着は子どもが12ヵ月の時に評価し、不安型愛着の母子を子ども－親心理療法を受ける群と介入なしの対照群とに無作為に分けた。安定型愛着の母子は2つ目の対照群とした。子ども－親心理療法は、子どもが2歳になるまで1年間継続して実施した。治療後の評価では、治療を受けた子どものほうが、治療を受けなかった不安型愛着の対照群の子どもよりも、回避や抵抗、怒りが有意に少なく、目標修正型相互関係が有意に高い結果となった。また、治療を受けた群の母親は、不安型愛着の対照群の

母親よりも共感性が有意に高く、子どもとの関わりが有意に多かった。治療を受けた群と安定型愛着の対照群の結果に差はみられなかった。治療を受けた群では、母親の治療的関わりの得点と治療後の母子の適応を測る得点との間に正の相関がみられ、また、母親の子どもへの共感性と関わりの得点、および、目標修正型相互関係、そして、再会場面での子どもの回避の少なさとの間に相関がみられた。

うつ病の母親をもつ幼児の愛着、認知発達および家庭環境。トスら（Toth et al., 2006）は、DSM-IV（American Psychiatric Association, 1994）のうつ病の診断基準を満たす、主に白人中流階級の母子の愛着の安定性に、子ども-親心理療法の効果があるかを検証した。母子は子ども-親心理療法を受ける群（n = 27）と何も治療を受けない群（n = 36）とに無作為に分けられた。子ども-親心理療法を受ける群は、週に1回のセッションを平均で45週間受けた。母親がうつ病ではない母子群（n = 45）も対照群として集められた。治療前後の母親の症状の変化をみるため、ベック抑うつ質問票（Beck Depression Inventory）（Beck, Ward, Mendelson, Mock, & Erbaugh, 1961）および診断用面接基準（Diagnostic Interview Schedule 3rd. ed.）（Robins et al., 1985）を使用した。また、愛着の指標には愛着Qセット法（Attachment Q-set）（Teti, Nakagawa, Das, & Wirth, 1991）を使用した。治療が終結する頃までに、子どもたちはおよそ3歳になっていた。うつ病の母親をもつ子どもたちは、治療を受けた群でも対照群でも、治療前には、うつ病でない母親をもつ対照群の子どもたちよりも不安定な愛着を示す割合が高かった。治療後は、子ども-親心理療法を受けた群で愛着の安定に大きな改善がみられた（74.1％の子ども-親心理療法群の母子が安定型愛着と評価された。うつ病の母親をもつ対照群では52.8％だった）。愛着の安定性について、治療を受けた群と母親がうつ病ではない群とでは差はみられなかった。

シチェッティら（Cicchetti et al., 2000）は、上記の母子で、子どもの認知発達に関して子ども-親心理療法の効果を検証した（Toth et al., 2006）。基準値として、ベイリー精神発達検査（Bayley Mental Development Index）（Bayley, 1969）では、すべての群（子ども-親心理療法群、対照群、母親がうつ病でない対照群）で認知や運動技能の発達に差はみられなかった。子どもたちが3歳になった介入後の結果では、治療を受けなかった対照群の子どもたちのIQが

やや下がり、子ども－親心理療法を受けた群と母親がうつ病でない群の子どもたちは、WPPSI-R（Wechsler, 1989）の言語性、動作性ともに認知力の向上がみられた。

　上記の研究の追跡調査（Peltz, Rogge, Rogosch, Cicchetti, & Toth, 2015）では、うつ病の母親とその子どもたち159組に子ども－親心理療法を実施し、子ども－親心理療法が家族システムにおいても長期的な効果があるかどうかを検証した。母子の愛着関係に与える子ども－親心理療法の効果が家族内に汎化し、間接的に夫婦関係にもよい影響を与えるかどうかを調査するため、3年間にわたり、うつ症状と結婚満足度の長期的な相関を調べた。階層的線形モデリングによって、母親のうつ症状と夫婦としての機能に有意な相関があることがわかった。特に、治療を受けたあとに特定の波形の中で母親のうつ症状が、夫婦関係に対する母親自身と母親の夫への満足度と同じ波形をみせることがわかった。年齢・性別・人種などの基本的な情報やうつ症状と夫婦関係の満足度の相関をそろえてみると、子ども－親心理療法を受けた群の母親たちは、2つの対照群——治療を受けないうつ病の母親の群、うつ病でない母親の群——の母親よりも、治療後に夫婦関係の満足度が向上した（$\beta = .299, p \leq .001$）と報告した。対照群はどちらとも、結婚満足度が下がっていた。

虐待を受けた就学前の子どもの自己表象・母親表象。トスら（Toth et al., 2002）は多人種の無作為抽出した122組の低所得層家族（虐待あり87組、虐待なし35組）に対し、子ども－親心理療法（n = 23）、心理教育的な家庭訪問（psychoeducational home visitaiton：PHV；n = 34）、もしくは地域の標準的な対応（community standard：CS；n = 30）の相対的な効果を検証した。低所得層の対照群（normative comparison group：NC；n = 34）も同時に募集された。虐待の過去がある親子は社会福祉局（Department of Social Services）を通じて集め、低所得層の家族は全米の貧困家族一時扶助（Temporary Assistance for Needy Families：TANF）の受給者リストから無作為に抽出した。介入前後にマッカーサーのストーリー・ステムバッテリー（MacArthur Story Stem Battery：MSSB）（Bretherton, Oppenheim, Buchsbaum, Emde, & the MacArthur Narrative Group, 1990）を実施した。そして、適応的な母親の表象と、虐待的な母親の表象、および否定的な自己表象を解析した。また、マッカーサー・ナラティブ・コーディングマニュアル・ロチェスター改訂版

(*MacArthur Narrative Coding Manual, Rochester Revision*)（Robinson, Mantz-Simmons, Macfie, & the MacArthur Narrative Working Group, 1996）を用いて母子関係の互いの期待値を分析した。子どもの個人内で介入前後に変化した得点を分析し、また、群ごとの差は分散分析にかけた。子ども－親心理療法を受けた子どもたちは、心理教育を受けた群（PHV）と地域標準対応群（CS）のいずれよりも虐待的な母親表象が有意に下がり、また、否定的な自己表象が他のいずれの群よりも大幅に下がった。子ども－親心理療法を受けた子どもたちは、低所得層の対照群（NC）よりも介入の期間に母子関係における互いの期待値が有意に向上し、心理教育を受けた群（PHV）よりも向上した傾向があった。

DVにさらされた母親と幼児のPTSD、行動問題および母親の症状

（Lieberman et al., 2005）。研究の参加者は、多人種のDVにさらされてきた就学前の子ども（平均年齢4.06歳）とその母親の母子75組である。そのうち41％の母子が連邦貧困ガイドラインの基準値を下まわっていた。母親の平均教育期間は12年間であった。母子は子ども－親心理療法を受ける（1年間、週1回母子合同セッション）群と、地域の支援とケースマネジメントを受ける群とに無作為に分けられた。子どもの行動チェックリスト（Child Behavior Checklist）（Achenbach, 1991; Achenbach & Edelbrock, 1983）および乳幼児用の構造化臨床面接診断基準（Structured Clinical Interview for DC:0-3）（Scheeringa, Zeanah, Drell, & Larrieu, 1995; Scheeringa, Zeanah, Myers, & Putnam, 2003）を用いて子どもの行動や感情の問題を評価し、症状チェックリスト90（Symptom Checklist-90）（Derogatis, 1994）および外傷後ストレス障害臨床診断面接尺度（Clinician Administered PTSD Scale）（Blake et al., 1990）を用いて、母親の全般的な精神症状とPTSDの症状を評価した。評価はそれぞれ、治療前、治療1年後、さらにその6ヵ月後の3回にわたって行った。反復測定分散分析を行ったところ、子ども－親心理療法を受けた群の子どもたちは、行動問題、トラウマティックストレス症状、および一般的な状態診断のいずれにおいても有意に改善がみられた。また、母親の回避症状も有意に改善し、1年後の評価では母親のPTSD症状が大きく改善する傾向がみられた。

治療終了から半年後の追跡調査で、リーバマンら（Lieberman et al., 2006）は、治療効果が持続していることを見出した。子ども－親心理療法を受けた子どもたちは、以前より行動問題を起こす回数が減り続けるままでいた。また、母親

たちにも効果の持続がみられ、対照群に比べて一般的な悩みが有意に少なかった。

　また、さらに分析し、負荷のかかるトラウマ事象にさらされた度合い別に、子ども－親心理療法の効果を調査した。その結果、4つ以上の負荷のかかるトラウマ事象にさらされた子どもで、子ども－親心理療法を受けた子どもは、同じくらいの体験をしてきた対照群の子どもよりも、PTSDやうつ病の症状が有意に改善し、PTSDの診断やその他併発して起こる病気の診断が有意に減り、さらに行動問題も有意に減ったことがわかった。効果はさらに半年後の追跡調査時にも持続していた。4つ以上のトラウマ事象にさらされてきた子どもたちの母親で、子ども－親心理療法を受けた群の母親たちは、地域標準対応群に比べ、PTSDとうつ病の症状が有意に減った。加えて、子ども－親心理療法を受けたトラウマ体験などが4つ未満の子どもたちもまた、地域標準対応群の子どもたちよりも、PTSDの症状が有意に改善していた（Ghosh Ippen et al., 2011）。

　虐待を受けた幼児の愛着の性質と生理学的制御。シチェッティ、ロゴシュとトス（Cicchetti, Rogosch, & Toth, 2006）は、虐待を受けた137人の子どもたちを無作為に3つの介入群に分け、安定型愛着の発達に関する各治療介入の効果を調べた。治療法は、子ども－親心理療法（CPP）、親の育児心理教育（psychoeducational parenting intervention：PPI）、そして、地域標準対応（community standard：CS）の3つである。加えて、虐待を受けていない52人の子どもと母親が、低所得層の対照群（normative control：NC）として参加した。乳幼児は1歳（平均年齢13.31ヵ月）で民族的なマイノリティが多く、児童保護局の報告（CPS report）をもとに集められた。愛着を評価するために、介入の前後、子どもが2歳2ヵ月時にストレンジ・シチュエーション法（Strange Situation）（Ainsworth et al., 1978）を用いた。介入後の評価で、子ども－親心理療法（CPP）および親が育児心理教育を受けた群（PPI）の子どもたちは、それ以外の2つの群の子どもたちよりも有意に安定型愛着を示した。地域標準対応群（CS）と対照群（NC）では、安定型愛着に分類される子どもの数に変化はなく、包括分析にかけた結果、この結果は持続していた。

　シチェッティら（Cicchetti et al., 2011）は、シチェッティら（Cicchetti et al., 2006）で使用した参加者群の一部を用いて、日々のコルチゾールの日内変動に対する虐待の影響を分析した。分析の目的のために、子ども－親心理療法群

（CPP）と親の育児心理教育群（PPI）を虐待介入群（maltreatment intervention：MI）として統合し、91人の幼児（男児43人、女児48人）とその母親とした。子どもたちからは以下の4回に分けて唾液を採取した。13ヵ月時（介入前）、19ヵ月時（介入の中間）、26ヵ月時（介入後）、そして38ヵ月時（介入終了の1年後）である。介入前の評価では、いずれの群にも朝のコルチゾールの値に差はみられなかった。しかし、介入終了時、また、さらに1年後にも、対照群（NC）と地域標準対応群（CS）の間に有意な差がみられた。この結果は、介入を受けていない地域標準対応群（CS）の対照群の子どもたちのコルチゾール日内変動に異常がみられるようになったことを合わせて考えると、介入を受けた（子ども－親心理療法でも親の育児心理教育でも）被虐待児たちは、虐待を受けていない子どもたちと同じようなコルチゾールの日内変動パターンを発達させていると考えられる。

　ストロナック、トス、ロゴシュとシチェッティ（Stronach, Toth, Rogosch, & Cicchetti, 2013）は、上記の研究に参加した被虐待児の追跡調査を行い、愛着の安定性や子どもの行動問題の群間差が治療の1年後にも持続してみられるかを調べた。追跡調査の時点で、子どもたちはおよそ38ヵ月になっていた。子ども－親心理療法（CPP）を受けた子どもたちは、親の育児心理教育を受けた群（PPI）や地域標準対応群（CS）の子どもたちよりも、そのまま高い割合で安定型愛着を維持し、無秩序型愛着を示す割合が低かった。そして、子ども－親心理療法を受けた群（CPP）の子どもたちと、虐待を受けていない対照群（NC）の子どもたちが示す安定型愛着の割合には差がなかった。包括解析にかけたところ、子ども－親心理療法を受けた群（CPP）の子どもたちは親が育児心理教育を受けた群（PPI）や地域標準対応群（CS）の子どもたちと比べて安定型愛着を示す割合が高いことがわかったが、無秩序型愛着に関しては差がみられなかった。最初の分析でも、包括解析でも、子どもの行動問題に関して追跡調査時に群間差はみられなかった。追跡調査に参加できなかった地域標準対応群（CS）の母子がやや多かったが、人数の減少に関しては群ごとに差はなかった。

　上記の研究参加者の一部のデータ——DNA採取が可能だった参加者——を用いてさらに分析を行った。そして、セロトニントランスポーターのプロモータ領域遺伝子（5-HTTLPR）における多型の役割、および愛着の型や治療効果におけるドーパミン受容体D4（DRD4）の役割を調査した（Cicchetti, Rogosch,

& Toth, 2011)。その結果、この領域の遺伝的多型性は虐待を受けていない子どもにおいてのみ愛着の型を予想することに役立つこと、そして、虐待を受けた子どもでは、遺伝的多型性にかかわらず治療効果は持続することがわかった。無秩序型愛着は遺伝的多型性を凌駕するかもしれないこと、また、早期介入は遺伝的差異や多型などにかかわらず効果があるだろうことが仮説として浮かびあがった。

第2章
子ども−親心理療法の段階

　子ども−親心理療法は毎週1回のセッションを20〜32週にわたって行い、臨床上必要であればもう少し長く行う。1回の長さはおよそ60分で、親子の自宅か、診察室のプレイルームで行う。

　毎回のセッションは親子同席であるが、基礎段階では親の個別セッションも行う。また、治療が進み、大人同士で話し合うのがベストな話題が出てきた時に、個別セッションをすることもある。例外として、親が子どもの治療にあまりにも非協力的で、親の同席が有害な場合がある。例えば、毎回親がセッションを独り占めにし、子どもに刺激が強すぎたり、圧倒的すぎたりする場合である。このような場合は、親が親子同席セッションに協力して取り組めるようになるまで、親子別のセッションを行うほうがよい。また、時に、親子合同セッションを行いながら、子どもや養育者との個別セッションもその合間に混ぜていくこともある。これは、子どもと治療に参加する養育者双方が、生々しいトラウマの一部始終にさらされて、トラウマを受けぬよう守る必要のある時にとる形式である。例えば、母親の殺される場面を目撃した子どもが、今祖母と暮らしている時に、祖母が孫の再演（エナクトメント）する娘の殺害場面に耐えられないような場合である。

　子ども−親心理療法は通常3つの段階からなる。

1．基礎段階（Foundational Phase）：見立てと治療契約
2．中核的介入段階（Core Intervention）

3．要約（Recapitulation）と終結（Termination）：治療効果の持続を目指して

以下に記す5つの家族［注1］は、子ども－親心理療法の幅広い臨床像を示しており、基礎段階での方略や治療上の取り決めを解説するために、本書の最後まで登場する。

ジェイレン・フィッシャー
ジェイレンは2歳8ヵ月のアフリカ系アメリカ人の男の子である。父親と近所の店に行く途中、走る車から小さな男の子が撃たれるのを目撃し、その後治療に紹介されてきた。ジェレインの両親、ジェームズとティアナの話では、銃撃を目撃してから、ジェレインは強烈でなかなか収まらないかんしゃくを起こし、毎晩悪夢を見るようになったという。ジェレインは以前はとてもおしゃべりだったが、事件後はあまり話さなくなり、単語で短く言うだけになった。また、両親にくっついて離れず、親のどちらかがその場からいなくなるのがわかると泣き出すようになった。父親は、銃撃場面がいきなりよみがえり、もしかしてジェレインが撃たれていたかもしれないという恐怖の波が押し寄せて打ちのめされそうになると話した。父親はまた、いとこの死の光景も追体験していた。そのいとこは15歳でギャングに加わった直後、殺された。ジェレインの母親は父親への理解を示す一方で、子どもを支えていくために、夫にはもっと強くなって自分の動揺をうまく処理してほしいと感じてもいた。

スーザン・チャン
2歳1ヵ月のスーザンは、治療にくる前の6ヵ月間、DVの場面を何度も目撃していた。暴力は、父親が職を失い、酒におぼれるようになってから始まった。直近の暴力事件では、父親はスーザンの目の前で母親の首を絞めようとした。悲鳴をあげながらスーザンが2人の間に割って入ると、父親はスーザンを突き飛ばした。スーザンは床に倒れたが、怪我はなかった。母親のナンシーはスーザンを連れて家を出て、自分の姉のところに身を寄せた。母親の承諾を得て姉が児童保護局に通告し受理された。スーザンの父親は中国出身で、大学に

［注1］Ghosh Ippen et al., 2014の許可を得て本書に掲載する自験例。

通うために成人してから渡米。スーザンの母親はカンボジアの移民で、幼い頃に家族と移住してきた。両者とも英語を話す。スーザンの父親は、妻とスーザンに家に戻ってきてほしいと懇願していた。暴力をふるったのは失業のつらさのせいだから、僕を見捨てて恥をかかせないでくれと言ってきた。母親は、彼のもとに戻ることを考えていた。家族の絆が大切だと思っていたし、スーザンは繰り返し父親のことを尋ねてくるし、また、経済的な事情もあった。スーザンは夜目が覚めると、「パパ」と言って泣いた。スーザンはひどく母親にまとわりつくようになった。以前よりもおとなしく、内にこもり、あまり話さなくなったことに母親は気づいた。こうなる前のスーザンはとてもおしゃべりな2歳児だった。

トラヴィス・ビショップ・ジュニア

トラヴィス・ビショップ・ジュニア(「ティージェイ」)は、白人、ラテン系アメリカ人、ネイティブ・アメリカンの血を引く3歳3ヵ月の男の子で、母親と、大叔母のローザ(ティージェイは「おばさん」と呼んでいた)と治療にきた。ティージェイの母親は物質乱用歴があり、ティージェイと再び暮らせるよう頑張っていた。1年前、DVとネグレクトを受けていたことで児童保護局の調査が入ってから、ティージェイは叔母のもとで暮らすように措置されていた。初回面接で、叔母はティージェイが非常に暴力的で、「父親にそっくり」と表現した。ティージェイはひどいかんしゃくを起こし、床の上で激しく転げまわり、乱暴に腕を振りまわし、自分の頭を打ちつけた。彼はよその子のことも叩いた。ティージェイはお腹いっぱいになるまでむさぼり食べ、叔母におかわりはないと言われると、食べ物を盗んだ。夜はなかなか寝つけず、頻繁に悪夢を見た。向こう見ずにあちこち探りまわり、高いところから落ちたりぶつかったりして、よく怪我をした。叔母はティージェイの挑発的な行動に手を焼いて、この先長く預かっていられるかわからないと言った。叔母はできるだけ早く母親がティージェイを引き取れるとよいのにと願っていた。

マリアンナ・シャヴェ

生後9ヵ月のマリアンナは、保育中に頭にひどい怪我を負った。その怪我が事故によるものなのか虐待によるものなのかは、はっきりしなかった。マリアンナは1週間入院して退院し、詳しい頭の傷の手当法を指示されたが、若い母

親が理解しその通りにやるにはむずかしすぎた。マリアンナはうとうとして眠ってばかりで、反応が少なかった。医者からは完治するから大丈夫と言われていたが、母親は脳障害を負ったのではないかと心配した。マリアンナの母親、アウレリアは22歳。最近メキシコから移住してきたばかりで、米国に家族はいなかった。母親は、娘の怪我により打ちのめされていた。娘の保育者が自分がとても世話になった女性だから、なおさらだった。教会の人で、アウレリアがメキシコから渡米してきた時、家探しを手伝い、妊娠中もずっと支えてくれた人であった。マリアンナが生まれる2ヵ月前、マリアンナの父親は、妊娠は俺を引き留めるための策略だったと言い、アウレリアを捨てて別の女のもとに走った。母親はマリアンナを産んですぐに働き始めたが、子どもの怪我の治療により仕事を失いかけていた。

アンソニー・クラフトとアリッサ・クラフト

　アンソニー・クラフトとアリッサ・クラフトは2歳10ヵ月の白人の双子で、児童保護局の児童福祉司から紹介されてきた。2人とも妊娠29週の早産で生まれ、物質乱用歴のある母親から出産と同時に引き離された。2人ともさまざまな医療措置を必要とし、生後1ヵ月間NICUに入院していた。アンソニーは経鼻栄養を受けていた。1ヵ月後2人は退院し、ハイリスクの赤ちゃんを世話する里親家族に引き取られた。生後7ヵ月までその家で育てられたあと、2人は生みの母親のもとに戻った。その5ヵ月後（1歳の時）、2人は重度のDVにさらされたという理由で母親から引き離された。母親のボーイフレンドはナイフで母親を刺し、彼女と子どもたちを殺してやると脅した。アンソニーとアリッサはその後の1年間に3ヵ所の異なる里親に預けられたあと、2歳で再び母親のもとに戻された。半年後、母親がリストカットで自殺を図ったのを機に、再び母親のもとから引き離された。2人がリストカットの場面を見たかどうかはわからないが、母親の姉が見つけて救急車を呼び、病院に付き添うために2人を近所の人に預ける、という混乱の最中に2人はいた。診察の結果、アンソニーの身体に打撲傷が見つかり、レントゲン検査で古い脛骨骨折の跡も見つかった。アンソニーとアリッサはその後、ジーナとケリのレズビアンカップルに里子に出された。ジーナとケリは2人を養子にしたいと願ったが、2人のうち特にケリは、アンソニーがあまりにも扱いづらく、手もとに置けるかどうか心配した。

アンソニーは非常に乱暴で、何をしても収まらないかんしゃくを起こし、殴り、蹴り、人に唾を吐き、物を投げた。アンソニーはまったくじっとせず、ちょっとした指示に従うのもむずかしかった。言葉の遅れがあり、おむつも外れていなかった。アリッサはアンソニーとはまったく違った。アリッサは内気で、人に近づくまでに時間がかかったが、一度打ち解けてしまえば、よくおしゃべりし、よく言うことを聞いた。里親の母親たちは、アリッサが性化行動をとることがあると報告した。母親たちに舌を入れてキスしようとしたり、自分の陰部をこすったりすることがよくある。生みの母親は、子どもたちと再び暮らせるよう今もなお努力しているが、親権が停止されるかどうかはまだ明らかでない。

第 1 段階　基礎段階：見立てと治療契約

概要と目標

　効果的な治療は、家族に積極的な参加を促しながら関わっていくことから始まる。親と協力的な関係を築きながら、臨床家は同時に、治療に至った背景、年齢・性別・人種などの基本的な情報、現在抱えている問題、その家族にあるリスク因子と保護因子などの情報を集め、親や子どもの人となりをつかんでいく必要がある。治療計画を立てて臨床を進めるにあたって、臨床家は必要な情報を集めるが、その際、家族が自分から事情を打ち明けるタイミングを尊重しつつも、治療に至った経緯ついて、臨床家が第三者から聞き知った内容を、タイミングをみて、親にきちんと正直に伝えていかなくてはならない。家族が治療を信頼して関わり続けることができるかどうかは、この最初の段階で臨床家がどうふるまうか、その時の臨床上の課題にどう対応するか、そして、いかに親と子どものニーズに偏りなく注意を向けるかにかかっている。
　その意味で、初期の見立ては、治療の基礎作りの段階である。以下、簡潔に「基礎段階」と記す。初期の目標は以下の要素を含む。

- 親が、トラウマ体験などのつらい出来事について安心して話せるような、治療的な雰囲気を作る

・これからよくなっていくという自信と希望を伝える
・陰性転移や抵抗の起こりうる背景（治療が強制である時など）に対処する
・安全性を高めるために、どこに危険性が潜むのかを把握するよう取り組む
・養育者の子育てスタンスとして、治療中に子どものトラウマについて話題に出してもよいかなど、子育てに関する文化的価値観や方法を話し合う
・子どもの現在の問題について、トラウマを念頭に置き、養育者の心理機能に配慮し、家庭環境にも目を向けて、共通理解を図る
・トラウマ事象や現在の問題、また、その他子どもにはつらい話題についてどのように子どもとともに話し合うかを相談して決め、親と一緒に治療計画を立てる

　子ども‐親心理療法を学ぶセラピストは、見立ての最初にトラウマ事象について尋ねると、相手を不愉快にし、反感を買い、親を傷つけることになるのではないかとよく心配する。治療の最初にトラウマについて抵抗なく親と話し合えることは、子ども‐親心理療法の中核となる能力であり、多くのセラピストが苦しむところだ。私たちの経験では、セラピストが、トラウマにさらされることは人間に不可欠で繰り返される体験であるが、対処できるものなのだという話をすると、たいてい親は安堵する。言葉にならないと思っていたこの出来事と気持ちが、実は十分に理解されて治癒するものだとわかるからである。ここで大切なのは、人は、その人の身に起きた最悪の出来事で決まるわけではないということである。子ども‐親心理療法の中ではトラウマの視点を用いるが、それは必須ではあっても十分ではない。治療には、人が経験するあらゆる側面を取り入れる。そして、親子が人生における明と暗を関連づけていけるように、愛情、遊び、喜び、楽しみ、精神性、ユーモアの大切さを強調する。例えば、ある4歳の男の子は、人生のどん底にいた時でもよいことがあったのを覚えていた。その子は、母親の命日が近づき、家族でお墓参りに行く準備をしている時期に、自分がどれほど母親を恋しがっているかをセラピストに打ち明けてくれた。セラピストは、母親が死んでいなくなってしまったことはどんなに寂しいことかと子どもの気持ちに寄り添ったあと、でもね、と付け加えた。「いつでもずっと悲しいというわけじゃないわね。うれしい出来事や楽しいと思えることもあるのよね」と。男の子はパッと明るくなり、「チョコレートとか？」と聞いた。セラピストは、「そう！　チョコレートとか！」と言った。セラピ

ストと養育者の叔母とに手伝ってもらいながら、彼は自分の好きなものリストを考えていった。セラピストと叔母は、その子が十分に回復の途中にあることを知った。

手　順

　基礎段階は、通常4～6セッションである。ただし、治療を強制されている家族や、生活面の安全と安定にリスクのある家族に対しては、通常より多くのセッションを初期の見立てと治療契約のセッションに当てることもある。養育者は、さまざまな理由で治療に消極的になることがある。心の健康のために治療を受けることは彼らの文化的価値観にそぐわないかもしれないし、子どもの支援機関（児童福祉や学校など）から強制的に受けさせられているかもしれないし、またはそう思っているかもしれない。もしくは、子どもがトラウマにさらされたことについて話したら、子どもが自分から引き離され、一緒に暮らせなくなるのではと不安を抱いているかもしれない。このような時、基礎段階を延長することが多い。治療を妨げている事情について話し合い、治療契約に必要な親の信頼を得るためである。

　例えば、ティージェイの叔母は初回セッションで、「私はセラピーのこと、よくわからないの。ただ、保育園が、もしティージェイが治療を受けなければ、この先保育園で面倒をみられるかわからないって言うから。私は働かなきゃいけないわ。あの子がそんなことになったら困るの。もし保育園にいられなくなったら、私もティージェイとやっていけるかわからない」と言った。そして、「とにかく、私はティージェイのためにここに来たの。あの子には私しかいないから。母親が今頑張っているけれどね。ティージェイは父親に似ているところが多いから、心配なのよ。話は聞かないし、すぐ怒るし。時々、なんていうか、取り憑かれたみたいになるの。私はもう年だし、これからあの子のためにどうしたらいいかわからない。もうこれ以上は無理だわ」と話した。

　叔母の言葉や態度から、セラピーは彼女にとって得体の知れないものだが、ティージェイの行動が改善しなければ退園もありうるという保育園の事実上の最後通告に従って、セラピーを受け入れたということがわかる。ティージェイの面倒をみる能力が自分にあるのかどうかわからず苦しんでいる叔母の気持ちにセラピストが共感的に寄り添ったことが重要で、そのおかげで叔母は、ティ

ージェイとの大変な生活の中でも、自分自身の幸せを考えてもらう権利があるのだと思えるようになったのである。話を聞いてもらい、支持されていると感じてから、叔母はセラピストとともに暴力とネグレクトがティージェイに及ぼす影響について振り返られるようになった。ティージェイは暴力とネグレクトを経験し、誰も自分のことを愛してくれないし、誰も自分と一緒にいたいと思ってくれないと不安になっていた。その後を見てわかるように、8週間以上の時間をかけて叔母と信頼できる協力関係を築いたことで、治療が軌道に乗った。そして、ティージェイとともに、彼が何を体験し、どのようなことを感じてきたのかを話し合い、より適切に怒りや恐怖を表現する方法を学び、練習した。その結果、彼の行動は大きく改善した。

基礎段階：見立てと治療契約の取り決めフォームは、この段階で用いられる手順について説明されている、「手順の取り決め：見立てと治療契約」のセクションを含んでおり、主要な見立ての領域や、心理教育のトピックス、ディスカッションや内省の方法などが書かれている。書かれている順に進めることもできるが、見立ては臨床的判断や家族のニーズに沿って進めるべきである。また、主な活動内容が特定されているが、その他の方法を用いてもよい（臨床的な面接と構造化された研究用手法の間をとるなど）。見立ては、臨床的判断や治療機関からの要求、および、研究のニーズに合わせて行うのがよい。

次に、具体的なガイドラインを示してほしいという多くの声に応え、サンフランシスコ総合病院にあるカリフォルニア大学サンフランシスコ校の子どもトラウマ研究プログラムで通常どのように基礎段階が進められているのか、セッションごとに概要を示す。特定の課題や主な見立ての領域は、各セッションの四角囲みの中に要約した。この概要は、規範としてではなく、あくまで実際の例として読んでいただきたい。臨床的判断を重要視するのが、子ども－親心理療法の特徴である。臨床家は、特定の臨床的状況と臨床家自身の治療スタイルに最も適した方法で基礎段階を進めていけるように力をつくしてほしい。

セッション1

セッション1：課題と手順
☐ インフォームドコンセント
☐ 守秘義務

> - □報告義務および報告の用途について（特に治療が義務づけられている家族や、裁判所と連携している家族の場合）
> - □治療に至った理由（該当する場合には、親の提示する理由と、その他の第三機関、例えば児童福祉サービスなどが提示する理由との違いを含む）
> - □年齢・性別・人種などの基本的な情報
> - □発育歴
> - □子どもの症状

　初回セッションはだいたい1～2時間にわたり、セラピストと親のみで会うのが望ましい。そうすることで、養育者とセラピストはコンセントフォーム（治療同意書）を完成させ、養育者の心配事について話し合い、年齢・性別・人種などの基本的な情報を聞き取り、また、その他の身の安全と安定にまつわるせっぱつまった事情があれば話し合うこともできる。親が悩みを打ち明け、支えられていると感じ、治療がどんなふうに役に立つか理解し始めることができるよう十分な時間をとるべきである。このセッションの目標の中心は、希望がわき、治療に前向きな期待を抱けるようにすることである。しかし、それが本物となるには、希望を与えるための内容は、家族の保護因子を現実に評価したものでなければならない。例えば、養育者がすでに行ったり、これから行うつもりの前向きな取り組みこそ、それに当たるのである。

　初回セッションで、子ども－親心理療法のセラピストは、子どもの発育歴や現在の症状の由来や経過を知るために、臨床的な面接を行うか、構造化された質問紙を使う。この過程で、セラピストは、子どもの問題、そしてその問題の原因となっている要素（遺伝、発達上のつまずき、ストレスの多い出来事など）について親がどう捉えているか理解しようと努める。また、親が報告するトラウマ事象や逆境と、子どもの現在の問題に何かつながりがあるかどうかを、親とともに探る機会にもできる。そうやって、最初の出会いから、セラピストと養育者は体験と機能をつなげる枠組みを共同作業として構成していくことができる。

セッション2

> **セッション2：課題と手順**
> ☐ 構造化された状況下と、または自由な遊びの中での、親子観察
> ☐ 構造化された状況下と、または自由な遊びの中での、子どもとセラピストかもう一人の評定者とのやりとりの観察
> ☐ 臨床観察か構造化された手法を用いて子どもの発達機能を見立てる
> ☐ その他の場面や他の養育者（保育園、幼稚園、学校など）のもとで、観察、面接、質問紙により子どもの発達機能を見立てる

2回目のセッションは、通常、親と子どもとセラピストで行う。幼児の見立ての望ましいとされる基準（ZERO TO THREE, 2005）に沿って、セラピストは上記枠内に記されたさまざまな設定で子どもを観察する。

多面的観察を通じて、セラピストは以下の情報を集める。

・子どもの発達機能：発達指標の到達具合、制御能力、年齢相応のスキルの獲得
・親子関係の質
・養育者と子どものいつもの遊び方、関わり方
・子どもの第三者（大人）との関わり方
・強みと難点
・トラウマに起因すると思われる症状（自発的なトラウマ事象に関する遊びや語り、過剰警戒、過覚醒など）

セッション3

> **セッション3：課題と手順**
> ☐ トラウマ事象スクリーニング調査票―保護者版改訂（Traumatic Events Screening Interview-Parent Report Revised）（Ghosh Ippen et al., 2002）など構造化された手法を用いた子どものトラウマ歴の見立て
> ☐ 子どものトラウマ症状の見立て

このセッションの一番の目的は、子どもが経験したであろうトラウマ的でストレスフルな出来事について知り、子どもの症状とその出来事との関連を探ることである。セッションは親とのみ行う。セラピストは、子どもの情緒と行動の問題は、しばしば恐ろしい出来事を体験したことへの反応と理解できることを説明し、このセッションの目標を伝える。この理論的根拠が治療のトラウマの枠組みを作り、その後の質問を通して、親はわが子に起こった出来事と、子どもの気持ちや行動に、もしかするとつながりがあるかもしれないと考えることができるようになる。このセッションを親とのみ行うことが望ましいのは、以下の理由による。

1. 子どもの身に起きたことに対して親が強い反応を抱くことがあり、その反応を消化するためにセラピストの支援を必要とするかもしれない。子どものトラウマ体験は、親にとって感情的に最も耐えがたい試練の一つである。加えて、DVや交通事故などの場合、トラウマ事象が起きている間、親もその場に居合わせることがある。すると、親もまたトラウマに関連した症状を呈し、それが、親の情緒機能や子どもとの関係に影響することもある。親とのみ面接することで、親の情緒機能や、子どもの体験の情報提供者としての親の透明性と信頼性について知ることができる。また、親に、トラウマ事象によって大人や子どもが被る通常の影響についての心理教育ができるし、親がその情報をどのように自分のものにし、自分の状況の理解に応用できるかを観察することもできる。そして、親子がどのような体験を経てきたのか、その出来事にどのように反応してきたのかについて共通理解を得ながら、治療関係を築き始めることができる。
2. 親は子どもが何を目撃し、何を覚えているのかについて定かでない時があり、子どもがいる場では、自分の疑問や不安を自由に話すことをためらうかもしれない。セラピストと2人だけで会うことで、親は自分の記憶をたどる心の余裕をもつことができ、さまざまな可能性を検討することができる。そして、子どもの現状の問題がトラウマ事象や家族の状況とどのように関連しているかについて、セラピストと自由に話し合うことができる。
3. 子どもが何を経験したのかを、親は最初あまり認めたがらないことがあ

る。特に、直接的であれ、間接的に子どもを守れなかったという意味であれ、自分もトラウマに加担していたような場合にそうである。親が子どもを安全に面倒をみられるかどうかがまだわからない時点で、セラピストは、親が自分から話題に出さなくても、他機関（裁判所、警察、児童保護局など）からの紹介状や報告書に記載されている出来事について話し合う必要がある。この会話により、親がそれらの報告をどのように捉えているか、親がそれらのシステムにどのように対応されたと認識しているか、また、その認識がセラピストの役割や見立てや治療過程にどう影響するかを探ることができる。
4. 子どものトラウマ体験について話し合う中で、身の安全についての懸念が話題となり、早急な対処を要することがある。例えば、虐待通告の必要が出てくるかもしれないし、DVを受けている母親をシェルターに紹介しなくてはならないかもしれない。こうしたことは、子どもがその場にいないほうが話しやすいものである。

トラウマについてスクリーニングする必要性を伝える時、まずは親がそれまでのセッションですでに話題にあげたトラウマ的でストレスフルな出来事から取り上げ始めるとよい。ある特定のトラウマ事象のために紹介されてくる場合でも、もしかしたらその子は他にも怖い思いをしていて、その影響を受けているのに、誰にも気づかれずにいるかもしれないということを、親が理解できるように手助けする必要がある。これはジェイレン・フィッシャーのケースに当てはまる。以下に、ジェイレンの父親とセラピストの会話の例を示す。セラピストがトラウマスクリーニングの必要性を説明し、実際にスクリーニングし始めた時のものである。

ジェイレン・フィッシャー：子どものトラウマスクリーニングの理論的根拠と、スクリーニング中［注2］の糸口

　治療者は、父親との見立て面接を2回行った。最初の面接で、父親は、銃撃事件のことを包み隠さず話した。何が起きたのか、いかにジェイレンを心配しているかについて詳細に語った。2回目の面接で、治療者は、父親とジェイレ

［注2］Ghosh Ippen, Van Horn, & Lieberman, 2014の許可を得て転載。

ンが遊ぶ様子を観察し、また個別にジェイレンとの自由遊びを行った。3回目の様子を以下に記す。

セラピスト：あなたは、銃撃事件のことでジェイレンを助けたくて、相談に来たのですよね。
父：はい。彼に元気になってもらいたいのです。
セラピスト：恐ろしいものを見ましたね。あなたがた2人ともショックを受けて当然です。
父：はい。
セラピスト：あなたは、起こったことを考えるのはつらいと言っていましたね。
父：はい、考えたくもありません。
セラピスト：どんなにかつらいことだっただろうに、ありのままを話してくださってほんとうにありがとうございます。ジェイレンを交えた面接が始まると、ジェイレンはそのことについて話すかもしれないし、遊びの中で表現するかもしれません。あなたが私に話しくれたことは、どうしたら彼を助けることができるかを考えるヒントになります。
父：あの子はほんとうにそのことを話すんでしょうか？
セラピスト：わかりません。でもあなたは、家でも公園に行った時でもジェイレンがその話を持ち出すと言いましたよね。彼には、その記憶をたどるのを手伝ってもらえる場があるほうがいいのかなと思います。
父：わかりました。
セラピスト：そこで今日は、いくつか質問にお答えいただきたいのです。どの家族にもお願いしていることです。子どもたちがよく経験する異なるいろいろな事柄を見つけ、それがその子にどのような影響を及ぼしているかを考えるためです。
父：どういう意味ですか？
セラピスト：これは、子どもに起こりうる、子どもにとってはとてもつらい体験となる事柄リストです。私はすでに銃撃事件については知っていますが、このリストにある他の事柄について、あなたに伺いたいのです。そして、ジェイレンが何か他にも経験してきたことがあるかどうか、あなたと一緒に考えたいのです。まず、私がリストを読みます。ジェイレ

ンがそれを経験していなければ、あなたはただ、いいえ、と答えてください。しかし、もし彼がそれを経験していたなら、そのことを話し合ったほうがいいのです。何が起きたか、その時ジェイレンは何歳だったか、それから、あなたの目から見て、その出来事がジェイレンにどう影響したかを私も知りたいのです。

父：それはおもしろい。

セラピスト：例えば、最初の2つの質問は事故についてです。もし、ジェイレンがひどい事故に遭っていたり、目撃したりした場合は教えてください。あなたは銃撃のことで相談に来ているわけですが、こうしたことを私が知っているほうがいいのです。というのも、子どもは、自分の身のまわりで起こったことを話したり遊びで表現したりする時に、自分が経験したいろいろなことをごちゃまぜにして物語を作るからです。私たちにはわかりにくいですよね。そこで、事前に彼が経験したその他のことを話し合っておくと役に立つのですが、どうでしょう？

父：そう思います。

セラピスト：では、最初の項目ですが、ジェイレンは大きな事故を経験したことがありますか？ 誰かが大怪我をするような、あるいは、実際に死者や負傷者が出るような事故です。例えば、車やバイクの事故、転落、火事、彼自身がやけどをした、あるいはおぼれそうになったというような出来事です。そのようなことはありましたか？

父：ジェイレンは事故に遭ったこともなければ目撃したこともありません。でも、私はあります。

セラピスト：というと？

父：ええ、私はたしか11歳で、学校へ行くところだったんです。私の目の前で、車がバスにぶつかったんです。バスは回転して柱にぶつかり、横転しました。人々が叫んでいたのを覚えています。たしか2人亡くなったと聞きました。私はどうしたらいいのかわからなかったことを覚えています。

セラピスト：それは怖かったでしょう。

父：はい、怖かったです。いまだに頭から離れない場面があります。

セラピスト：よくわかります。とても恐ろしい出来事を経験すると、忘れられないものですよね。

父：ええ。いまだにバスに乗るのが好きではありません。どこへ行くにも歩きます。

セラピスト：私もそうなったら当然バスなんて嫌いになると思います。あなたが見たことを今まで誰かに話したことはありますか？

父：いや、なるべく忘れようと思いまして。

セラピスト：おそらく誰しもただ忘れられたらと願いますよね。しかし、なかなか頭から離れないことってあるんですよね。

父：おっしゃること、わかります。

セラピスト：そうですか。

父：ええ。

セラピスト：話すことでその出来事をなかったことにはできませんが、たった一人でその記憶を背負いこまなくてよくなります。そして、その出来事がどのようにあなたに影響しているかわかるようになるんです。つまり、あなたがバスを嫌いなのはまったく当たり前だとわかるんです。

父：なるほど（少し微笑む）。

セラピスト：これをジェイレンにもやろうとしているのです。彼は一人ではないんだということ、つらい出来事について話してもいいということ、そして私たちがともに彼を助けることができるんだということを知ってもらいたいのです。

父：ええ、そうしてほしいです。

セラピスト：いいですね。私もそうしたいんです。あなたがジェイレンを助けられるようにしたいし、私はあなたを支えることができるようになりたいのです。私たちが初めて会った時に話し合ったことを私は考えていました。あなたがどんなに必死にジェイレンを守ってきたかをたくさん考えていましたし、それがあなたにとってはどれだけ怖かったかも考えていました。

父：ええ。

セラピスト：私に話したのは大丈夫でしたか？

父：ええ。たぶん……。ティアナに、彼女が正しかったと言いました。

セラピスト：というと？

父：彼女は、ジェイレンと、そして私もきちんと支援を受けたほうがいいと言っていたんです。

セラピスト：あなたはどう思いますか？
父：おわかりでしょうが、ジェイレンのためなら何でもしますよ。
セラピスト：もちろんそうでしょう。あなたが来てくださってよかったです。一緒にジェイレンを助けることができると思いますよ。
父：ええ、いいですね。
セラピスト：あなたさえよければ、この質問を続けますね。ジェイレンが何か他に経験したことがあるかどうかみてみましょう。
父：わかりました。
治療者と父親は質問を続けた。父親は初めの４つの質問にはいいえと答えた。治療者は５番目の質問をした。
セラピスト：ジェイレンはこれまでに誰か身近な人の死を経験していますか？
父：ええ。
セラピスト：まあ、どんなことですか？
父：昨年、私の父親が心臓発作で亡くなりました。
セラピスト：それは残念なことでしたね。
父：（うつむきながら）ありがとうございます。
セラピスト：突然のことだったようですね。
父：ええ。誰も予想だにしていませんでした。
セラピスト：ほんとうに残念なことです。ジェイレンはおじいさまと親しかったのですか？
父：ええ。うちから数ブロックのところに住んでいましたから。ジェイレンは彼のことをポーポーと呼んでいました。それからずっと、ポーポーはどこにいるのと聞いていました。
セラピスト：彼には何と言ったのですか。
父：おじいちゃんは天国でイエス様と一緒にいるんだよと話しました。
セラピスト：素晴らしい。
父：彼はわからなかったと思います。イエス様のことは知っていますが、イエス様に腹を立ててましたよ、ポーポーと一緒にいてほしくないんです。
セラピスト：小さい時はそういうの、わかりにくいですよね。大人になってからでもむずかしい時がありますから。
父：ええ。その通りです。でも、イエス様の御心と信ずるしかないんです。

セラピスト：そうですね。あなたのお父様が亡くなった時、あなたやジェイレンはその場にいたのですか？

父：いいえ。私の妹から連絡をもらったんです。妹は父と一緒に住んでいたので。妹がいてくれてよかったです。

セラピスト：そうですね。

治療者と父親は、しばらく座っている。

セラピスト：お話しするのはつらかったと思いますが、私はそのことを知ることができてよかったです。人が亡くなったらどうなるのかを、あなたがどのようにジェイレンに話したかがわかるので。

父：ジェイレンはそのことを話していました。

セラピスト：そうですか。

父：はい。ジェイレンは、ヴィクター（撃たれた少年）は、イエス様（Jesus）とポーポーと一緒にいるんだ、ポーポーが彼の面倒を見るだろうと言ってました。

セラピスト：それはなかなか素晴らしい考えですね。

父：はい。彼は、すごい子なんですよ。

セラピスト：ええ、そうですね。先週、彼に会えてよかった。彼はあなたとほんとうに楽しそうに遊んでいましたね。

父：（微笑む）

セラピスト：このことについてはもっとお話しできそうですね。お互いのことをもっと知る中で、あなたの家族に影響を及ぼした事柄について話すことができたらいいなと思います。ただ、今は、このリストにある質問を続けさせてもらえたらと思うのですが、いかがですか？

父：もちろん。いいですよ。

　治療者は、トラウマ事象スクリーニング調査票―保護者版改訂の質問を続け、トラウマスクリーニング質問票を完成させた。ジェームズがジェイレンのことで書き込んだその他の項目は、2人が目撃した（近隣で目撃した暴力）銃撃事件のみであった。ここに紹介される2ヵ月前、父親とジェイレンは近所の店に向かっていた。銃声を聞いて、父親は、車のうしろの地面にジェイレンの身体を押しつけた。彼らが起き上がった時、人々は叫んでいた。ジェームズは助けようとして叫び声のほうに向かった。人々が「赤ちゃんが

殺された」と叫ぶのを聞いた。近づいてみると、幼い男の子が撃たれて血を流していた。その子の母親は叫びながらわが子を胸に抱いていた。ジェームズはジェイレンを抱きかかえると、向きを変えて、走って家に戻った。救急車が来るところだったし、ジェイレンがこの一部始終を目撃しないほうがいいと考えた。ジェイレンに何と言ったらいいかわからず、男の子はきっと大丈夫になるだろうと告げた。ジェイレンの母親は夕方遅くに仕事から戻り、何が起こったかを聞いた。ジェイレンが寝たあと、ジェームズとティアナはニュースを見た。ティアナは、殺された子が、ジェイレンが時々公園で遊ぶ年長の男の子であることを知り、ぞっとした。

　ジェイレン・フィッシャーの場合、トラウマスクリーニングを通して、ジェイレンと父親、両者それぞれにとってのストレスとなる出来事や悲しい出来事が明らかになった。それらの出来事は銃撃事件に対する２人の反応に影響を及ぼしていた。他の家族、ティージェイ・ビショップやアンソニー・クラフト、アリッサ・クラフトのような家族では、養育者である親戚や里親と治療を開始するが、彼らは子どもの成育歴をよく知らないことがある。その場合、総合的なトラウマスクリーニングを用い、養育者が何を知っているか、また、子どものどのような行動が気になるかを話し合うきっかけにする。もし許可が出ていれば、治療者が他の資源（例えば、ソーシャルワーカー、以前の養育者、裁判所記録）から知ったことも含めて話し合う。

　ティージェイの事例や、また、地域のメンタルクリニックを訪れる多くの子どもたちの症例がそうであるように、治療への紹介理由にトラウマが含まれていないことがある。その場合でも、治療者はトラウマスクリーニングを標準的なクリニックの手続きの一環に含める。そして、初期のセッションで、子どもがどのような逆境の中を生きてきたのかを養育者に考えてもらう機会を作る。それは、養育者からの分離、地域での暴力ざたの目撃、子どもが抱える問題に影響していると思われる家庭内のもめごとなどである。この話をきっかけにして、なぜ養育者と一緒にトラウマスクリーニングを行いたいのかを説明する。

　事例　ティージェイの叔母は、当初、ティージェイがどんな経験をしてきたかまったくわからないと言っていた。治療者は、わからないままならそれはとても大変とねぎらい、ティージェイが叔母と暮らすようになる前の様子につ

いて、何か知っていることがないかと聞いた。この簡単な質問が道を開いた。「ティージェイの両親はよく喧嘩していたわ」とローザが言った。「2人ともよく飲むのよ。結局彼の母親が家を出なければならなくなった。トラヴィス・シニアは母親がティージェイを連れていくことを許さなくて、彼がティージェイを引き取ったわ。お医者さんは、母親が家を出たあと、トラヴィス・シニアがティージェイに怪我をさせたと言うの。彼はティージェイがベビーベッドから落ちたのはただの事故だと言ったけど、私には何が起こったのかわからない。児童保護局がティージェイを連れていったわ。最初、そのことを私は知らなかった。ティージェイはいくつかの家族に引き取られたことがあるみたい」。この聞き取りで、ティージェイがDV、両親の物質乱用、児童虐待の可能性、別離などを経験していることがわかった。また、叔母のローザが、このことをいかに悪かったと思っているかもわかった。「よくない状況だってことはわかっていたの」彼女は言った。「私は、ティージェイの母親が私に彼を引き取ってもらいたいと言うまでは、どれだけひどいことになっているか知らなかった。なぜもっと早く言ってくれなかったのかしら」。ローザは、トラウマスクリーニングを行うことに同意した。そうすれば、何があったかをティージェイの母親にどのように聞けばいいかがわかるから。母親は、物質乱用の治療プログラムに通っていてティージェイの治療には参加できなかったが、ローザとは親しかった。スクリーニングをしながら、セラピストは叔母に、すでに児童保護局から許可を得ていたので、報告書にある詳細な情報のいくつかを伝えることもできた。話を聞きながら、ローザは繰り返し首を振り、ため息をついた。

トラウマスクリーニングを用いることで、むずかしい話題でも話しやすくなり、トラウマの枠組みをともに築きやすくなる。さらに、養育者は、これまでに経験してきたことが現在の機能にどのように影響しているかを考えられるようになる。もしこの段階で、治療者に情報を共有しない家族がいても、少なくとも以下のことは伝わっていく。こうした出来事が子どもや家族の生活の中で生じていることを治療者が知っていること、治療者がこのような問題について積極的に話を聞き、取り組む姿勢があること、そして、そのような出来事は子どもの発達に悪影響を及ぼすこと、である。また、質問票を完成させる中で、時に、対話に発展したり、心理教育をする機会が訪れたりするものである。治療者は以下の目標を念頭に置き、それに関連した話し合いができるよう糸口を

探す。

- 養育者がトラウマ事象を含むつらい状況について話す時、支えられていると感じることができる治療的な風土を作り出す
- トラウマ事象に対する反応に関して、養育者と家族の強みは何かに耳を傾け、認識しておく
- 子どもが経験したトラウマに対する、養育者の事実的反応（養育者が何があったかを知っているかどうか）と情緒的反応（例：統合されている、何かが誘発される、回避する、混乱する）の両方を理解する
- 養育者が子どもの経験と子どもの症状とを関連づけられるように支援する
- 養育者と子ども両者のトラウマ反応を、正常な、当然の反応として扱う
- 養育者の感情が統合されている場合、トラウマ事象を子どもがどのように刻々と体験したか、時系列に沿い詳しく聞き取る
- トラウマリマインダーについて心理教育を行う
- トラウマ事象の最中に、あるいはその結果、関係性に潜在的な断絶が生じたかを聞き出していく

このセッションでは、時間が許す限り、治療者は子どものトラウマ症状についても見立てを行う。同じセッションでそれを実施することで、養育者が知っている子どもの経験と子どもの症状とを結びつけて考えられるようになる。

セッション4

> **セッション4　課題と手順**
> ☐ 養育者のトラウマ歴の見立て。構造化された手法を用いるとなおよい
> ☐ 養育者のトラウマ症状の見立て
> ☐ 養育者の抑うつ症状の見立て

このセッションの一番のねらいは、養育者が経験したであろうトラウマとなるつらい出来事について知ることである。これらの経験と養育者の症状とがどう結びつくかを探求し、養育者とともに、いかにこうした経験が子どもへの反応や子育ての仕方に影響するかをじっくり振り返る。セッションは養育者一人

と行い、通常は１時間半〜２時間の面接になる。治療に参加している養育者が複数いる場合には、プライバシー保護のためにそれぞれ別々に見立てを行う。というのも、それまでは誰にも自分の生い立ちを打ち明けてこなかった養育者が多いからである。たまたま夫婦が同席していたからというだけの理由で公表することになってしまうのではなく、個別に面接を行うことで、夫や妻（パートナー）に伝える内容を意識して選択することができるのである。

　基礎段階がどういうものかを説明をする最初の面接で、親の成育歴を尋ねる理論的根拠について治療者が話をしていなかった場合、このセッションでその理由を説明する。養育者の中には、暴力による世代間伝達のパターンを変えるために、自分の生い立ちについて考えたい、支えてもらいたいと治療に来る人がいる。人によっては、治療は子どものためなのに、なぜ養育者の生い立ちを聞くのかと混乱することもあるだろう。そこで、一般的に親は子どもへの支援を求めて治療に訪れるものだが、しかし、子どもの身に起こったことが、しばしば親自身がその生い立ちの中で体験した出来事の記憶をよみがえらせることがあること、また、治療者は、親がそうした感情を自分でうまくやりくりし、子どもをきちんと支援できると思えるように支えたいのだということを説明する。

　セッション３同様、この過程に取り組むためには、治療者と養育者は、じっくりと振り返ることのできる守られた空間が必要である。あれこれ邪魔が入ると、養育者は情緒的なつながりを失い、過去の経験と現在の様子を関連づけて捉えることがむずかしくなる。治療を義務づけられていて、さもなくば治療に乗り気でない親の場合、自分自身の子ども時代の経験を振り返ることによってこそ、わが子が現在暴力や危険にさらされていて、どれだけその影響を受けているかを理解できるようになる。

　養育者のトラウマとなった過去について聞いてみると、治療者はしばしば養育者の葛藤を新たに理解し、共感を抱くものである。治療者は、親が育ってきた環境の中では常に危険がつきまとっていたこと、そして、十分な保護とはいえないが、親は自分の時よりもより安全により愛情を注いで、どうにかこうにか育ててきたのだとわかる。いまだ暴力にさらされる危険性のある家族にとっては、このセッションで情報を集めることが、親が危険にさらされてきた自分の生い立ちをじっくり考える機会になる。その経験が、いかに現在の危険と安全の予測の仕方に影響しているかを説明する糸口にもなる。過去の経験とトラ

ウマの影響を受けた現在の物事の捉え方とのつながりが理解できると、親、子ども、家族にとって身の安全が最優先だという態度が促進される。

　　事例　ジェイレンの父親と話すうち、治療者は、早い段階でジェームズの過去のトラウマについて知った。ジェームズは、ジェイレンに対する自分の反応の仕方に、自分の過去のトラウマが影響しているのだと考えられるようになった。生活ストレッサーチェックリスト改訂版（Life Stressors Checklist-Revised）（Wolfe, Kimerling, Brown, Chrestman, & Levin, 1996）を用いながらジェームズの過去のトラウマについて深く話し合っていると、いろいろなことがわかってきた。11歳の時にバスの事故を目撃したこと、昨年父親を心筋梗塞で亡くしたこと、そして2ヵ月前に幼い子どもが撃たれるのを目撃したことに加えて、ジェームズの人生はあまりにさまざまな社会的暴力に彩られていた。彼が7歳の時、一緒に住んでいた10代のいとこが敵のギャングに殺された。学校から戻ると警察が彼の家のあたりを立ち入り禁止に区分けしていたのを思い出した。いとこは、彼の家から4つ先のビルの下で地面に横たわり、撃たれて亡くなっていた。ジェームズが言うには、この事件のあと、彼の両親の関係はすっかり変わってしまった。彼の母親は、物思いにふけるようになり、うつ状態になった。彼女は甥の子育てに関わってきたので、甥の喪失から完全に回復することはなかった。ジェームズの両親は別居し、彼が9歳の時に離婚した。近隣の暴力は時々下火になってはまた再燃した。彼が16歳の時、弟がギャングの標的になった。母親は、彼と弟を別の州にいる祖父母のもとに2年間住まわせた。妹は看護学校に通い始めたところだったので、父親のもとに残った。ジェームズは、昔住んでいた場所にいる父親と離れるのが寂しかったが、悪いことばかりではなく、祖父母と暮らすことは楽しかったとも話した。祖父は彼を釣りに連れていってくれ、魚はあまり釣れなかったが、その代わりにジェームズや彼の弟や家族について、子ども時代のよい話をたくさんしてくれた。祖母は、ジェームズは料理が上手だと太鼓判を押してくれた。「あなたは食べっぷりがいいから」と。ジェームズはいつかシェフになりたいと思った。18歳の時に昔住んでいた場所に戻り、父親と暮らした。コミュニティカレッジの1年目に、のちに妻となるティアナと出会った。ジェームズの話を聞くことで、治療者は、ジェームズの銃撃事件への反応をきちんと理解するための基礎を得ることができた。また、ジェームズ自身の反応を調整し、子どもへの接し方を変え

ることを支援する土台もできた。

事例 ティージェイの叔母、ローザの場合は少し違った。治療者がローザの生い立ちについて知りたいと言うと、ローザは最初混乱していやがった。治療者が、ティージェイの行動がもしかしたらローザが育ってきた過程で経験したことを思い出させるかもしれないことを説明すると、しだいに受け入れるようになった。彼女の話によると、彼女の母親は9歳の時に亡くなり、そして、彼女の父親は「酒乱」で彼女や妹を殴った。彼女は大学に行き、よい職を得たが、彼女も妹も最後には暴力男たちと一緒になっていた。彼女はなんとか夫のもとを去ったが、妹はアルコール依存になり、暴力的な男とばかりつきあっていた。ローザが、姪であるティージェイの母親が子どもの頃、時々一緒に暮らしたのはそのためだったのである。ローザと治療者がともにトラウマスクリーニング票を埋めたことで、ローザは家庭内の暴力が世代から世代へと伝達されていることがわかった。彼女は成人してから、父親がネイティブ・アメリカンの学校で寮生活をさせられたこと、そしてそこにいる間に酷使され、身体的虐待を受けていたことを、他の親戚の人から知らされたと話した。おそらくこのことが家庭内の暴力の発端になったのかもしれないとローザは言い、もう終わりにしたいと言った。ティージェイの母親は物質依存症プログラムに参加しているが、彼女が自分の生い立ちやティージェイの父親との間に起こったことなどを話していないことがローザにはわかっていた。過去について思いをめぐらすことはつらいものである、と彼女は治療者に話した。しかし、そのことで何が起こったのか意味がわかったし、ティージェイの母親にもぜひこのような方法で話す機会が訪れることを願うようになった。

セッション5

5回目のセッションはフィードバック面接で、基礎段階の締めくくりである。この回に備えて、臨床家は見立てを通してわかったことを整理し、現在の親子の症状がそれまでの人生の重要な出来事とどう関係しているかについて臨床公式を構築する。親子それぞれのもつ強さや脆弱さも含めて考える。子ども-親心理療法の目的を振り返り、見立ての過程で前向きな変化が起きたかに留意しながら治療計画を立てる。研修中の臨床家たちは、手順の取り決めの欄に挙げ

られている異なる要素をすべて行ったかどうかを確認するために、子ども－親心理療法の**基礎段階：見立てと治療契約に関するフォーム**を記入するのが役に立つと言う。子ども－親心理療法の事例の概念化と内容に関する取り決めの部分を活用して、今後の治療について構想を描くのもよい。

　次に、臨床家は養育者とのみ面接する。見立てを通してわかったことを互いに確認し合い、差し迫って気になっていることを挙げて、治療について（治療がどのように役に立つか、何を目指すか、どのようなことをするか）話し合う。そして、治療に来る理由を子どもにどう説明するかについて意見をまとめる。通常、1時間ぐらいかけて、基礎段階に何らかの形で関わっていた主な養育者も交えて面接を行う。その養育者が定期的に治療に来るわけではなくとも、この回では面接に来てもらう。例えば、ジェイレンの両親は、母親のティアナは仕事のため毎回の治療には参加できないと考えた。それでもティアナは、見立ての間に一度臨床家と面接し、そして、ジェームズとティアナは、フィードバック面接の時とジェイレンに治療の説明をする時はティアナも参加するほうがよいと決めた。

　基礎段階を経たあと、必ずしもすべてのケースに子ども－親心理療法を行うわけではない。安全と安定が著しく欠けている家族の場合、他の治療形態をとることもある。安全と安定が欠けていると、子どものために親が臨床家と治療的な関係を築くことがむずかしいからだ。こうした場合には、臨床家は、親と子それぞれの個人療法や、夫婦あるいは家族療法、物質依存の治療、DVへの介入などを提案する。

　子ども－親心理療法が適用される時、フィードバック面接は、治療に関連する以下の事柄を取り上げ、再検討する機会となる。

1. **母子治療の論理的根拠**。セラピストは親に、親や養育者は子どもの生活において最も重要な人物であると説明する。子どもは親の愛情と承認を何よりも求めているため、親は子どもの情緒安定のために重要な存在であり、だからこそ子どものトラウマからの回復に欠くことはできないのである。この前提により、親には積極的に治療に参加してもらう。親は、子どもの遊び相手になれる。それだけでなく、起きた出来事は子どものせいではないこと、そして、親はその子を愛していることを伝えて安心させることもできる。さらに、残念なことが起きてしまったが、子ども

を守り大切にしたいのだと言って、ホッとさせてやることもできる。
2. **毎週の定期的な面接の必要性**。親は定期的に面接に来る一貫性の重要性を必ずしも理解しているわけではなく、そのため、臨床家に連絡なく面接に来ないことがある。基礎段階では、両親が時間に正確か、規則正しいかをみることができる。問題があるようなら、フィードバック面接で、親が面接に来たり来なかったりする理由を確認する。そして、子どもに予測可能性と継続性を与えるために、毎回時間通り面接に来る重要性をもう一度はっきりと伝える。
3. **トラウマを話すことについての文化的信念**。臨床家は機会を見つけて、トラウマについて人前で話すことをどう思うか、養育者に尋ねる。臨床家は、多くの国や文化で、トラウマ事象、特に対人関係の中で起こる暴力について、あまり語らないように教えられることが多いと知っているだろう。養育者が、トラウマや家庭内での暴力について話すことは文化的に抵抗があると言う時、話し合いをそこでやめない。むしろ、臨床家は、保護者の文化的信念に敬意を払う会話から始めながら、その信念から外れたことを試してみるのがなぜ役に立つのかを説明していく。

事例 ティージェイの叔母と話している時、臨床家は他の多くの家族に役立ったたとえ話を始めた。臨床家は言った。「私たちの身体をポットだと想像してみてください。悪いことが起きるということは、ポットの"強"のスイッチが入れられ、ポットの中が高温になって、お湯が沸き始めるようなものです。たいていは感情に蓋をすることを覚えますよね。よくない話は口にせず、内に秘めておくことをよしとする文化が多いものです」。臨床家は、おもちゃのポットを手に取り、蓋をする。「たいていはこれで済みますが、身体には影響が出るということがわかっています。ポットの中で変調が表れるのです。頭痛がしたり、腰や肩や身体のあちこちが痛くなったり、高血圧や糖尿になることもあります」。臨床家が心身症状について説明していると、叔母は強くうなずいた。「ティージェイのような小さな身体だと、ずっと蓋をしておくことはむずかしいものです。特にポットの中の温度がとても高くなった時には。閉めようとしても、弾けて開いてしまうかもしれません」。臨床家は蓋を大きく開けた。叔母はうなずいて、ティージェイは時々爆発すると言った。「そうならないように子どもを助ける方法として、一つは、温度を下げることがあります。また、

子どもに蓋を開けさせることもあります。破裂してしまっては困りますよね。起きた出来事について話したり、遊びの中で再現したりしてもらうと、蒸気を少し逃がすことができるのです。話したり、遊びの中で再現してもらったりしても、起きてしまったことを変えることはできないのに、どうしてするのかなと思いますよね。でも、そうすることで、ティージェイは、あなたが手伝ってくれること、一人ではないこと、そして、あなたがいれば状況は変わるかもしれないことがわかるようになります。だから、意味のあることなのです」

このたとえ話は、ティージェイの叔母の心を開かせた。叔母は、自分たち姉妹は、子ども時代に、母がいなくてどんなに寂しいか、一度も口にしたことはないと言った。父親は痛みを紛らわすために酒におぼれ、姉妹は悲しみと怒りに向き合う方法をその父の姿から学ぶことになった。叔母は、酒びたりの日々から抜け出すことができたことに感謝していた。父と妹には、母を失った悲しみと向き合う方法を見つけてほしいと望んでいた。そうすれば、自分の家族だけでなく、ティージェイの世代も救われていただろう、と。

さまざまな文化を背景にもつ親や養育者は、トラウマを語ることが子どもや家族がトラウマを乗り越えるのに役立つことをひとたび理解すると、語ることに前向きになりながらも、自分の文化的価値観にも反しないようにうまく折り合いをつけていく。そして、自分たちの文化とずれのないやり方を見つける人が多い。例えば、北アフリカ出身の養育者は、臨床家のもとに子どもを連れてきて言った。「この子には、あなたは叔母さんみたいなものだと話してあります。家族のようなものだから、何でも話していいのよ、と」

4. **子ども−親心理療法での遊びの意義**。見立てを通して、臨床家は親子が普段どのように遊んでいるかを観察できる。フィードバック面接では、臨床家は養育者の遊び方を尊重しつつ、同時に子ども−親心理療法で遊びをどう活用していくかを理解できるように支援する。

事例 ジェイレンのセラピストは、親子で遊びながら、父親が遊びの中であれこれ教えようとしている様子を目にした。おもちゃ箱にお医者さんセットを見つけると、ジェイレンは父親を診察した。すると父親は「これは何て言うんだっけ？ お医者さんはこれでどうするのかな？」としきりに質問した。フィードバック面接で、セラピストは父親に「お父さんはジェイレンに診察道具

を上手に教えていましたね」と言った。父親は「妻は内科医のアシスタントですから。ジェイレンにも、将来、医師でも何でもなりたいものになれることを知っていてほしいんです」と言った。「ジェイレン先生」と、治療者は冗談めかして言った。「カッコイイですね。もう、聴診器の使い方を知っていますしね」。「それは全部母親のおかげ……」と父親が言うと、「あなたの教え方もかなり上手ですよ」とセラピストは答えた。そして、まじめなトーンで、子どもは、治療の中で遊びを通して自分の体験を伝えることがあると続けた。ジェイレンがお医者さんセットを使ったのは、危険にさらされていたビクターを救ってほしかったという思いの表れか、もしくは、その時２人とも危険な場にいたため、父親を診察して、父親が大丈夫なことを確かめたかったからだろう。セラピストは、別の時あるいは別の場では、ジェイレンの語彙を増やし、物事の仕組みを教えるのにおもちゃを使ってもよいが、治療の場では、おもちゃを使ってジェイレンが語る物語を理解することが目標だと説明した。ジェイレンが遊びの中で出来事を再現するのはつらいかもしれないがいいだろう、とジェームズは了解した。

　事例　ティージェイは、見立て面接で叔母と遊んでいた。ティージェイが大きなライオンになって、小さな赤ちゃんライオンにうなり声をあげた。叔母は「いい子で遊びなさい。赤ちゃんにそんなことしないのよ」と言った。ティージェイはおもちゃのライオンで攻撃的な遊びを繰り返し、叔母はそのたびに、いい子で遊ぶように言った。フィードバック面接で、セラピストは、ティージェイのおもちゃの動物の扱い方について触れ、叔母が他の人にどう接し、おもちゃでどうやって遊ぶかを教えていたことに注目した。叔母はにこやかな表情になって、ティージェイは母親との暮らしの中でそういったことを学ぶ時がなかったが、彼にはやっていいことと悪いことを知ってほしいのだと言った。そこで、セラピストは、もし彼が治療中、怒りにまつわるテーマを遊びで表現するような場合にはどうしようかと思った。ティージェイは、大人がわめき恐ろしい形相になるのを目にしただろうから、ライオンにうならせる必要があったのだろう。叔母は、考えてはみるけれど、ティージェイがうなるのは好きじゃないと言った。この場合、ティージェイを自由に遊ばせることがいかに重要であるかを、叔母が理解できるよう最大限努力することが治療の中核的介入段階で必要となった。

5．**面接で使用するおもちゃの選び方**。面接で使用するおもちゃは慎重に選ぶ。通常、以下のものを用意する。同じ民族でその子と同じ家族構成の人形、トラウマ事象を最もよく象徴するおもちゃ（例えば、交通事故なら車、トラウマ事象に警察が関係していた場合は警察官とパトカー）、保護を連想するおもちゃ（例えば、救急車やお医者さんセット）、食べ物や料理に関するおもちゃ、危険と和らげられない感情を象徴するものとしての恐竜、恐怖と家庭生活を象徴するものとしての野性動物、家畜のおもちゃ。フィードバック面接で、親に治療で使うおもちゃを見せ、子どもの初回セッションで何が起こるかを想像し、心の準備ができるように、これらのおもちゃを選んだ理由を説明する。

事例　セラピストは、ジェイレンの父親に救急車を見せようと決めていた。トラウマ事象が起こった時に、救急車が到着したのを見ていて、それ以来、ジェイレンはサイレンの音を耳にすると凍りついてしまう、と見立て面接時に父親が話していたからだ。父親は、救急車の屋根についているボタンを押してサイレンを鳴らし、耳を傾けた。音を聞くだけであの時の瞬間がよみがえってくる、と父親は言った。「治療で救急車を使ってもいいですか？」とセラピストが父親に尋ねると、「ええ。たぶんジェイレンを助けてくれるだろうから」と答えた。それを聞いて、セラピストは、ジェイレンが救急車で遊ぶ時に、サイレンの音への父親の反応をよく見ておかなくてはと思った。

事例　ティージェイの叔母は、ティージェイはお腹いっぱいになるまでひたすら食べるし、叔母がもうおかわりはないと言っても、とにかく食べようとすると言っていた。セラピストがそれを思い出して叔母に言うと、両親と住んでいた時はいつも空腹だったのだろうと言う。そこで、食べ物のおもちゃを治療に取り入れ、ティージェイがそれをどう扱うかを観察した。そして、そのおもちゃを使って、叔母と暮らす時は健康的な食事をちょうどいい分だけ食べられることをティージェイが理解し、安心感をもてるように手助けした。

6．**トラウマに向き合い、消化していく時、子どもに必要な情緒の調節**。フィードバック面接は、面接中の子どものふるまいを予測する、あるいは再検討するガイダンスを行う、または再度行うよい機会だ。ここでのテ

ーマの一つは、つらい出来事を話したり、遊びの中で表現したりするのと同様に、単純に楽しい遊びもまた、治療の大事な要素であるということである。もう一つは、次から次へとどんどん違う遊びに移ることにより、子どもが激しい感情を自分なりに扱おうとしていることを説明することである。親たちが理解しやすいのは、説明のために、おもちゃのティーカップを用いて、大人や子どもの身体をカップにたとえる方法だ。カップ（これを身体とすると）は、つらいことを話していると湧き出る感情でいっぱいになる。幼い子のカップは大人のより小さいため、すぐ感情でいっぱいになってしまう。幼い子は、どのくらいで自分のネガティブな感情を抱えておけなくなるか、本能的にわかっていることが多い。それ以上は無理となると、次の遊びに移る。面接は子どもに、圧倒されずにつらい出来事について感じたことを話したり遊びで表現したりする力を伸ばせる場を与えてくれる。そして、子どもはその子なりに自分のやり方で感情を調整していくことを教えてくれる。

7. **治療に対する親の見通し**。親と協力して治療計画を立てるには、親の視点や疑問、ありそうなためらいや心配事を引き出すことが大切である。身の安全が懸念される家族とは、治療中どのように安全確保のことを取り上げるかを親と一緒に検討する。時には、親権は共有されているものの、一方の親が治療のことを知らされていないと判明することもある。このような場合は、もう一方の親にも治療について知らせる必要があることを説明する。なぜなら、治療を秘密にし続けることは、子どもに不要な情緒的負担をかけることになるからである。この説明をきっかけに、もう一方の親についての懸念事項が溢れ出て、長期間にわたってそれについて話し合うことになる場合も多い。また、裁判所の命令がないと治療を行えない場合もある。例えば、親権をもっている親が治療に同意していない場合などだ。こうしたことが見立て段階で出てこなかった場合、フィードバック面接が、治療に法的な支障がないことを確認する機会となる。

事例 スーザン・チャンのセラピストは、スーザンが治療を受けることの安全性について母親と話し合った。スーザンは父親と定期的に面会していたが、

父親は、自分のDVのせいでトラウマが生じ、母子が治療を受けるのを知らないからだ。過去に暴力があったことを考えると、治療のことを知った父親がどのような反応をするか、セラピストは気がかりだった。母親は、スーザンは2歳で、まだしゃべれないと言う。セラピストは、スーザンはよくしゃべるほうで、急速に語彙が増えていると指摘した。もし父親に「どうしてママに痛いことしたの？」と聞いたらどうなるだろうか。セラピストと母親は、しばらくは2人だけで会い、何が起きたかを母親からどのようにスーザンに話せばいいか、どうしたらスーザンが安心感をもてるかに焦点を合わせるだけにしようと決めた。両親は、2ヵ月以内に法廷で親権について再度話し合う予定で、その時に、父親に治療の問題を持ち出すことにした。2ヵ月半後、母親の弁護士が治療について法廷で話題にすると、父親は承諾した。それから、母親と臨床家は、どのようにしてスーザンを治療に導入するか話し合った。

臨床家は、見立てをしながらフィードバックも行うが、フィードバック面接は、治療契約と治療計画を確認するうえでの転機となる。なぜなら、親と臨床家が、子どもと親の体験、子どもの行動、感情および発達機能、そして、治療の効果の関連を明確に理解できるようになるからである。この説明の三角形を図1に示した。基礎段階を通して、セラピストと養育者は、経験と機能を結びつけて考える作業を一緒に行ってきた。経験とは、過去に何があったか、ということである。子どもがトラウマとなるつらい出来事にさらされた経験、親の

図1　説明の三角形（Lieberman & Ghosh Ippen, 2014）

状況（例えば、母親の物質依存や妊娠中のストレス）、および、家族環境なども含まれる。生まれつきの性格や気質スタイルが多分に影響を及ぼしている場合は、臨床的な知見を公式化する際にそれも考慮に入れる。他の子にとってはたいしたストレスではないことも、過剰に感受性の強い子はすっかり圧倒されてしまうかもしれないからである。こういった子どもの親は、特に、親が子どもの感受性をあまり理解できないと、子どもの反応に当惑してしまう。たいていは、出来事の詳細と、子どもがそれをどう認知したか（その子の生まれつきの恐がりやすさの程度からみて）を統合する枠組みを理解すると、子どもの反応をより理解できるようになる。

　フィードバック面接の最後の課題は、なぜ治療に来るのかを、次回の面接で、どのように、何と言って子どもに伝えるかについて親とよく相談し、意見をまとめておくことである。三角形が成立するためのキーワードを以下に示す。

・経験：見たこと、聞いたこと……（例：ママとパパが喧嘩し、殴り合った）
・行動／感情：そして、今、あなたは……（例：時々不安になる、怒って叩く、誰かがどこかへ行こうとすると取り乱す）
・治療：ここは……をする場所

　この公式化に親と取り組む時、セラピストは希望というものが治療には欠かせないものであることを忘れてはならない。また、子どもを治療に連れてきたことや、暴力的な環境から離れたことを含め、親が子どもを守る行動をした時にはそのことを取り上げて強調し、サポートを怠らないようにする。

　事例　ティージェイのセラピストと叔母は、どうやってティージェイに治療のことを話そうかと考えていた時、2人とも、彼が幼少期にどのような体験をしてきたかについて知らないことだらけであることがわかった。しかしその時点では、ローザは、彼の母親と連絡を取ることはできなかった。母親は物質依存の治療プログラムで入院中だったからだ。そこで2人は、次のように話すことにした。ティージェイのパパもママも問題を抱えていた。そして2人はティージェイも傷つくほど恐ろしい喧嘩をした。だから、ママはローザ叔母さんにティージェイのお世話をし、安全を守ってほしいと頼んだ。それから、両親

の喧嘩はティージェイを怖がらせ、怒らせた。だから、叔母さんは、ティージェイがカッとなっても人を叩いたり傷つけたりしない方法を学べるところに連れてくることにした、と。叔母は説明の最後の部分を気に入った。ティージェイは気分を落ち着かせ、叩くのをやめる方法をどうしても学ぶ必要があると言う。それに、攻撃的にならずに長い話を聞くことができないのが心配だと言った。そこで、セラピストはティージェイの話をする時に人形を使うことを提案したところ、叔母はすぐ承諾した。

最後に、両親自身にトラウマ体験があり、親としての機能が妨げられ、子どもに対する認識にも影響が出ている時、親自身の経験と、親自身の感情と行動、そして治療の効果をつなげて三角形を作ってみるとよい。例えば、ティージェイの叔母は、自分自身の幼少期の体験と、ティージェイが家族内の暴力を受け継いでしまうのではないかという恐れとがどう影響し合っているかを新たに理解した。彼女は個人療法を求めなかったが、ティージェイの治療が自分にも役立つことに気づいたのである。養育者によっては、子どもの治療を補完するために個人療法を希望して新たな自分の理解に向き合うこともある。

第2段階　中核的介入段階

中核的介入段階は、通常1時間のセッションから始める。この段階になってから子どもも治療に参加し、二者合同セッションという治療形態が始まる。この初回セッションについては次に述べる。例外として、トラウマ事象で子どもが傷つくことを親が受け入れない時がある――この態度は子どもの安全と健全を脅かすため――。その時は、治療者はある一定期間、親と個別に面接し、治療で親が変わり、子どもと合同の子ども－親心理療法を可能にするかどうかを見極める。

子ども－親心理療法に子どもを導入する

セラピスト：私が誰だか知っている？
子ども：はい、事務員さん。

何年も前にスーパーヴィジョンで、ある研修生が教えてくれた話である。研修生は母親とその4歳の娘と会い始めたばかりで、自己紹介をしたり、なぜ母親とその子が自分に会いにくるのかを説明したりしているところだった。研修生がその子に、自分が誰なのかを知っているか尋ねた時、その子の答え「事務員さん」を聞いた人皆が笑った。事務員さんとは鋭い観察だ。その子は、それまでに数知れない事務員と会ってきた。児童福祉司に、学校では言語聴覚士、作業療法士、以前には非指示的プレイセラピーをしたセラピストがいて、そして今の新しい子ども－親心理療法のセラピスト。スーパーヴァイザーとスーパーヴァイジーはその子が何を伝えようとしているのかを考えるうちに、この支援者たちは、皆同じような、堅苦しすぎず、カジュアルすぎない服を着て、似たような口調で子どもに話しかけていることに気づいた。この子どもがすべての人を「事務員さん」と分類したのも一理あるが、それぞれの支援者が行ったことは違うものだったはずだ。その子の認識は大切なことを教えてくれていた。すなわち、その子には、なぜ自分が治療を受けにきているのかを、はっきりと、そして、心に響く言い方で伝えることが重要だということである。子ども－親心理療法のセラピストが事務員のようであっても、それは、苦しい気持ちやつらい体験を乗り越えるのを手伝ってくれる事務員さんなのだとその子が知ることが目標なのだ。

　初回の治療セッションでは、すでにフィードバック面接で親と取り決めた同意に基づいた内容を実践する。親またはセラピストが、経験─行動や感情─治療の三角形について話し、子どもに感じたことを表現したり、話したりしてもよいという許可を与える。多くの親は、子どもと「言葉にできないことを語る」のは、思ったより簡単で、ホッとしたと報告する。

　事例　ティージェイのセラピストは赤ちゃん人形を使って、ティージェイが小さい時は母親と住んでいたのだと話した。セラピストは、母人形と赤ちゃん人形を椅子の上に並べて置いて、家に見立てた。彼女は、ローザ叔母さんはおうちがどんなふうだったかを知らなかったと伝える。ローザ叔母さん人形を、母人形とティージェイ人形から離れた別の椅子に乗せた。叔母は、母親がティージェイをとても愛していると知っていたが、父母は仲が悪いと聞いていた。時には大人の喧嘩のせいで、ティージェイがひどい怪我をしたことも聞いていた。ティージェイは熱心に話を聞いたあと、自分の脚を叩き始めた。セラピス

トは、ひと呼吸置いて、児童保護局の報告の詳細を思い出しながら言った。「あなたがとても小さい時、脚にひどい怪我をしたのよ」。セラピストが叔母を見ると、叔母はうなずいた。セラピストはティージェイ人形を取り上げ、脚を指さした。「かわいそうなティージェイ、痛かったわね」。彼女は人形をローザに渡し、「ローザ叔母さんはそんな怖いことがあったとは知らなかったけど、それがわかってからは、あなたを一所懸命救ってくれたのよ」と言った。ローザが人形を抱いていると、ティージェイが近づいて小さな人形に目をやった。「この子は、もう今は大丈夫よ」とローザが言った。「ティージェイは、今は私と一緒だもの」。セラピストは、「ええ、ティージェイはあなたと一緒で、あなたが安全に守っているのですね。でも、彼が時々怒ったり悲しくなったりする時は、たぶん安全だと感じていない時なのでしょう、それで人を叩くのだと思うのです」と言った。ティージェイが顔をあげた。セラピストは続けて「ローザ叔母さんは、大人が人を叩くのをあなたが見ていたことを知っているわ。でも、叔母さんは、あなたが腹を立てた時に、他にできることがあると教えたいのよ。だから、叔母さんは、あなたをここに連れてきたの。ここに来たら、あなたがパパとママと住んでいた時はどんなふうだったかについて話したり遊んだりできるのよ」と言った。セラピストは、父人形も出してきて母人形の近くに置いた。「そして、怒った時はどうすればいいか、少しずつ覚えていけばいいわ」。ティージェイは、父人形に近寄り、一発殴って机から落とした。それから、他のおもちゃのところへ行った。彼は、おもちゃの車でキャビネットまで行き、サイレンの鳴るパトカーを見つけると、サイレンを鳴らし続けた。「ほら、こんな調子なんです」とローザは言った。ティージェイの感情が昂っている時、ティージェイの行動は彼が体験したことを表現しているのだと思い出すのはまだむずかしいとローザは思った。

　この治療への導入部分は、説明の三角形の重要な要素を含んでいる。ティージェイは話を聞いていたのか、折に触れての彼の行為はセラピストと叔母が話し始めた内容と関係しているように見えた。セッションが進むにつれ、彼の行動――それに対する叔母の反応も――はこの治療が焦点を当てるべき事柄を明白に示していった。ティージェイの不安定な行動が続くので、叔母はあまりに心配で、その行動を過去の話と結びつけることができず、彼がどのような気持ちを伝えようとしているのかもわからなかった。基礎段階において、セラピス

トと叔母はしっかりと関係を築き、中核的介入段階の治療を支える重要な対話を交わしてきた。

　子ども-親心理療法を学ぶ臨床家にとって、何がトラウマかをはっきり言葉にしてから治療に導入することが、この方法の最もむずかしい側面だという。臨床家は、子どもにトラウマを再体験させてしまうのが怖いからだ。子どもでも大人でも、安全な状況でなら、自分が覚えている出来事を語っても再体験することはない――もちろん、それを語るのは心地よいことではないだろうけれども。それで子どもや親を傷つけるのではないかという恐怖心は、トラウマを直接扱うのに手ごわい障害となる。トラウマリマインダーの回避は、PTSD診断基準項目の一つであり、対処するのがむずかしい。情緒は伝染するものであるし、セラピストは対象家族に共感的であるように訓練を受けているため、セラピスト自身が代理回避を起こしてしまうこともある。小さな子どもを相手にする場合、この共感性が誤った方向に導かれてしまう。子どもは感情への防衛機制がしっかり育っていないし、大人に説明してもらい、自分の恐怖心を支えてもらいたいと思うものだからである。以下の事例は、ジェイレンとその両親との初回セッションにおいて、従来の治療導入を用いた子ども-親心理療法の新人セラピストのものである。

ジェイレン・フィッシャー：標準の治療導入、トラウマに触れない方法 [注3]
　　セラピスト：こんにちは、ジェイレン。私はマーティンと言います。あなたのママとパパから、あなたがよく眠れず、そしてご両親の言うことを聞かないと聞きました。ここは、あなたがどう感じているか話したり遊んだりする場所です。うれしいことも、怒っていることも、怖いことも、お話ししていいのです。（おもちゃを見せて）おもちゃはたくさんあります。人形を使って気持ちについて話してもいいし、パズルも恐竜もあります。
　　父：ジェイレンは恐竜がとても好きですよ。
　　セラピスト：よかった、ではそれで遊びましょうか。

　ジェイレンはセッションの間ずっと、母と父とセラピストと遊んだ。恐竜の

[注3] Ghosh Ippen et al., 2014の許可を得て転載。

家族を作って、赤ちゃん恐竜は大きな恐竜に優しく世話されていた。ジェイレンは、赤ちゃん恐竜が生まれるんだよと言った。母親は、自分のうちにももうすぐ新しく赤ちゃんが来るとジェイレンに話したことを笑顔で伝えた。ジェイレンは母親のところに行き、膝の上に身体を預けた。セラピストは、両親がよければ、ジェイレンに下の子の誕生に備えた本を読んであげると伝えた。母親は、それは助かると思った。でも、ジェイレンはパズルで遊びたかったので、家族は残る時間をパズルで過ごした。

　セッションの終わりのフィードバックの時、両親とセラピストは、ジェイレンと父親とで治療に参加することを決めた。続く2回のセッションで、父子は再び恐竜で遊んだ。小さな恐竜は喧嘩を始め、とても乱暴に大きな恐竜を叩いた。セラピストは「おお、恐竜は怒っているんだ」と言って、恐竜を叩く代わりに、言葉でどんなふうに言ったらよいかをジェイレンに示す手本を見せながら、父親を導いた。セラピストは、父親は反応が早く、ジェイレンには効果的だと思った。

　スーパーヴィジョンでセラピストは、これらのセッションを報告し、この家族はとてもうまくいっていると述べた。でも、ジェイレンも父親も銃撃事件のことを口にしなかったことが少し気にはなっていた。導入セッションの内容を話しながら、マーティン自身、自分が治療の理由を説明する時に、銃撃事件について触れなかったことが明らかとなった。そのために、家族の経験と機能と治療とをうまくつなげることができていなかったのである。マーティンは新たにトラウマの訓練を受けたセラピストではあったが、子どもをセラピーに導入する時、従来のやり方に戻ってしまった。そして、その家族が治療に来ることになった体験をはっきりと名づけて言葉にすることをしなかったのだ。マーティンは臨床的スーパーヴィジョンで、「友達が撃たれるのを見たから、セラピーに来ることになったのだ、と私がほんとうにこの子に言うべきなんですか？　自分からそのことを言い出すかどうか、少し様子を見なくていいのですか？」と尋ねた。「こういうことを言わなくちゃいけないと思うと、なかなかつらいものですね」とスーパーヴァイザーは言った。「あなたとジェイレンのご両親にとって何が意味あることかを考えてみましょう。でも、私たちは起きた出来事を名前をつけて話す勇気をもつことも大事です。だって、ジェイレンはすでに何が起きたかを知っているし、そこに居合わせたのです。そして、そのこと

の悪夢を見ています。そのことを話しても大丈夫なんだよと大人が教える必要があるのです」。話しているうちに、マーティンは子ども‐親心理療法入門訓練の時に聞いた話を思い出した。あるセラピストは、数年間別のセラピストの治療を受けてきた子どもと関わり始めたばかりだった。新しいセラピストは、その子の体験してきた暴力について話題にした時、前のセラピストにはこの暴力のことを話したの？ とその子に尋ねると「ううん、前の先生はまだ心の準備ができていなかったわ」と答えたというのだ。マーティンは、自分もおそらくまだできていないと認めた。でも、暴力について話し合えるようになりたかった。そして、スーパーヴァイザーの力を借りながら、暴力のことを話し合う心の準備を整えていった。マーティンは父親と個別に会い、銃撃事件も含めてジェイレンが体験したことは何でも話していいことをジェイレンに伝えるための計画を一緒に練った。それから、一緒にジェイレンと会った。

ジェイレン・フィッシャー：治療への再導入 [注4]

セラピスト：ジェイレン、前にあなたとパパがお店に行ったとパパから聞いたよ。（2つの人形を手に取る）これがジェイレン、こちらがパパ、2人でお店に行くところ。

ジェイレン：（立ち上がり歩いて行ってしまう）

父：ジェイレン、マーティン先生の話を聞きなさい。

セラピスト：ジェイレンは私たちが今話しているあの日のことを思い出して、聞くのがつらいのかなぁ。

父：（うなずく）ジェイレンはあれからお店に行きたがらないのです。私が行くのもいやがります。

セラピスト：ジェイレン、パパは、あなたがお店に行こうとして、怖い思いをした日のことを覚えていると思っているよ。お友達のヴィクターが怪我したんだね。救急車が助けにきたけど、ヴィクターの怪我はとてもひどくて、死んでしまったんだね。彼が怪我して死んでしまったこと、たくさんの人がとても悲しんで、怒っているよ。

ジェイレン：僕、クマのぬいぐるみをあげたんだ。

父：そうだね、ジェイレン。（父はセラピストのほうを向いて説明した）私

[注4] Ghosh Ippen et al., 2014の許可を得て転載。

たちはジェイレンのクマの一つをその現場に持っていきました。ジェイレンはみんながおもちゃを置いていくのを見て、どうしてかを知りたがりました。ジェイレンの母親が、ヴィクターが天国から見て、みんながどんなに寂しく思っているかわかるように、おもちゃを置いていっているのよと話しました。それで、彼もヴィクターに自分のクマのぬいぐるみの一つをあげたかったのです。

ジェイレン：ヴィクターはポーポーと一緒だよ。

セラピスト：そうだね、ジェイレン。パパはヴィクターがポーポーとイエス様と一緒だって言ってたよ。

ジェイレン：僕、ポーポーに会いたい。

父：ジェイレン、言っただろう？ 天国に行った人には会えないんだって。でも私たちのことは見えてるんだ。

セラピスト：ポーポーに会いたいんだね。

ジェイレン：（うなずく）

セラピスト：ポーポーが死んだ時、悲しかったよね。

ジェイレン：パパが泣いてた。

セラピスト：あなたと同じようにパパもポーポーがいなくて寂しいんだね。

父：（うなずく）

ジェイレン：（おもちゃのほうへ行って見渡す）

セラピスト：ジェイレン、あなたはここに来ることになったんだよ。あなたとパパだけで来たり、時にはママも来たりする。

ジェイレン：ママはお仕事しているよ。

セラピスト：そうだね、でも時々ママも来るよ、みんなで恐竜で遊んだ時みたいに。

ジェイレン：恐竜ちょうだい。

父：ほら、ジェイ、丁寧に頼まなくてはだめだよ。

ジェイレン：ください、お願いします。

セラピスト：（父親に向けて）かまいませんか？

父：（うなずく）

セラピスト：（ジェイレンに向かって）恐竜に会いたい？ 前に一緒に遊んだね。

ジェイレン：（うれしそうにうなずく）

セラピスト：（恐竜を持ってきて、家族に見立てる。そしてもう一つ恐竜を取り出す）これは私。こんにちは、ジェイレン。こんにちは、ジェームズ。

ジェイレン：こんにちは……、名前は何ていうの？

父：マーティン先生だよ。

セラピスト：（恐竜を使う）はい、私の名前はマーティンです。私はあなたとパパのお手伝いをします。パパは、あなたが時々怖い夢を見るって、そして、ママとパパが出かけると、とてもびっくりしていらだってしまうと言ってたよ。パパは、あなたがヴィクターに起こった出来事を思い出して、時々怖がってると思ってるんだよ。あれはほんとうに怖かったよね。あなたがここに来る時は、あの日のことを話していいんだよ。怖くなったり、怒っちゃう時にはパパが助けてくれる。（父親のほうを向く）そうですよね？

父：もちろん。（ジェイレンのほうを向く）ヴィクターのことや、どんなことでもマーティン先生に話せばいいんだ。先生が助けてくれるよ。

ジェイレン：（部屋の中を歩きまわり、救急車を見つける）救急車だ。

セラピスト：そう、救急車あるんだよ。

ジェイレン：（必死に男の子の人形をつかんで、救急車に入れようとする）

父：（見ているだけで動かない）

セラピスト：さあ、手伝うよ。（人形を救急車に入れる）

ジェイレン：（救急車をつかんでグルグル走らせる。物にぶつける）

父：ジェイレン、気をつけなさい。壊れるよ。

　　ジェイレンはもうしばらく車を動かす。父親は携帯メールを打ち始める。ティアナに帰る時間を知らせたいと言う。ジェイレンは立ち上がり、戸棚に向かう。工具セットを出して、父に一緒に作ってと頼む。父親はジェイレンと床の上で家を組み立てて遊ぶ。しばらくしてジェイレンは戸棚にお医者さんセットを見つける。彼はそれを取り出し、父親を診察し始める。

　このセッションは、銃撃事件を話題にし、ジェイレンの感情と結びつけることに対するセラピストの安心感が増したことを示している。このトラウマ治療によって、ジェイレンは修復段階（自分のクマのぬいぐるみを殺された子にあ

げる）について話すことができ、他のつらい出来事（祖父の死）にも触れられ、そして、修復への道（救急車、お医者さんセットを使う）を歩いていくことができるようになった。このセッションは、ジェイレンがひとたび機会を与えられて、確実にトラウマワークに取り組んだことを示した。

　三角形の導入に子どもはさまざまな反応をみせる。この三角形にはトラウマのナラティブ（何が起こったのか、それについてどう感じているかをその子が今どう表しているか）と保護的ナラティブ（親が状況改善のために行ったことや、安全を確保する術を学び、安全を感じられる場所としての治療）が濃縮して混ざり合っているため、この時の子どもの反応は、トラウマのリマインダーに対処する際の子どもの気質や強さ、弱さをセラピストが理解するのに役立つ。そして、セラピストがその子のスタイルに合わせて臨床公式を発展させ、それが治療に役立っていく。以下の事例は、治療を受ける理由を聞いた時の子どもの反応のいくつかである。

　事例　ホセは2人の子どもの父親で、ホセシト（3歳）とヴァレリア（5歳）と治療を受けにきた。ホセはメキシコからの子どもの移民で、11歳の時に自力で国境を越えてきた。里親制度で愛情深い家族の養子になった。彼は子どもたちの母親であるアンジェリーナと高校で出会った。2人の関係は、殴り合いの喧嘩をしたかと思うと情熱的に仲直りする、という激しいものだった。2人ともパーティに行き、お酒を飲むのが好きだったが、子どもができたら落ち着こうと彼は願っていた。だが、そうはならなかった。ホセシトが2歳半でヴァレリアが4歳半の時、この両親は子どもたちの前で激しく口論し、ホセはアンジェリーナを車のドアに叩きつけると、車の中に押し込み、そのあと車の窓を割った。あとになって、彼女が多数の男性と関係をもったので彼女に激昂したから、とホセは報告している。それ以前にも、彼はテレビを叩き壊し、壁を殴って穴をあけたことがあるという。本人によれば、暴力的になったのはこの2回だけだという。彼が言うには、アンジェリーナは常に攻撃的で、口論をすると皿やランプを彼に投げつけたり、彼を引っ掻こうとしたりしたそうだ。ホセはDVで刑務所に入れられたあと、釈放されるとすぐに、自分と子どもたちを救ってほしいと言い、治療を求めた。彼は、自分がしたことは悪いことでとても申し訳ないと思っていることを子どもたちに知ってほしかった。子どもたちと合同の子ども−親心理療法の初回セッションで、まず彼は子どもたちに

謝った。彼は母親を殴ったのは悪かったし、子どもたちに怖い思いをさせたことはわかっていると言った。父親がそれ以上言う前に、ヴァレリアから質問が溢れ出した。「で、パパ、どうしてあんなことしたの？」「どうして窓を割ったりテレビを投げたりしたの？」ヴァレリアは、普段は優しいパパがどうしてそんなに恐ろしくなってしまうのか、答えを探していた。父親は自分のしてきたことがどういうことだったのかを改めて認識し、娘の問いに答え始めた。ホセとヴァレリアが話していると、ホセヒトがこの２人の直接的な会話を聞いてどんどん不安定になってきた。最初、彼は動物の人形で遊ぶうなっていたが、不安そうに父親にまとわりつきよじのぼると、父親をドアのほうに引っ張っていき、不安そうな声で帰りたいと言った。２人の子どもの反応の違いは治療上の重要な焦点となった。

　事例　４歳のジーナは白人で、父親による性的虐待の疑いで治療に紹介された。何が起こったのか、ジーナがどのように打ち明けたのかは、父親と激しい親権争いをしている母親からの報告による。性的虐待は、ジーナが児童虐待センターで行った児童性的虐待面接ではまだ立証されていなかった。セラピストと母親は、治療の理由としてジーナに何と伝えるか、よく話し合って決めなければならなかった。なぜなら、母親はこのことを「性的虐待」として明言したかったが、セラピストは確証のない出来事を事実として扱いたくはなかったからだ。セラピストと母親それぞれが妥協し、両親は一緒に暮らしていた時、頻繁に喧嘩をしていた、そして母が思うにはジーナにとって怖くて混乱するようなことを父親がした、とセラピストが子どもに言うということで合意した。セラピストは母親の了解を得て、父親に長い間（９ヵ月間）会っていないため、ジーナが寂しがっていると母親が思っている、とジーナに伝えた。また、ジーナが悲しそうにしていて保育園［訳注］で友達となかなか遊べない、ということも話した。治療では、ジーナが自分の気持ちや「あちらの家」ではどうだったかについて話すことができるように、母親とセラピストが手伝うことにした。この導入が終わるとすぐ、ジーナはセラピストに背を向け、ままごと料理をした。彼女は続く３回のセッションでいつも料理をして、母親にだけ料理を提供

［訳注］米国では、幼稚園（kindergarten）から５年生までが小学校にあたる場合が多い。混乱を避けるため、本書では kindergarten を「幼稚園」、preschool/school を「保育園」と訳した。

した。4回目のセッションで、彼女はセラピストにトーストを乗せた皿を差し出した。その後、どのセッションでもジーナは父親のことに一言も触れずに遊んだ。彼女はお姫様の絵を描き、保育園と意地悪をする子どもをテーマにして遊び、そして、ほぼ毎回料理をした。そしてあるセッションで、待合室で待っている間に、彼女は人形を見つけた。布性で服が取れる人形だった。彼女は人形のパンツをおろすと興奮して母親に叫んだ。「これが私の夢の中の『悪い男』よ」。セラピストが「彼をお部屋に連れてこようか？」と尋ねると、ジーナは「うん」と言った。男を部屋に連れてくると、セラピストはこの悪い男はどうなるべきかと尋ねた。悪いことをしたから罰を受けるべきかしら？　ジーナは興奮して見上げて言った。「そうよ！」セラピストはここに刑務所があると伝えた。「持ってきて」とジーナは言った。セラピストが持ってきて、残る時間と次の２回のセッションで、ジーナは母親とセラピストの助けを借りて悪い男に罰を与えた。ワニとトカゲを監視員として男の檻の中に入れ、その都度、男がまた悪いことをしたら肝臓を食べてやるぞと言った。

事例　４歳のアフリカ系アメリカ人のデショーンは、母親が殺されて半年後に祖母と治療を受けにきた。彼は現場にはいなかったし、何が起こったかは聞かされていなかったが、母親が殺される悪夢を見ていた。彼は暴力的だったため、最近保育園から追放され、転校した先の園からも危うく退園させられそうになっていた。しかし、セラピストには、彼は行儀よく祖母の言うことをよく聞いているように見えた。治療導入で彼の母親が殺害されたという事実（彼がすでに知っていることだが）の説明がされたあと、デショーンは暴力的で混乱した遊びの場面を展開した。彼は子ども人形を取り出し、円陣の中に人形を入れた。おそらく保育園の場面を演じているのだろうが、言葉では何も言わなかった。そして、彼はバットマン人形をつかみ、人形たちの上で、そして自分の上でも、バットモビールを何度も走らせた。セラピストは「子どもたちに悪いことが起こっていたんだね」と言った。祖母は首を振り、「バットマンはいい人の一人だと思いました」と言った。すると、デショーンが一人の人形を自分のおばあちゃんだと言った。「素敵な髪なんだ」と彼が言うと、祖母も同意した。５分も経たないうちに、バットモビールはおばあちゃん人形とデショーンが選んだ大人の人形全員をひいてしまった。バットモビールはあらゆるものをなぎ倒し続け、セラピストは祖母の身体がわずかにこわばっていくのに気づ

いた。

　これらの事例は、治療導入への反応が子どもによってかなり異なることを示している。基礎段階は大人同士の会話をしていられたが、その後のセッションでは子どもと一緒に遊ぶことを含め、さまざまなコミュニケーションの形を取り入れていくため、セラピストと親はそれを受け入れ、基礎段階から移行していく必要がある。この導入セッションで、セラピストは次の３つの治療的方略を念頭に置く。

1. **治療導入に対する子どもの反応を追う**。セラピストは子どもの行動に表われる反応（攻撃的になる、養育者がなだめる必要がある、逃げ出すなど）と、そこに表れてくる遊びのテーマを記録する。遊びのテーマの優先順位や、反応に伴う感情も記録する。子ども－親心理療法を学んでいるセラピストは、ナラティブを詳細に書き留めておくことが、セッション中に生じた出来事をあとから内省するのに役立つと知っている。また、子どもが語る悲惨な話と子どもの情緒反応とを区別することが役に立つ。ジェイレンやヴァレリアのように、多くの子どもは悲惨な場面を見事にまとめて、的を射た形で遊びの中に表したり、話したりする。それはまるで、人に話せる日を、そして自分が経験したことの意味を紐解く機会を待っていたかのようだ。あるセラピストが、それをよく物語るような心を打つ話を聞かせてくれたことがある。彼女はとても攻撃的な子どもの治療にあたっていた。その子はよちよち歩きの頃に養子縁組されたが、そのことに気づいていないだろうと思われていた。だいぶ治療が進んだ時、彼の両親は、彼に養子の話をすることに同意した。セラピストと一緒に両親は、彼が小さい時もう一人のお母さんがいたが、その人は問題を抱えていて、彼を傷つけたのだと話した。５歳になっていたその子は大人たちを見て、深くため息をついて言った。「知ってるよ」。
2. **親に気を配り、寄り添う**。幼い子の遊びや行動は（ギリシャ神話の）セイレーンの歌のように、セラピストをぐっと子どものほうに惹きつけ親から遠ざけることがある。すると、基礎段階の時にセラピストと個別に会っていた親は、セラピストの自分への関心はもはや失われ、自分は大切な存在ではなくなったと感じるだろう。子どもの行動が親の否定的な

反応を引き起こす場合は特に、子どもに惹きつけられるセラピストの反応は、治療に有害なものとなる。さらに、セラピストの支えなしでは象徴遊びや再現行動で子どもが何を伝えようとしているか、親はわからないかもしれない。そうすると、親は混乱し、自分はどうでもよいのだと感じて気持ちが離れてしまったり、子どもの言うことを誤解したりするかもしれない。そのため、導入時に養育者の反応を注意深く観察して追い、必要に応じて情緒的に支えたり、誤解した内容を正しく言い換えたりすることが重要である。

3. **否定的な反応／行動に対して好意的な見方を示す、または発達の観点から説明する**。幼い子どもは、治療導入に際してびっくりさせる反応をみせることがある。おばあちゃん人形を車でひいたデショーンのように、子どもはどんな親でも困惑するような暴力場面を演じるかもしれない。子どもは自分の養育者たちを殺す遊びをしたりする。恐竜に赤ちゃんを食べさせたり、車を突進させて自分で作った家を壊したり、動物に体当たりさせたり、火事で誰も救い出さなかったりする。それを見ている親は無力感に襲われ、心をかき乱されることが多い。セラピストの支えがなければ、親はセラピーがほんとうに治療的で有効なのか疑問に思うだろう。発達的知識に富んだ好意的な解説があると、健全な発達を支えていくことができる。セラピストは親に、遊びは、養育者に何か起こるかもしれないという子どもの最も深刻な恐怖心の表れであるかもしれないし、目撃したことの再演かもしれない、と説明してもよい。子どもの遊びは、たとえそれが困惑させるものだとしても、救いを求める差し迫ったメッセージなのである。

中核的介入段階──子ども‐親心理療法への子どもの導入から、治療の核心へ

　中核的介入段階のセッションは通常1時間で、より長い（1時間半など）場合もある。

- セラピストと養育者は、時折、子どもが「ただの遊び」で慣らして時間が延びたあとでないと困難な内容に取り組み始めることができない場合があると気づくだろう。セッションが進むにつれ、それは変わるかもしれない

が、1時間半に延長することで子どもに必要な時間を与えられるということにしてもよい。
- 時には、時間を延長してセッションを分けてもよい。セラピストは、養育者と個別に会う時間と、養育者と子どもと一緒に会う時間の両方をもつことができる。
- 差し迫った安全と生活の安定の問題がある時は、安全対策とケースマネジメントのための時間延長が必要になることがある。
- 家族がクリニックに来るのもセラピストが家庭訪問をするのも長時間移動となる地方では、子どもと親も時間延長によって利益が得られるようであるならセッションを長くするほうが効率的であろう。

　本書では、治療過程で生じる個々の状況すべてを取り扱うことはできない。次節では一般的な介入の領域と、個々の状況に応じて用いる特別な治療方略を提示する。臨床事例では、介入の糸口を描いている。介入の糸口とは、ダニエル・スターン（Stern, 1995）が用いた用語で、臨床上の重要な瞬間のことであり、その瞬間に介入することが最も治療的進歩を促す。介入に至る経緯自体が、子ども-親心理療法における介入の働きをもち、この臨床の瞬間にセラピストがどう反応して何を言うかが、介入のやりとりや方向性を形作っていく。
　行動／表象領域とここで説明されるものは遊びから始まるが、それは遊びが子ども時代の普遍的言語だからである。健康な子は健康な方法で遊び、健康になるのに手助けのいる子はそのニーズを表現する方法として遊びを用いる。他の介入領域は発達的特徴の観点から構成されている。ごく幼い乳児は、愛着システムがまとまりある組織として発達していないため、ストレスとトラウマの生じる状況での反応は感覚運動の乱れと生理的リズムの混乱として現れやすい。子どもが成長して、愛着対象との関連で危険にうまく対処するようになると、接近して接触を求めたり、避けたり、抵抗したり、攻撃を向けたり、といった相互作用の行動がしだいに顕著になってくる。ただ、感覚運動の乱れも生理的リズムの混乱も依然として続く。もう少し大きくなり就学前の幼児になってくると、心的表象が使えるようになり、言語、象徴遊びが感情体験や現実構成の表現方法となる。ここで説明する領域は、同時に発生したり、重なり合ったりするものとみなすべきである。子どもの発達段階や生まれつきの気性、環境要因のサポートが多いか困難が多いかによって、主流となる領域はその時々で異

なる。

治療的介入のタイミング

特定の介入を行うタイミングを見極める際、主に2つの重要な原則がある。

1. **まず、最も単純で直接的な介入を試みる**。例えば、子どもの発達について正しい知識を教える発達ガイダンスだけで親が不適切な養育態度を改めることができるのであれば、親の幼少時代にさかのぼって原因を深く掘り下げることは不必要であり、むしろ侵入的で不適切とさえいえる。
2. **可能な限り、子どものために、親に介入してもらう**。それができなかった時、もしくは必要に迫られた時だけ、臨床家が子どもに対して直接介入する。例えば、子どもが危険な行動をとろうとしている時、親に呼びかけて注意喚起するだけで、親がその子を守ろうとする行動のきっかけになるかもしれない。もし、それでも親が反応せず、子どもが今まさに危ないという時は、臨床家は、子どもを守るために、迅速に、かつ思いきって動かなければならない。介入項目は、子ども‐親心理療法の特徴を明確にするものである。

この2つの原則適用にあたっては、臨床家はどの文脈の中で介入しようとしているのかに細心の注意を払わなければならない。タイミングの定義はむずかしいが、タイミングは臨床において非常に重要なものである。同じ介入方法でも、いつ、どのように実施されるかによって、功を奏す場合もあれば、裏目に出る場合もある。介入のタイミングを推し量るパラメータの事項に以下のものがある。

・その家族の文化的価値観、子育て習慣
・セラピーにおける治療同盟の性質と強さ
・親と子それぞれの心理的機能の水準とスタイル
・その瞬間のその親子の雰囲気

これらの要因は、本書全体を通じて、より詳細に述べられている。

介入領域

ここからは、介入の焦点となるきわめて重要な12の臨床領域について説明する。介入の糸口は、介入戦略の概要を説明したあと、実際の臨床セッションのナラティブのメモに基づく事例場面とがセットになっている。臨床例は、知識や経験の異なる複数の臨床家たちが、多様な背景をもつさまざまな家族と関わってきたセッションから抜粋したものである。臨床例を載せるのは、特定のセリフをお手本として提示するためではなく、臨床家としての在り方と反応の仕方を紹介するためである。

領域1　遊び

遊びは、人間の発達において多様な機能を果たす。遊びを通して、子どもたちは、人との関わり方や世界とのつきあい方をあれこれと試していく。エリク・エリクソン（Erikson, 1964）によると、遊びはその人の生涯にわたる生き方の子ども版である。子どもたちは遊びにより、現実をコントロールするための試行錯誤の状況モデルを作り出す。そう考えると、遊びは、子どもにとって、不安となんとか向き合っていく方法を学ぶための手段ともいえる。遊びは、子どもに安全な空間を保証する。遊びの中では、身体的・社会的なルールや制約にとらわれず、子どもは自らの思うままに自由にふるまうことができるのである。さらに、遊びの中で子どもたちは、他者の気持ちになってみることができ、自分や他者の行動や意図、願望を理解することが可能になる。

遊びが子どもの生活の中心である。そのことが遊びを治療の最も自然な手段にする。ウィニコット（Winnicott, 1971）は、著書『遊ぶことと現実 *Playing and Reality*』の中で心理療法は一種の遊びだとさえ言いきっている。

> 心理療法は、一緒に遊んでいるふたりの人々にかかわるものである。このことから必然的に、遊ぶことが不可能なところでセラピストが行う作業は、患者を遊べない状態から遊べる状態へともっていくことに向けられる。
> （p.38）［訳注］

［訳注］橋本雅雄、大矢泰士訳『改訂　遊ぶことと現実』岩崎学術出版社、2015年、51頁より引用。

この記述は、特に幼い子どもの治療に重要な意味をもつ。遊びは、感情を表現し、社会的なコミュニケーションをとるための、子どもが一番好きな手段だからである。子どもは、遊びの中で不安を引き起こす状況を繰り返してみたり、その結末を変えてみたりする。または、不安な状況そのものを回避するために、状況のすべての要素を変えたり、まったく違うテーマの遊びを選んだりすることもある。精神力動学に基づいて遊びを理解しようとしてきた長い歴史においては、遊びの内容が示す象徴的意味を理解し、それに言語的解釈を加えるための努力がなされてきた。そのアプローチでは、遊びの内容は無意識的願望の象徴的表現とみなされ、また、セラピストの役割は、その隠された願望を言語化し、意識化させるための通訳者とされている（A.Freud, 1936/1966; Klein, 1932）。

遊びが内包する意味の解釈を重視するこれらのアプローチも、近年は、遊びのもつ多様な重なり合う機能面を評価するものに広がってきた（Slade & Wolf, 1994）。子どもとセラピストが間に解釈を挟まずに、「ただ遊ぶこと（simply playing）」が子どもにとって重要であると、説得力のある説明がなされるようになってきた（Slade, 1994）。「ただ遊ぶこと」は子どもの心の構造を育て、自分の経験に意味を見出すのに役立つ。また、「ただ遊ぶこと」は、次のような機能を併せ持つ。(a)断片的でまとまりがなくわかりにくい要素を、ある程度一貫性のあるひと続きの物語にまとめる。(b)情動を調節し、統合していけるように、情動を物語の中に織り込んでいく。(c)子どもがセラピストにさまざまな感情や体験を表現できる治療関係を育む。(d)遊びから一歩離れて自分自身を見つめ直し、また、子どもとセラピストが一緒に遊んだこと自体に喜びと意味を見出す（Slade, 1994）。

一連の遊びの中で抱えきれないほどの強い不安があると、遊びは崩壊する。この崩壊は、その子の内なる体験を理解する重要な手がかりを与えてくれる（Erikson, 1964）。子どもがトラウマを抱えている時、遊びは突き動かされるような様相を帯び、具体的なトラウマとなった場面を何度も繰り返し再現する。しだいにそれを克服しホッとしていくことも、具象レベルから象徴レベルへ移行することもできない（Gaensbauer, 1995; Terr, 1991）。このような状態の中で、「ただ遊ぶこと」は、その子が圧倒されそうな情動をしっかりと心の中に受けとめ、何があったのかを話し、これまで語ることのできなかった恐怖を、自分を理解し守ってくれる誰かに告白する最初の一歩となる。

子ども－親心理療法は、親子で遊ぶよう促し、遊びのもつ機能を活かしてい

く。これは、特にトラウマ体験のある子どもには有効である。幼い子どもは、親を頼りにして安全に守ってもらおうとするため、セラピストだけでなく親にも子どものトラウマの意味や衝撃を理解してもらうことが何より重要である。幼い子どもにとっては、個人心理療法におけるセラピストとの共同の意味だけでは不完全で、子どもたちの心理的体験の最も大切なまとめ役、つまり親が、この意味を知ることが肝心なのである。

　遊びの治療的役割は、子ども‐親心理療法と個人心理療法とで異なる。遊びを通して子どもの内的世界をより理解していく点は同じだが、子ども‐親心理療法では、セラピストはその子の内的世界を親と共有する。そうすることで、親が、時にはセラピストとともに、子どもの遊びに参加できるようになる。さらに、子どもが他者や自分の経験に関して、それまでとは異なる、より現実的な認識を築けるよう、親が手助けできるようになるのである。

　その子が世界をどのように体験し、大切な人々との関わりをどのように受けとめているかをきちんと理解するには、その子の遊んでいる姿を直接観察する以上の方法はない。親子合同セッションの中で、子ども‐親心理療法のセラピストは、子どもの遊びを親が理解できるように、子どもと親の橋渡し役となる。セラピストの役割は、親子が一緒に遊びながら、また、時には遊びから抜けて遊びを振り返りながら、親子で一緒に意味を作りあげていくのを手伝うことである。その過程で、子どもが遊びを通して伝えてくるつらい感情や内的表象に、親が耐えられるよう支援することもある。その子が体験している世界について、否定も理想化もせず、親がより現実的なイメージを描けるようになることを目指してのことである。遊びの内容を解釈するのは、親も子どもも再演を繰り返すことから内省へと移ることができるようになってからである。

　親が遊ぶのが苦手で、子どもと一緒に遊べないことがしばしばある。あるいは、親とは遊べないが、セラピストとは遊ぶという子もいる。中には、親やセラピストが遊びに加わろうと努力してもそれを拒絶して、何週間もひたすら一人で遊ぶ子もいる。遊びが混沌として、曖昧で、まとまりがないこともあれば、逆に、過剰に頑なで柔軟性がないこともある。何かを切ったり貼ったりすることやボードゲームのように、遊びが具体的な活動に限定されていることもある。これらの遊び方の違いは、その親子の遊ぶ力の限界とみるのではなく、むしろ、子どもの遊ぶ能力の発達段階として理解する必要がある。

　臨床家が、子どもと親が一緒に遊ぶ方法は必ず見つかると伝えると、親子は

たいていは一緒に遊べるようになる。そうなるまでに、実際は、まわり道や寄り道をするかもしれない。親がその場にいてもいなくても、子どもとセラピストだけで遊ぶ時期もあるだろう。しかし、最終的に目指しているのは、親と子をともに遊びの中に引き込むことである。治療がうまくいくと、子どもと親が一緒に過ごすのにセラピストを必要としなくなる。親子だけでその子の発達段階にふさわしいやりとりをし、互いに満足しながら過ごせるようになるのである。

　子どもの発達における遊びの重要性に気づいていない親は多い。「ただ遊んでいるだけ」では時間の無駄であり、「ほんとうの治療」にならないと考えているのかもしれない。そのような時には、子どもの遊びについて、親に、その場に応じた発達ガイダンスをするとよいだろう。ガイダンスを通じて、子どもにとって遊びは学習の機会であり、現実を実際に試し、感情を表現するための手段でもあることを、親は理解できるようになる。

【糸口と臨床例】

1．セラピストは、子どもの遊びの中で親がさまざまな役割をとる機会を作る。例えば、親が子どもを危険から必死に守る役を演じることで、守り、守られる物語が展開していく。

　事例　サンドラは3歳の時、母親がひどい暴力をふるわれ、重傷を負うのを目撃した。4歳の時、保育園で以前に比べくびくびくして元気がなく、さらに、クラスの活動についていけないため、治療に連れてこられた。学習能力への影響は深刻で、話し方はひどく退行していた。親子合同セッションの場で、サンドラは、数週間にわたり、プレイルームの家具を使って頑丈な要塞を何度も作り続けた。サンドラはその要塞の中に隠れ、誰もその中に入れなかった。セラピストは、その要塞の「壁」の外から話しかけながら、母親がその要塞の保護的な意味を理解できるようにした。母親は、その意味を理解すると、自分たちが生き延びた恐ろしい暴力について、サンドラに語り始めた。セラピストに励まされながら、母親は、自分とサンドラの確かな安全を確保してきたこれまでの一つひとつをはっきりと主張した。サンドラは、初めて要塞の壁を叩いて穴をあけ、母親の語りに応えた。そして、徐々に要塞の間から半分くらい出てくるようになり、そして、母親をその中に招き入れるようになった。数ヵ月後、

サンドラは母親に「お父さんが入ってきたのは、私がその時ドアを閉めなかったからなの」と話した。母親は、娘が責任感から自分自身を責めていることを理解し、「あなたは小さな女の子なのよ。だから、ドアを閉めることなんてできなかったの。私が怪我をしたのはあなたのせいじゃないのよ」と伝えた。そのセッションを境に、サンドラの遊びに顕著な変化がみられた。要塞のテーマは人形の家を中心とした相互交流のある遊びに置き換わり、サンドラは母親に家具の模様替えの仕方を教えるまでになった。

2．**親が子どもの遊びの意味することに抵抗する、もしくは耐えられない場合、セラピストは、親の気持ちに配慮し、親があらゆる方法で遊びを観察したり、遊びに参加したりできるよう手助けしながら、子どもが語れる場を作り出す。**

事例 2歳のアンジェロは、父親が妻の裏切りを興奮して話す様子を静かに見つめていた。その裏切りがきっかけで、アンジェロの目の前で激しい殴り合いの喧嘩が起こり、最後にはいがみ合って離婚することになったと父親が話していると、アンジェロは人形の家に近づき、家具をすべて逆さまにし始めたかと思うと、人形を家から放り投げた。セラピストは父に向かって言った。「あなたが今、ひどく怒っているのはわかりますが、ちょっと落ち着いて、アンジェロが何をしているのか見てみませんか。あなたに何か伝えようとしているみたい」。父親が視線を向けると、セラピストは「アンジェロ、全部、逆さまだね。ママもパパも、赤ちゃんも家から落っこちちゃったね」と言った。「赤ちゃん、イタイイタイ」とアンジェロ。「赤ちゃん、イタイイタイ？」とセラピストが繰り返す。アンジェロは赤ちゃん人形を力いっぱい部屋の隅に放り投げた。「赤ちゃんを痛くしちゃだめだよ」と父親が言うと、アンジェロは父親の人形も放り投げた。「やめなさい」と父。セラピストは言った。「アンジェロは自分がどう感じているのか、教えてくれているのでしょうね。アンジェロの世界はすべて粉々に崩れたのです。あなたは怒っていますが、アンジェロも怒っているし、怯えているのです」。父親が「アンジェロは幼すぎて、何が起こっているのかなんてわかりっこない」と言うと、セラピストは「幼すぎますか？　私には、アンジェロが雄弁に自分の気持ちを物語っているように思えますよ。何が起きているのかを、どうやってこれ以上はっきりと示せるでしょう

か」と返した。父親は息子を見つめてしばらく押し黙った。息子も父親を見つめ返した。ふいに父親が言った。「こっちへおいで、アンジェロ」。子どもが近づくと、父親は膝の上にアンジェロをしっかりと抱きしめ、「愛しているよ」と言った。

事例 3歳のジャマラは、セラピストの手首を縄できつく縛って言った。「牢屋に行くんだ。悪者め！」セッションを重ねるにつれ、この遊びは少しずつ形を変えながら繰り返され、常に侮辱と悪態が含まれていた。セラピストは「怖い」と言ったり「自分はそんなに悪くない」と言ったりして許しを請うた。そして、他の方法でも恐怖や悲しみや反省を示して見せたが、ジャマラは心を動かされる様子もなく、その後もお仕置きをエスカレートさせていった。しかし、この遊びに登場する人を実際に傷つけることは決してしなかった。母親は、最初、居心地悪そうに様子を見守っていたが、しだいに、わが子が目撃した夫婦間で起こったとある場面の正確な摸倣に心を奪われていった。母親は遊びに加わろうとしたが、ジャマラはそれを拒んだ。「ママ、来ないで！ みにくい！」。ジャマラの母に向けた怒りに対して、「パパがいなくなったから？」とセラピストが聞くと、ジャマラは、セラピストに自分の手首を縛り、牢屋に連れていくように頼んだ。セラピストは「ジャマラが行ってしまったら、とても悲しくなるから、したくない」と言うと、ジャマラは「やって！」と叫んだ。セラピストはためらいがちに手首を縛りながら、その途中途中で、ほんとうにこれでいいのかを、ひそひそ声でジャマラに確かめていった。ジャマラが「牢屋に行く」時、セラピストと母親は、ジャマラがいなくなったらどんなに寂しいかと互いに言い合って、大声でジャマラを呼び求めた。ジャマラが笑顔を浮かべて戻ってくると、セラピストと母親は大喜びで歓迎した。数ヵ月後、あるセッションで、ジャマラはセラピストに言った。「たとえ私があなたに怒っている時でも、あなたが大好きよ」。ジャマラは何かとても重要なことに気づいたように、ふぅっと息を吐いた。

3. 子ども－親心理療法において、子どもが遊びを通じて語っている物語を親が理解して関わることは、何よりも重要である。セラピストは、たとえ親不在のセッションで浮かびあがった物語でも、その物語を子どもが親と分かち合えるよう働きかける。その結果、親は、子どもを導き、保

護する大人として本来あるべき役割を担うことができる。

事例　4歳のリディアは、叔母とともに子ども‐親心理療法に来室した。まだ4歳だったが、短い人生の中で、リディアは数々の喪失を生き延びてきた。2歳の時、母はリディアを祖母のもとに捨てた。4歳になる1ヵ月前に、祖母は長患いの末に他界した。リディアの叔母も病身で、時折、面接をキャンセルした。リディアの家族は面接をとても大切に思っていて、面接に来られないほど叔母の病気がひどい時には、叔母は、他の親戚がリディアを面接に連れていくと請け合った。リディアの遊びは、セラピストと2人だけの時も叔母と一緒の時も、いつも過剰に忙しく、過度の重荷を背負い、大勢の子どもを世話しなければならないというテーマで覆いつくされていた。リディアは常に世話をする立場で、叔母やセラピスト、それに、プレイルームの大勢の赤ちゃん人形の世話をした。そこでセラピストと叔母は、リディアがどれほど一所懸命に仕事をし、どれほど多忙で、どれほど責任を負っているかを話した。すると、リディアは、「食べ物を買ってお金を払えるような大人になりたいの」と自らの願いを口にした。

　ある時、リディアの叔母が来られず、セラピストと2人だけで面接をした時、リディアはいつものようにセラピストと赤ちゃん人形を忙しそうに世話し始めた。そして、自分は恋人と一緒にパーティに出かける用意をしているのだとセラピストに言い始めた。「私が出かけたら、あなたがお留守番して赤ちゃんの面倒をみるのよ」。リディアは続けた。「恋人が着いたわ。でも、遅れてきたから喧嘩しているの。彼も怒っているし、私も怒っているの。彼が私の頭を壁にバンバンぶつけたから泣いているの」。リディアはふいにセラピストのほうを向いて言った。「大きな家に住んでいた時、ママがこういう目に遭っていたの。私はまだ赤ちゃんで、とっても怖かった」。セラピストはそれを誰かに話したかをリディアに尋ねると、リディアは「誰も知らない。誰にも言えない」と答えた。

　次の面接にはリディアの叔母も来室した。セラピストはリディアの物語を何度か遊びに取り入れようとしたが、そのたびにリディアは威嚇するような視線で、「言っちゃだめ」と言うのだった。スーパーヴィジョンで、セラピストは、リディアの叔母が知らない秘密を自分が抱えているのは負担だと話した。スーパーヴァイザーは、リディアが一人で苦しんでいた悩みをセラピストが味わっ

第2章　子ども‐親心理療法の段階　　115

ている事実に注目した。そして、セラピストは「大人」だが、リディアはそうした重大な秘密をどう扱ったらいいか決断するにはあまりに幼く、まだほんの小さな子どもなのだと、2人の違いを指摘した。スーパーヴァイザーはセラピストに、リディアが秘密を叔母と分かち合えるように、そして、リディアが抱えてきた重荷に叔母が気づき、リディアを支えられるように援助することを勧めた。

　次の面接で、セラピストはリディアが再び叔母とセラピストと赤ちゃんを世話する遊びを見守り、耳を傾けた。セラピストは叔母と協力して、リディアの負担の多さに言及した。2人は、リディアがほんの4歳で、あれもこれも仕事をこなすには幼すぎることを指摘した。さらに、セラピストは、リディアがこれまで抱えきれないような大きな秘密をずっと胸に秘めてきたと話した。リディアは脅しをかける怖い目で、「言わないで」と言い、セラピストをにらんだ。セラピストは、リディアが母親に起こったことを話したくない気持ちはわかるが、一人で抱えるにはあまりにも大きく、怖い問題だ、と話し、「叔母さんはほんとうのことを知る必要があるの、そうすれば、あなたの手助けもできるし、面倒もみられるのよ」と言った。それから、セラピストは叔母に、リディアの母親に起こったことや、それをリディアは誰にも話したがらなかったことを話した。リディアはセラピストと叔母に背中を向け、涙を流しながら聞き入っていた。叔母は話を聞き終えるとリディアのほうを向き、「私があなたのことを信じないと思ったの？」と言った。リディアは黙ってうなずいた。叔母は続けた。「困ったことになると思ったの？」リディアは再びうなずいた。叔母は言った。「困ったことにはならないわよ、リディア。あなたを信じているわ。あなたが言った通りのことがほんとうに起こったのよね。とても怖かったでしょう」。リディアは腰を下ろし、そっと涙を流したあと、遊びたい、と言った。リディアはおもちゃの食べ物が入った瓶に歩み寄り、プラスティックのアイスクリームコーンを取り出すと叔母をじっと見つめながら、口もとにアイスクリームコーンを少しずつ近づけてなめるふりをした。リディアが、まさに本当になめようとする寸前、叔母は「なめちゃだめよ、汚いわ」と言った。リディアはコーンを下に下ろすと、心配してくれていることにホッとし、笑みを浮かべて叔母の膝もとに這っていった。

領域2　子どもの感覚運動機能の崩壊と、生理的リズムの混乱

　この節では、感覚運動機能の崩壊に焦点を当てる。感覚運動機能の崩壊は、延々と激しく泣く、なだめても鎮まらない、動きの硬さ、不穏、あるいは落ち着きなさ、頭をガンガン打ちつける、かんしゃく、また、その他身体的コントロールの欠如を示す行動にみられる。生理的リズムの混乱については、摂食、睡眠、排泄の観点から論ずることとする。

　こうした行動はすべて、普通の発達を示す子どもたちにも共通してみられ、必ずしもトラウマ体験や親の虐待と関連したものではない。また、神経生理学的に成熟し、より効果的な対処能力を獲得するにつれ、卒業していくことが多い。しかしながら、それがまだ持続する間、こうした行動は親や保育者をひどく苦しめることがある。大人は、その子がわざと困らせているのだとか、従わないのだとか、誤解してしまうかもしれない。その結果、その子の世話をする者は怒りの感情を抱き、その子にそっぽを向いてしまい、親子間のやりとりにおける悪循環にさらに自分たちで拍車をかけることになる。これらの行動がトラウマに対する直接的な反応である場合、行動はより長引く傾向にある。さらに、これらの行動は軽減しにくく、また、一度軽減しても、ストレスの強い状態に再び置かれると、これらの行動もまたもとに戻ってしまう傾向がある。

　子どもの行動の理由が何であれ、考えられる行動の意味を親に説明するには、発達ガイダンスが役立つだろう。また、子どもの気持ちに寄り添い、子どもの発達を支え、問題行動を緩和するために、どのような対応をすればよいかをともに考えるのもよいだろう。その過程で、親が解決策を探すことに協力できないとわかったら、臨床家は子どもへの親の否定的な見方を探り、親の個人的体験との関連性を考える必要があるかもしれない。発達にふさわしい介入が効果的に働くのは、そのあとのことである。

【糸口と臨床例】
1. 親が止めようとしても子どもの行動が止まらない場合、臨床家は親が状況をどう捉えているかを語れるようにし、子どもを落ち着かせるのに効果的な方法を探すよう促す。

　　事例　5ヵ月のカルメンは、起きた時やおむつ替えの時、お風呂に入る時や見知らぬ人を見た時に、気が狂ったように泣き叫ぶ。母親は、自分ではわが

子をなだめられないと感じ、おむつ替えの回数を減らし、身体はスポンジでふくだけにして、外出を控え、カルメンが泣き叫ぶ状況を最小限に抑えようとし始めていた。臨床家がこの日、面接にやってきた時、母親の話によれば、カルメンは15分間ずっと泣き続けていたという。カルメンの顔は赤く、汗びっしょりである。母親は、泣いている子をあやす最適な方法と書いてあったやり方通りに、肩越しにカルメンを抱き、リズミカルに弾ませていた。臨床家は、この状況は大変ですね、と母親に寄り添うように話しかけ、母親が休めるように代わりに抱っこしましょうかと申し出ると、母親はその申し出を受け入れた。臨床家の手にカルメンが引き渡された途端、カルメンは一段と声を張り上げて泣き始めた。臨床家は、「ママと一緒にいたいのね。泣いていても誰よりもママが一番好きなのね」と言うと、母親は悲しげに、「そうだといいのですが。私はこの子にまともなことは何一つしてやれないのです」と言った。臨床家は「もし私があなただったとしても、自分のせいだとは思いませんよ。こちらの思い通りにしてくれない赤ちゃんもいるものです。カルメンとあなたは、これまでとても苦しい思いをして乗り越えてきましたね。カルメンのいる前で父親がよくあなたに暴力をふるっていたでしょう」と言った。母親の目は涙でいっぱいになった。カルメンは泣き続けた。臨床家は「違う方法をやってみるのはどうでしょう？ カルメンにとっては、高く抱かれ、弾みをつけられるのは刺激が強すぎるのかもしれません。もっと静かなのがいいのかもしれませんね。照明を落として、うつ伏せに寝かせ、背中をトントンしながらそっと歌ってやってみてはどうでしょう？」と言った。母親は「だめでもともとですね」と答えた。臨床家が「ご自分でやってみますか？ それとも私にやってほしいですか？」と聞くと、母親は「お願いします。私はもうクタクタなので」と言った。臨床家が母親に、自分が音痴なので我慢してもらわなければならないと陽気に伝えると、照明を落としながら母はそっと微笑んだ。臨床家は、カルメンをソファにうつ伏せにすると、背中をリズミカルにそっとトントンしながら子守歌を口ずさみ始めた。赤ん坊の泣き声がしだいに収まり出すと、臨床家はその動作を母親に引き継ぐよう合図した。母親はそうしながら最初は声を震わせて口ずさんでいたが、しだいに自信をもってあやしていった。臨床家もそっと加わった。しばらくすると、カルメンは眠りについた。「ああ、よかった」と母は言った。臨床家は「カルメンについてちょっとわかりましたね。カルメンが泣いた時には、照明を落として、身体の動きを緩やかにするとよさそうですね。

そして、弾ませるのではなく、軽くトントンすることが心地いいようですね」と話し、母親はそれに一心に耳を傾けていた。

　それから臨床家は、母親自身について尋ねた。母親は、カルメンの父親との関係を失った悲しみを口にし、また一方で、よりを戻せば彼の暴力も再燃するかもしれない恐怖があるとも語った。臨床家はこの話を聞き、母親の赤ちゃんをあやす能力は、自分自身の不安に打ち負かされる時に弱まったのだと思った。臨床家はこの気づきを言葉にしなかった。なぜなら、この段階の臨床家と母親の関係は、この種の解釈をするほど十分には築かれていなかったからである。けれども、臨床家は、母親の個人的体験について、介入の一部分として日常的に聞いていく必要があると心に留めておいた。臨床家は面接を終える前に、母親の気持ちが落ち着いているうちに、SIDS（乳幼児突然死症候群）の危険を回避するため乳児を仰向けに寝かせる重要性に関する小児科の新しい知識を教えた。そして、夜間は赤ちゃんを仰向けにしてやるように薦めた。

　この出来事が治療の後半で起こったなら、母親との間によりよい治療関係が築かれているため、臨床家はカルメンをなだめる手助けをしたあとにさらに踏み込んで、カルメンが他の赤ちゃんと同様に母親の心の状態に敏感であることを伝えていたかもしれない。そして、母親がイライラしていると、カルメンをうまくあやせないかどうかをともに振り返ることもできただろう。臨床家と母親が協力して母親の内的状態をより客観的に見つめられるようにすると同時に、カルメンをリラックスさせられるように、まず母親自身の気持ちを落ち着かせる方法を見つけるよう取り組むことができただろう。

2．親が毎日の決まった生活のルーチンをうまくこなせず途方に暮れる時、臨床家は親の心配に寄り添いながら、内省的な発達ガイダンスを提供する。

　事例　生後8ヵ月のカミラの母親は、産休明けには仕事に復帰しなければならないが、哺乳瓶を拒否して母乳しか受けつけないカミラが「餓え死にする」のではないかと心配だと言う。臨床家が母乳の出具合について尋ねると、母親は母乳育児が愛着に重要だと信じているので、いつもカミラの要求に応じて授乳しているが、それが今は、カミラが母親以外の誰からも授乳を受けつけなくなり、問題になっていると語った。さらに話を聞いていくと、母親は1時

間に4〜5回カミラに授乳をし、カミラと母親は一時も離れることがないことが明らかになった。またカミラは、毎晩何度か授乳のために目を覚ますとのことだ。最近母親は、夜間の授乳のうち何回かは与えないようにしてみたが、カミラは毎回眠入るまで「全身全霊」で大泣きした。母親は、カミラを「拷問」しているかのように感じた。臨床家は母親の苦悩に共感しつつ、母子ともにゆったりしている日中の時間帯に哺乳瓶に慣らすほうがストレスが少ないのではないかと提案した。臨床家は、さらに授乳間隔を空ければ母乳が補充される時間が長くとれることを説明し、授乳ごとにカミラがもっと満腹感を得られるので、授乳間隔を長めに空けるようアドバイスした。母親と臨床家は、これをすることでカミラが機嫌を損ねるのではないかという母親の不安について丁寧に話し合い、臨床家はカミラが楽しんでやれることを紹介してカミラの気を紛らわす方法を示した。臨床家は、たとえその瞬間に機嫌が悪くなっても大丈夫、と母親を安心させた。なぜなら、カミラは、何かいつもと違うことが起きても母親のサポートがあれば乗り越えていけることを学べるからである。

3．**親が毎日の育児のルーチンを守れず、その子どもの自然なよい身体のリズムが身につかない時、臨床家は父親ないし母親に直面している困難を尋ね、親の心配事を踏まえたうえでの対応策を提案する。**

　事例　生後18ヵ月のボビーは、ベッドに寝かされると泣き叫ぶ。そのため、母親は、ボビーが寝つくまで添い寝している。ボビーは、相当深い眠りにつかない限り、母親が起き上がろうとするとすぐに目を覚ますため、毎晩この添い寝は1〜2時間を要する。臨床家は、夜の儀式を行うことをすでに提案してあった。すなわち、ボビーに寝る時間だと伝え、パジャマを着せ、歯を磨き、絵本の読み聞かせをし、電気を消し、「朝になったらまた会おうね」と言いながらベッド脇で音楽つきのモービルをつけることをアドバイスしてあった。母親は、この儀式の一つも実行に移せずにいた。臨床家が寝るまでの準備の様子を尋ねると、母親はなんとなくイライラした様子ではっきりと答えず、ボビーが泣くことを訴え続けるだけだった。臨床家が「私が提案したことは役に立っていないようですね。何がうまくいっていないのかを、もう一度考えてみましょう」と伝えると、母親は「あれをすべてやるのは大変なんです」と言った。臨床家は、母親が言うように確かにやることがたくさんあるのはその通りだと言

い、どれが一番大変かを尋ねた。母親は「もうすべてが、です。すごくわざとらしく思えるんです」と答えた。臨床家は、寝るための儀式はぎこちないだろうと認めた。臨床家は、母親が幼い頃どのように寝入っていたかを尋ねた。母親は「私はいつもおばけが怖くて遅くまで起きていました。おばけが出るのではとずっと怖かったけれど、母親は音を立てると大声をあげるので、母親にはそのことを言えませんでした」と話した。臨床家は、子どもたちの多くが、それに大人でさえも、おばけを怖がることを伝え、母親に、今でもおばけが怖いかどうかを尋ねた。母親は今でも怖いと答えた。臨床家が「ボビーが寝て、家に一人きりでいるよりも、ボビーと一緒にいるほうが安心しますか？」と尋ねると、母親は「はい」と口ごもりながら恥ずかしそうに言った。臨床家が「それは、まったく恥ずかしがることではないですよ。同じ恐怖心を抱いている人はたくさんいます。音楽を聴くと楽になるでしょうか？」と言うと、母親はわからないけど試してみる価値があると合意した。

4．子どもの行動の調節や制御がきかなくなった時、臨床家は言葉と行動を組み合わせて、子どもを鎮めてより調節された状態になるよう働きかける。

事例　2歳のロビーは、母親が彼から弟の哺乳瓶を取り上げると泣き叫ぶ。「ロビーは弟の哺乳瓶を取らないようにならないといけません。もう赤ちゃんじゃないのだから」と尊大な口調で言う母親に、セラピストは「ロビーには、それはわかりませんよ。彼は、弟のように赤ちゃんになりたいし、あなたの膝に乗っていたいの」と伝えた。ロビーは泣き叫び続けていた。セラピストが母親に「ちょっと試してみたいことがあるのですが、いいですか？」と尋ねると、母親はうなずいた。セラピストがロビーのすぐそばにひざまずいて「ほんとうにあの哺乳瓶が欲しいのね。あなたが持っていられる何か別のものを探しましょう」と言うと、ロビーは一瞬泣き叫ぶのをやめ、セラピストを見てから、再び泣き叫び始めた。セラピストは「おててつなごう。一緒にあなたが欲しいものを見つけましょう」と言ってロビーの手を取り、意図的に部屋の中を連れて歩いた。セラピストは、さまざまなおもちゃを指さし、ロビーが欲しいものかどうかを尋ねるようにおもちゃの名前を質問するようなトーンで声に出していった。すると、ロビーは泣きやんだ。セラピストは動物のぬいぐるみを手に取

り、「泣かないで、よしよし。泣かないで」と言いながら腕の中であやした。ロビーは落ち着いた様子でセラピストを見ていた。セラピストは、ロビーにも動物のぬいぐるみをあやさせて、優しく歌った。ロビーは床の上に座り、動物たちをじっくり見始めた。セラピストは母親に向き合って「ロビーにとって、あなたを弟と譲り合うのは大変なことです。彼は赤ちゃんではないけど、まだ小さいわ。そして、あなたにとって2人の幼い子の世話をするのも大変だということもわかります」と伝えると、母親は静かにうなずいた。

領域3　子どもの怖がる行動

　乳幼児や幼児や年長児は、日々毎日驚くほど多種多様な恐怖を体験している。乳幼児は、見知らぬ場所や聞き慣れない音、普段の生活の中での活動の切り替えの時、そしてお風呂やおむつ替えなどの日常のお世話をしてもらう時にさえ、過剰な苦痛を伴う反応をすることがある。幼児や年長児になると、トイレの水が流れることや、月が沈んでいくこと、パペットやお面、ベッドの下にいるおばけなどの理不尽な恐怖と、大人から見てより現実に根ざした、例えば一人でいることや暗闇、大きい音のような恐怖とが混ざり合っている。これらの恐怖心と、幼い子どもの原始的な心の世界の構造関係について書かれたものは多い。セルマ・フライバーグ（Fraiberg, 1959）はこの期間を「魔法の年（the magic years）」と名づけている。このように発達上正常な恐怖は、幼児や年長児がアニミズムの世界観をもち、「邪悪な願い（bad wishes）」とも呼ばれる禁断の衝動と闘っていること、そして、身体機能や、習得したばかりの対処能力のコントロールを失う可能性につきまとわれて生きていることと関連している。

　確実に自分を守ってくれる親をもつ子どもたちにとり、これら正常な恐怖心は、自分の信じることがほんとうにそうかを確かめたり、禁じられた願望と、それを叶えたい衝動との間で葛藤するための通過儀礼である。やがて子どもたちは、自分自身、そして自分を取り巻く世界について学んでいく過程で、親の優しさに見守られながら、これらの葛藤との折り合いをつけていく。一方で、暴力的な家庭で育つ子どもたちは、親に安心感を求めることができない。子どもは、親がいつ守ってくれるか、いつ怖いモンスターのように危険な存在になるのかわからない。正確に言うと、現実を構築するためには、親への恐怖心を、自衛の重要な要素に組み込まなければならない。親同士が傷つけ合う場面を見たり、親によって傷つけられたりしてきた子どもにとっては、親への無条件の

信頼をもつのは無理である。自分の生きている状況ではむしろ、警戒することと疑うことのほうがしっくりくるのである。

暴力にさらされた子どもたちの治療において、臨床家は2つの重要な目標の間で微妙なバランスをとる必要がある。1つ目は、(a)子どもが親に恐怖心を抱くのはまともなことだと認めること、2つ目は、(b)親が子どもを愛し、子どもを守りたいと願うのはまともなことだと認めること。子ども-親心理療法では、子どもが親のことを怖がっていることを知って、親が傷ついたり、防衛的になったり、腹を立てたりすることがある。そのため、親に対する子どもの恐怖心を扱うセッションに親が同席すると、やりにくくなることがある。また、親自身が暴力によるトラウマを抱えている場合、子どもへの愛情や子どもを守りたいという想いすら感じられないほど感情的に麻痺していることがある。また、親は、子どもを守りたいと思っていても、それを実行する心の資源がないように感じていることもあるかもしれない。そういったケースの治療過程では、その時に親が与えられるよりも多くの愛情と保護を子どもが求めていることを現実的に認めて、親に子どもを愛し守る能力があるという自信を育むことが必要である。何よりも大切なのは、安易な安心感を与えないことと、子どもの恐怖心を過小評価しないことである。子どもの心の健康を守り育てていくには、臨床家は、子どもの感じる権利を支持しなくてはならない。たとえそれが痛みを伴うものであろうと、親に苦痛を与えるものであろうと、である。

親に対する恐怖心は、(a)分離不安と(b)親の愛を失う不安という、発達上期待される幼児期の2つの不安が重なり合ったものである。暴力のない安定した家庭で育つ子は、親がいなくなってもまた戻ってくる、怒っている時でも親は子どもを愛している、という安心感を日常的に経験している。そして、しだいに、怒りと愛情は共存しうるし共存するものだと心から信じられるようになっていく。一方、暴力的な家庭では、憎しみがあまりに強烈で、実在する愛情を覆い隠してしまうことがよくある。一方の親がもう一方の親を傷つける場面を見たり、親の怒りが爆発するのを目の当たりにしたりして身も心も傷つくうちに、子どもの心には、親が必ず愛してくれて、そばにいてくれるという確信が揺らぎ、置き去りにされる不安と、愛されなくなる不安とが募っていく。

多くの親はそのことに気づいていない。分離不安と親から愛されなくなる不安は、幼い子どもにとって発達上あってしかるべきものである。親に、これらの不安の情緒的意味や、その不安がその子の親に対する気持ちとどう関係して

いるかを伝えることは、親が子どもに共感し、子どもを支える力を身につけていくのに効果的である。なぜなら、子どもにとって自分がいかに大事な存在であるかに気づくと、親は自分にも十分な価値があるのだと感じられるようになるからである。

時には、子どもの恐怖心を和らげることが実情に合わないこともある。絶えず危険な状況に置かれている子どもにとり、大人が彼らを守ると保証したところで信用できない。特に信頼する大人からのうわべの約束は、子どもを傷つけることになる。その大人が子どものあるがままの心の反応をまともなものとして扱うことができず、大人はうそつきであることを子どもに教えてしまうからである。このような状況では、ありのままに介入するしかない。子どもに、恐がるのはまともで当たり前のことであること、大人はその恐ろしい状況を悲しいと思っていること、そして、大人は状況がよくなるよう精一杯努力し、状況ができるだけ安全になるように、周りの人の協力を得て取り組んでいくことを伝える。

【糸口と臨床例】
1. 親が子どもの恐怖心に適切に対応できる時、臨床家は積極的に親の行動を支持する。

　事例　20ヵ月のアントニオは、8歳の兄が悪魔のお面をつけて彼に向かって荒ぶった身振り手振りをすると泣き叫ぶ。母親はアントニオを抱きあげて、兄に「アントニオがあなただってわかるようにお面を外しなさい」と言う。兄は言うことを聞かず、大きな音を立てて恐がらせるような動きを続ける。母親がアントニオに「あれはお兄ちゃんよ。大丈夫」と伝え、兄に向かって「今すぐにお面を取りなさい！」と厳しく言うと、兄は母親に従った。母親がアントニオに「ね、お兄ちゃんでしょ。お兄ちゃんがふざけてたのよ」と伝えると、アントニオは落ち着きを取り戻し、兄をにらみつけた。臨床家が母親にそっと「アントニオのこと、よくわかっていますね」と伝えると、母親はうれしそうだった。

2. 親が子どもの恐怖心に取り合わない時、臨床家はなぜその子が怖がっているのかを説明し、より支持的な対応を親に求めようとする。

事例　12ヵ月のマーベルは、この2ヵ月、夜中に起きて大声で泣き叫んでいる。母親はクタクタで、マーベルが泣き疲れて寝入るまで放っておくと語った。臨床家は母親の説明を聞いて「1日中働き続けているあなたがどれだけ疲れているか、お察しします。でも、マーベルは起きた時にあなたがいないのではと心配しているのでしょう。なにしろ父親が急にいなくなりましたものね。マーベルはおそらく、あなたまでいなくなってしまうのではないかと心配しているのです」と伝えた。母親は身構えて「もしかしたらそうかもしれないけど、私に何ができるというのですか？　もし私が起きて彼女の面倒を見れば、彼女を甘やかすことになるわ。そうしたら、この子は自分で眠りに戻ることができなくなってしまうもの」と言った。臨床家が「その間をとるような方法は何かありませんか？　つまり、甘やかすわけではなく、でもあなたがいることを彼女に伝える方法はありますか？」と尋ねると、母親は「私のベッドから話しかけることならできるかしら」と答えた。「それはいいアイディアですね」と臨床家が言うと、母親はおどけて「どっちみち私も起こされているのだから、何か試してみるのも悪くないわ」と言い、母親と臨床家は笑い合った。臨床家は「もしそれがうまくいけば、マーベルが泣き続ける場合よりも、あなたも早く寝つけますよ」と付け加えた。

3．親が子どもの恐怖心を和らげる策を思いつかない時、臨床家はその子の行動の発達的な意味を考慮した提案をする。

事例　3歳のハリールは怪獣を怖がるようになっていた。「トラと怪獣が僕を食べにくる！」と言う。母親は「怪獣なんてこの世にはいないのよ、と言い聞かせているのに、ずっと怖がって、私の言うことを信じないのです」と言う。臨床家は「きっと彼はあなたのことを信じたいのだけれども、"怖い"気持ちがあまりに強すぎて、そうできないのでしょう。これくらいの年齢の子どもは怪獣の存在を信じるものです。彼はあなたにも怪獣が実際にいると信じてほしいのです」と母親に伝えた。母親は「でも、ほんとうはいないじゃないですか」と言う。臨床家は「自分には正しいことでも、他の人にはそうでないことがありますよね？　子どもにとっても同じです。彼らはほんとうに怪獣がいることを信じ、想像の中で会っているのです。あなたが、怪獣が決してハリールに近寄れないように、怪獣を追い払ってしまうからと彼に言ってあげてはどう

でしょう？」と言う。母親は興味をもち「そうしてみます」と言った。臨床家は、母親に、それをハリールに伝えるよう後押しした。母親はハリールに向かって「あなたが食べられないように、トラと怪獣をママがキックして追い払ってあげるわ！」と言った。ハリールは「どうやって？」と聞き返す。ためらいながらも母親は「ドアに鍵をかけるわ」と言う。ハリールは「他には？」とさらに聞く。母親は「窓にも鍵をかけるの」と答える。ハリールが「あっちへ行け！　悪い怪獣め！　私のかわいい坊やに手を出さないでって言ってくれる？」と聞くと、母親はそう言うと約束した。2人はしだいに互いのやりとりを楽しむようになり、母親が効果的な手段で自分を守ってくれると確信したハリールが話題を変えるまで、しばらく母子でこのようなやりとりを続けていた。

4．子どもの心配そうな、怯えるような行動に親が気づかない時、臨床家は、その様子に親の注意を向けさせる。そして、親が自分から子どもに向かって、お母さんは子どもを守りたいし、守る力もあることを子どもに伝えて安心させるよう促す。

事例　7ヵ月のアンジェラは、自宅アパートの廊下で、濃いサングラスをつけ、帽子をかぶった男性を見ると、叫ぶように泣き出した。母親はそのことを気に留めていない。臨床家が「アンジェラがこんなふうに泣くのはどうしてだと思われますか？」と母親に聞くと、母親は肩をすくめて「まったくわからないわ」と言う。臨床家は子どもが泣きやもうとしない様子に困惑し、もう一度母親に「アンジェラはあの男性を知っているのかしら？　あの男性を見た途端に泣き出しましたよ」と聞いてみた。母親は、「ええ、彼は近所の人です。でも、あんな格好をしているのは初めて見たわ」と答えた。臨床家は、「それではアンジェラは近所の男性だとわからないのかもしれませんね」と言う。母親は「この子の父親も、カッコよく見せるために時々あんなふうに帽子とサングラスをつけることがあるわ」と言った。しばらく沈黙したあと、「実をいうと、彼を追い出した時も似た格好をしていたわ」と言う。臨床家は「その時の争いをアンジェラが覚えていて、泣き出したとは考えられませんか？」と言うと、母親は驚いて「この年齢で覚えていられるの？」と聞く。臨床家は「もちろん、しっかり覚えていられますよ」と答える。母親は考え込んでいるようだったが、アンジェラを強く抱きしめ、揺らしながら「大丈夫よ、しーっ、しー

っ」と言った。

5．子どもが親への恐怖心を別の隠された形に変えて表現する場合、臨床家は、親に子どもの行動の意味をはっきり示し、親が子どもの恐怖心を和らげることができるように援助する。

　事例　4歳のマリオは、台所セットで遊んでいて、母親に「ママ、見て！僕の夢に出てくるナイフだよ」と言う。そして臨床家に「とってもとっても悪い夢」を見たことを話した。どんな夢だったのか尋ねると、その夢にはナイフが出てきたという。さらに「ママ、じゃないや、モンスターが出てきて、ちょうどこれみたいなグレーのナイフを持っていて、僕のここを切ったんだ、僕の心臓を切り取ったんだ」と、マリオはモンスターが彼の心臓を切り取るさまを実にドラマティックに演じて見せる。母親が夢に自分がいたかと尋ねると、マリオはいなかったと答え、その場に母親がいて自分を助けてほしかったけど、いなかったのだと言う。セラピストは、とても怖い夢だったんだねと言うと、マリオもうなずく。母親は、マリオは寝ながら叫んでいたが、起こしても起きなかったのだと言い、今までに見たことがない動揺ぶりで、その夜はそのあとずっと母親のベッドで眠ったという。

　このエピソードは、背景を踏まえて捉える必要がある。初回面接で、マリオの母親は、夫に自分が暴力をふるうと報告する女性の一人であった。そしてある時はマリオの目の前で、実際にナイフで夫を脅かしたことがあった。しかし、母子でそのことを話題にしたことは今まで一度もなかった。セラピストが母親に「ここのおもちゃの中にナイフがあるので、少し私に腹を立てているのではないですか？」と聞くと、母親は「最初は腹が立ったわ。だけど次に思ったのは、マリオがあのことを話す必要があるから、セラピーを受けているのだということ。でも、マリオをそれほどまでに怖がらせてしまったのかと思うと罪悪感があるわ」と言った。セラピストは、母親の複雑な気持ちが理解できることや、すべての親たちが、時間を巻き戻してもっと他の方法でやり直せたらと思うものだと伝えた。「残念ながら時計を巻き戻すことはできないけれど、今あなたがしていることならできるわ。それはつまり、マリオがひどく怯えないように、何が起こったのかわかるようにマリオを手助けしようとしていることですよね」と付け加えた。母親はマリオのほうに向いて「マリオ、あなたはママ

がパパにナイフを突きつけた時のことを考えていると思うの」と言う。マリオは母親を見た。「あなたは、まだ小さくてよくわからないと思うから、大きくなったらまた話すけれど、ただ、ママはパパにすごく腹を立てていたの。でも、あなたをひどく怖がらせてしまって、ほんとうにごめんなさい」。マリオは母親の側に寄ってきて「時々僕にもすごく怒るよね、ママ」と言う。母親は不意をつかれた様子で、力なくセラピストのほうを見る。セラピストは「あなたのママがうんと怒っている時、とても怖いのよね。わかるわ。でも、ママはあなたのことをとても愛しているのよ。どんなに怒っても、ママはあなたにナイフを向けたり絶対にしないわ」と言った。

　母親は目に涙を浮かべる。「マリオ、あなたを愛しているわ。あなたの目の前で、あんなことをして見せてしまったことは、ほんとうにごめんなさい。もう絶対にあんなことしないと約束するわ」と母親は言う。マリオはにっこりと微笑んで、新しいお医者さんごっこセットを見つけると、母親をはじめ、まだ小さい弟、そしてセラピストにさまざまな医療器具を使ってみる。母親が、ナイフの件を続けて話そうとすると、「ナイフのことはもうおしまい、ママ。片づけていいよ」とマリオは言った。

　この一連の出来事は、臨床素材を2つの視点を通して見ることの重要性を示している。2つとは、(a)トラウマの視点、そして(b)アタッチメントと標準的発達の視点である。マリオと母親は、セラピストのサポートによって、ナイフにまつわるマリオの記憶を4歳のマリオが耐えられる限りに噛み砕いて消化した。マリオは、母親がもう二度とあのように怖い目に遭わせたり、ナイフで傷つけたり決してしないことを確認し、納得した。そのあとのマリオの遊びは、マリオが母親をより身近に感じながら、恐怖心はあっても自信と人に役に立つ力も感じる遊びに移る用意ができたことを示している。もし、母親とセラピストがトラウマのテーマに固執したままでいるように強いたら、マリオを圧倒してしまうリスクがあったかもしれない。

6．**臨床家は客観的に恐ろしい状況に子どもが恐怖心を示した時、親が子どもにその気持ちは当然なことで、家族の状況がもっと安全になることを目指して親と臨床家が一所懸命努力していると伝えるよう励ます。**

　事例　3歳のハリールは、父親との監督者付き面会に行くのを怖がってい

る。あるセッションで、「僕のパパは大声で怒鳴るんだ」と言った。臨床家は「パパが怒鳴るの?」と繰り返しながら、確かめるように母親のほうに振り向いた。母親によると、数日前、父親が酔って家まで来て、下品なことを大声で叫び、母親を脅かしたと言う。母親は警察を呼んだが、警察が着いた時にはもう父親はいなくなっていた。母親側の弁護士は、父親との面会の条件に、アルコール依存症の治療プログラムへの参加義務を加えるよう裁判所に再審査を求めることを母親に勧めていた。そして、誠意を示すためにも、面会にハリールを連れていくことを続けるよう母親に強く勧めていたのだった。臨床家が「ハリールが安心できるようにするためには、私たちに何ができるかしら? あなた、ハリールに何が起こったか話しましたか?」と尋ねると、母親は「いいえ、ハリールは眠っていたと思っていました」と答えた。臨床家が「ハリールには何があったのか聞こえていたようですね。きっと父親の叫び声で目が覚めてしまったのでしょう。あなたが話してあげるとハリールは安心するのではないでしょうか」と言うと、母親は「パパは飲みすぎると怒鳴るのよ。窓の外に来て叫んでいた時も酔っ払っていたのよ」と言った。臨床家は「ハリール、パパが大声で怒鳴るのは怖いわよね。こんなふうにあなたを怖がらせるのはよくないことだわ。ママは、なんとかしてパパのお酒をやめさせようと、あれこれ手をつくしているの。それだから、パパとの面会に行く時に必ず誰かがついていくのは、パパがお酒を飲んでいないか確認するためなのよ」と付け加えた。

領域4　向こう見ずで、身を危険にさらし、事故に遭いがちな子

　DVを目撃したり、暴力の被害を受けたりして育った乳幼児や就学前の子は、しばしば身の安全を危険にさらす行動をとる。また、年齢相応の認知能力をもちながら、周辺環境の危険なサインをモニターできない子もいる。激しい衝動をコントロールできない子もいて、自分を傷つけたり、傷つきやすい状況に身をさらすことになる。ストレスの強い環境に暴力的反応で対応する子の背景には、生来の感情の激しさや活動レベルの高さなどの気質的特性を示すデータもある。ただしこの研究は、幼い子どもの攻撃性が内に向かうよりむしろ外に向かうことに焦点を当てた研究である。

　暴力を目の当たりにしたり、暴力をふるわれたりした幼い子どもは、自分を危険にさらす行動をとりやすい。これは、優しい大人と信頼関係を築きながら自分を守る力の基盤ができていく時期に、保護的な育児が受けられず、早くも

危険や暴力にさらされた結果と理解できる。その意味で、母親や信頼できる養育者の目の前で示す、度を越した向こう見ずで身を危険にさらす行動は、愛着障害の一つである。愛着システムの主な機能は、不確かで危険な状況で、好ましい（気に入った）養育者に近づきつながることにより、生き延びる可能性を最大にすることである（Bowlby, 1969/1982）。正常に発育している子は、母親対象を安全基地に用いる。怯えたり必要を感じたりした時に、自分から戻っていく場の機能を果たしてもらい、探索行動と愛着行動のバランスをうまく保っている（Ainsworth et al., 1978）。対照的に、身を危険にさらす子は、この安全基地パターンの歪みを示している。母親対象を、年齢相応に身を守る安全基地、あるいは周辺環境の危険なサインをモニターする資源として利用することができていない。よくみられる行動には、見知らぬ環境で、母親から猛烈な勢いでダーッと離れたり、迷子になったりすることが挙げられる。母親に呼ばれても気に留めて立ち止まることなく、母親のもとへ戻ることもできない。また、怪我をしたり母親が必要な時に、母親を無視し、拒絶し、母親に慰めてもらおうとせずに攻撃的につっかかっていく。もっとひどいケースでは、子どもは自分自身を噛んだり、引っ掻いたり、叩いたりする。かなり幼い子どもでさえ、時に、生きていたくない、死にたいなどと言う（Lieberman & Zeanah, 1995）。

　身を危険にさらす行動はしばしば同時に、他者への攻撃行動を伴う。これは、幼い子どもの内在化と外在化の問題には高い相関関係があることを鮮明に示すものである。ただ、以下のことはまだあまり知られていない。つまり、身を危険にさらすよちよち歩きの子や就学前の子は、皆共通して、分離不安、しがみつき、親の所在を過剰に警戒する気持ち（突然の逃亡エピソードとは対照的）、睡眠問題、激しく長引くかんしゃく、欲求不満耐性の低さ、予想できない泣き方や、さまざまなものへの恐怖感を同時に表す。事故を起こしやすかったり、攻撃的な行動をとったりすることのほうが、子どもへの大人の意識を電撃的に刺激してしまい、その結果、不安反応は往々にして見過ごされがちである。

　逆説的に見える不安（恐怖）と向こう見ずな行動（危険との遭遇）の共存は、注意欠如障害や知的能力障害のような器質的基盤をもつ子どもではない場合には、危険に対抗するための、対抗恐怖的防衛を示唆している。暴力をふるわれ、トラウマをもつ子には、危険を未然に防いだり守ったりする親機能が欠如しているからである。さらに罰や虐待の苦痛を親が加えることは、いつ自分（たち）に危険が降りかかるかわからない不安を常に作り出すことになる。親が危

険な状況を無視したり、子どもの恐怖心を軽視したりバカにしたり、子どもにリスクをとらせたり、痛みを加えたり、子どもが傷つけられた時の痛みに無頓着な場合、子どもの恐怖心と愛着行動は強く引き出され、誰にもそれに対応してもらえずに終わるため、深刻な苦しみが生まれる。

　このような恐怖体験が繰り返されると、子どもの中で、通常なら助けを求める行動や愛着行動につながる情報を防衛的に遮断するようになる。子どもは、助けがこないことを知っているため、助けを必要としていることに気がつかないことにしてしまう。この防衛的遮断は愛着システムを無効にする。その結果、子どもの探索しようとする衝動と、安全をモニターする機能のバランスがとれなくなる。今は安全だから探索していてよいのか、安全を確保するために親の保護を求めるほうがよいのか、わからなくなってしまうのである。この安全基地行動の破綻は、さらに無鉄砲な探索行動に結びついていく。まるで、どこまで許されるかを試しながら、親が自分のことを守ってくれるように仕向けているかのようである。対抗恐怖的な向こう見ずな行動は、その実、「ママは、私が傷つかないようにちゃんと面倒をみてくれようとしているのだろうか？　どのくらい危険になったら、ママは私を守ろうとしてくれるのだろうか？　どのくらいママから離れたら、ママは私を連れ戻しにきてくれるのだろうか？」という疑問に対する答えを探している行動といえる。

　しばしばこの行動は、幼い子どもの愛されたい、保護されたいという激しい要求に気づかない親や専門家に「手を焼かせる行動をして気を引こうとしている（negative attention seeking）」とレッテルを貼られてしまう。また、別の説明をすると、子どもは今までよりもっと幸せな形の解決を願って、恐ろしいシナリオを作ってはまた作り直しながら、自分からこの極度の不安を克服しようとしているともいえる。小児科医で児童分析家のレジナルド・ローリーは「赤ちゃんはとても辛抱強い。大人がわかるまで何回でも繰り返す」と指摘している（Reginald Lourie、私信、1978年2月12日）。

　このような事例への介入の目標は、その子がどれほど切迫して保護を求めているかを大人はちゃんと理解していることをその子に伝えることである。介入の戦略は、大人が子どもの安全に気を配っていて、子どもを傷つけさせることは許さないと示さなければならない。このメッセージは、目に見える形、見えない形のいずれにおいても、子どもを世話する大人の本気と底力を確立することである。また、大人は、その子と他の人々の幸せな暮らしにとり、何が許さ

れ、何が許されない行動かを、子どもよりも知っていることを自信をもって伝えなければならない。向こう見ずで自分を危険にさらす行動を抑え、減らす時の介入の特徴は、自分を傷つける行動はやめなさいとはっきり言い、実際に止めること、そして、安全と保護の重要性について話すことである。臨床家は、危険の程度や緊急性、親の反応のまともさに応じて、その都度適切なアプローチをとれるよう検討しておくべきである。

【糸口と臨床例】
1. 子どもが自分を危険にさらす行為をしている時、臨床家は親の注意をその危険性に向け、親が危険を察知すること、そして安全に守ってあげることの大切さについて話し合う。

　事例　8ヵ月のロウィーナは、自分の頭を床や壁に何度も打ちつける。母親は見ているだけで何もしない。臨床家は母親にロウィーナの行為をどのように思うか尋ねた。母親は、「あの子は傷ついていませんよ、泣いてもいないし」と答える。臨床家が「ええ、でも私にはロウィーナが泣いていないことのほうが心配です。まるで痛みを感じないようにと自分に言い聞かせているようです」と言うと、母親はかすかに微笑んで、「私みたい」と言った。臨床家は「あなたは、ロウィーナに、そういうあなたのようになってほしいのですか？」と尋ねた。母親は頭を打ち続けているロウィーナを見ながら少し考えている。何も言わずに、母親は子どものところに行き、抱きあげた。臨床家は「あなたは今、ロウィーナに、困った時にはすぐにママが助けてあげるから、もう感情を抑える必要はないと教えてあげたのですよ」と言った。

　事例　3歳のアンドリューが、歩道で母親と臨床家の前方を走っていく。臨床家が驚いて、母親に「曲がり角に着く前に止まるかしら？」と聞くと、母は大声で「アンドリュー、すぐに止まりなさい」と叫んだ。それでもアンドリューは走り続けている。母親はアンドリューを追いかけ、何も声をかけずに連れ戻した。臨床家は「アンドリュー、ママと私はあなたが車にはねられやしないか心配したんだよ。ママが止まれ、と言ったら止まるんだよ」と言った。臨床家はそれから母親に言った。「アンドリューは、自分がなぜ止まれと言われたのか、その理由がわからないのだと思いますよ。あまりに幼くて自分が傷つ

くことさえわからないのですよ、ただ走りたいだけなんですよね」

　この事例で、介入における重要な一歩は、子どもが曲がり角に来た時に止まるかどうかをまず母親に尋ねたことである。別のケースでも3歳児が歩道で母親とセラピストの前を走っていった。そこでもまた、セラピストは母親に「曲がり角に着く前に止まるかしら？」と聞いた。母親の返事は「止まりますよ。いつもそうしてますから」というものだった。母親は静かに歩き続けている。セラピストは何が起こるか固唾を飲んで見守っていた。その子は、母親が思った通り、止まった。もしセラピストが子どものあとを追いかけていたら、母親を傷つけることになったであろう。それは、母親が子どもの反応を予測できないか、あるいは子どもを保護する術を知らないということを意味するからである。

2．**親が子どもをどう保護したらよいか迷っているような場合、臨床家は積極的に親を指導する。その場合、保護する行動を引き出すのに必要な、明確かつ具体的な方法を使う。**

　事例　2歳のタマラは、人通りの多い道を渡ろうとして母親の手を振りほどき、先へ走っていく。その時、車は来ていなかったが、臨床家は危険を察知して、母親に「彼女をすぐ捕まえて！」と言った。母親はタマラを追いかけて、腕をつかむ。タマラは「いや！」と叫び、そして、自分で立って歩くのをいやがって、歩道に倒れこんだ。母親は引き上げようとするが、うまくいかない。臨床家は「抱っこして連れていってあげたらどうですか？」と言う。タマラは激しく泣いていたが、母親はとにかくそのまま抱きあげた。臨床家はタマラに「あなたはまだ小さいから、一人で道を渡らないで、いつもママと手をつないでいないといけないよ」と言った。危機的な状況がひと段落すると、臨床家は母親に聞いた。「私からすべきことを指示されてどのように感じましたか？また、もし今後タマラに危険が迫ってきたら、また同じようにしてもかまいませんか？」

3．**親が緊急時に必要な保護行動をとれない場合、臨床家は、可能であれば子どもの協力を得て、自らが行動して、親に手本を示す。**

事例　11ヵ月のアンドリューは、机によじのぼる。すぐ横の窓が開いている。子どもが落ちるのではないかと心配して、臨床家はすぐに子どもを下ろした。そして父親に「もし私が手を出しすぎたのであれば、申し訳ありません。お子さんが落ちるのではないかと思ってひやひやしたのです」と言う。父親は「この子は別に落ちそうではなかったですよ」と言った。臨床家は「たぶん、あなたと私では危険に対する認識が違うのですね。この年頃の子どもは、すぐに動きが変わるから、気づいた時には怪我をしていたりします。安全のために、机を窓から離しませんか？」と言った。父親は賛成して、一緒に机を横に移動させた。

　事例　4歳のダニーは、目的地に着くと臨床家の車のドアを開け、道路のほうに飛び出していく。臨床家はダニーをつかまえると、「こらっ！　ダニー、だめでしょ。怪我をするよ」と言った。ダニーはおおはしゃぎで「悪い言葉はいけないんだ！」と言う。臨床家が「そうね、ごめんね、でもこれはほんとうに大変なことなのよ。ほんとうにびっくりしたのよ。二度とこんなことをしないでね」と言うと、ダニーは「はい、先生」と応じた。臨床家は「さあ、ママと手をつないでね。そして、私たちがいいよと言うまで手を離してはいけません」と続けた。子どもはまた、それもとてもまじめな口調で「はい、先生」と言う。すると母親は、「彼はほんとうにあなたの言うことをよく聞くわね」と驚いて言った。

領域5　子どもが親を攻撃する時

　母親が暴力をふるうのを目の当たりにしてきた子どもたちは、不安や欲求不満、怒りや恐れを引き起こす状況に置かれると、しばしば母親に対して攻撃性を向け、暴力をふるったり暴言を吐いたり——その両方を——することがある。子どもが父親に向ける攻撃性に関する臨床観察や、実証研究はほとんどないため、ここでは主に母親に対する子どもの攻撃性に焦点を当てる。しかし、それに対する以下の方略は、父親や他の養育者に対する攻撃性にも適用できる。母親への攻撃は、子ども‐親心理療法を受ける子どもたちにはよくみられる。攻撃に至る背景には、互いに絡み合って影響を強めてしまうさまざまなメカニズム（心理過程）が存在する。研究方法によって、このメカニズムをどのように概念化するかはさまざまだが、共通する点は、子どもは家庭生活で目撃した攻

撃行動を、自分の行動パターンに組み込むということである。そのメカニズムの一つの可能性は、以下のようにまとめられる。

- 子どもは、生活がつらく苦しい時、それは母親のせいだと母親を責める。両親が一緒に住んでいない場合に、父親と別居しているのは母親のせいであると信じるのも同様である。小さな子どもからみると、母親とは、何でもできる力を備えた人物であり、母親が望むことは何でも思い通りにしたり、しなかったりできると思っている。子どもは、母親が望めばいかようにも物事が起こるのだと信じ込み、それこそが主たる養育者としての母親の当然の役割だと思うようになる。そのため、自分が悲しく怒りを感じるような状況に直面すると、これは母親の力が引き起こしたのだと捉えてしまうのである。
- 子どもは、自宅で目撃した攻撃的な場面を再演するかもしれない。子どもは、何が起こったのかをなんとか理解しようとして、自分が見るものを模倣し、恐ろしくてどうしようもない経験をやむをえず演じて、大人からの適切な関わりを引き出そうとする。そうすることで、子どもは無力と恐れの感情を乗り越えていく。
- 特に、加害者がその子の父親や継父など、子どもの愛着対象である場合、子どもはDVの加害者と自分を同一視し、その行動を模倣するかもしれない。子どもは自分が愛する人々のようになりたいと努力する。親というのは、子どもの行動の青写真となり、強力な影響力をもつ存在なのである。
- しつけの一環として体罰が広く社会の中に存在していること、そして、虐待された女性が子どもに対してより辛辣な罰を与えがちであることを考えると、子どもが母親を攻撃するのは、母親と自分を同一視し、母親を模倣しているのかもしれない。
- DVを目撃した子どもは他者の意図をうまく捉えることができず、敵意に過敏になる傾向がある。親が配偶者に対して攻撃的なだけでなく、子どもにも厳しく罰を与えがちな場合には、特にこの傾向が強くなる。子どもにとって、親は危険で恐ろしい存在であり、自分を守るためには戦わなければならない時もあるという認識をもつかもしれない。このような状況では、母親に対する子どもの攻撃性とは、子どもに対する母親の攻撃性の鏡像であるといえるだろう。

- 逆説的に、虐待を生き抜いてきた女性たちが母親になると、わが子が向けてくる暴力や暴言の攻撃性から自分を守ることや、適切な限界設定を設けることができない時がある。攻撃を未然に防ごうとして、子どもの言いなりになってしまうこともあるかもしれない。この母親としての無力さは、子どもに「攻撃は効くぞ」と確信させ、母親に対する攻撃行動を後押ししてしまうことになる。それどころか、母親としての無力さそのものが、子どもからの攻撃の引き金になる可能性もある。なぜなら、子どもにとっては、母親が無力であることと、母親がきちんと子どもの面倒をみる能力がないこととは同じことだからである。
- 攻撃的な行動は、非常に怖い思いをした時や、心が深く傷ついた時にしばしばみられる防衛反応である。愛着対象から安定して守ってもらうことができずに育った子どもたちは、激しい否定的な感情を抱えた時にどうしたらよいのか、年齢相応に対処する術を学ぶ機会がない。そのため、生物学的に生き延びるための「闘争―逃走反応」のままに行動してしまい、咄嗟に未熟な自己防衛行動をとりがちなのである。心理学的には、攻撃性はあまりに大きな恐怖に対して瞬間的にでも克服感をもつため、生活の中で常に恐怖にさらされている子どもたちは攻撃性を持続させることになるといえるだろう。

　臨床家は、子どもが母親に向ける攻撃性に対応する時、今述べてきたような、背景にあるメカニズムの多様性を考慮しなくてはならない。**介入を行う最大の理由は、子どもが激しい衝動をコントロールすることも含めて、否定的な感情をより適切に調節できるように手助けすることである**。具体的には、子どもと親がこれまで行ってきた破壊的で傷つけ合うような行動をやめるか、または減らし、言葉での表現や、その他の行動や遊びなど、社会的によりふさわしく受け入れられやすい行動に変えていけるように手伝うことである。
　どのように対応するかを考える時、臨床家は、親が子どもの行動をどのように感じ、受けとめているかに寄り添い、その家族の文化的価値観と子育ての社会習慣に敬意を払うことが重要である。親が子どもの攻撃性に対して強い反応を示していても、家族以外の人にはそれを出さないかもしれない。特に、臨床家のように親が一目置いている人や、権力や地位のある人の前では、このような反応を示さないだろう。親は屈辱や恥、怒りを感じて子どもにやり返したく

なるかもしれないし、または、子どもの攻撃性をおもしろいとか、かわいらしいなどという受けとめ方をしてしまうかもしれない。セラピストは、介入したことで母子の対立が悪化することのないように、また、親が恥をかくことがないように気をつけなくてはならない。

　攻撃性を目の当たりにすると、臨床家の内面にも強い反応が起こる。クライエント家族の中で解決されないまま渦巻いている感情と並行して、臨床家自身の未解決な感情が表れ、衝動的な行動が引き出されるのである。これは、通常、治療には不都合なことである。なぜなら、臨床家には、激しく否定的な反応をしっかり受けとめ、冷静で頼りになる雰囲気をかもしだす能力が必要不可欠だからだ。臨床家は、衝動的に行動するか静かに観察しているか、２つの両極の間の微妙なバランスを保つ必要がある。衝動的に行動すれば、相手を批判しているような印象を与えるかもしれないし、かといって何もしないでいると、暗に攻撃に加担しているようなことになってしまうかもしれない。臨床家は、見ているのがつらくなるような状況でも黙ってそばに寄り添うことができるように、そしてただ観察していることを自分に許せるように、自分自身の内面を洗練する必要がある。ただしそれは、攻撃性を看過し、無関心でいるということではない。臨床家は経験から判断し、迅速に介入することをためらってはいけないが、しかし、だからといって適切な介入であるという確信なしに焦って行動に出る必要はない。

　ここに挙げる項目は、介入の方法が多岐にわたることを示している。それぞれの項目は互いに相容れないものではなく、互いに補足し合って併用できるものである。一般に、介入は「必要最小限」が好ましい。なぜなら、介入の目標は、臨床家が「専門家」として主役になることではなく、親と子どもがやりとりをしてなじんでいくことを促すことだからである。親が適切に子どもに対応しているならば、親を理解して「協力し、人々の力（joining forces）」になることを簡潔に示すだけでよいだろう（臨床家と親との間でそっと視線を交わし、互いに理解し合っていることを確認するだけで十分かもしれない）。親がうまく対応できていない時は、臨床家は、子どもに応答するように親を励ます。親が子どもに応答することができなかったり、そうすることに抵抗を感じていたりする場合にのみ、臨床家は自らが行動を起こして介入する。そして、介入しながら、親が自分にもできると自信をもてるように可能な限り働きかけていく。

　必要最小限がよいのは、子どもへの介入についても同様である。予防するこ

とが最もよい方法であり、それは、いつ子どもが攻撃的な行動を起こしてしまうかの予測を重ねることで可能になる。その予測がつくと、臨床家は、子どもの気を紛らわせて、そして／または、子どもの行動を別の方向に向けることができるようになる。

　セラピストもまた、子どもからの攻撃の対象になることがありうる。セラピストが子どもの攻撃を調節したり、行動を変えたり、表出の仕方を変えたりする際、活用しやすい項目を以下に示す。

【糸口と臨床例】
1．臨床家は母親に（そして、年齢によっては子どもにも）、その子が人を傷つけずに怒りを表現できる行動を考えるよう働きかける。

　事例　8ヵ月のナディアは歯が生えてきていて、そばにあるものは何でも、母親の顔でさえも、ぎゅっと嚙む。母親は、ナディアがわざと母親を傷つけていると思い込んでいた。臨床家は言った。「わざとじゃないなんて、なかなか思えませんよね。でも、ちょっとナディアを一緒に観察してみませんか。あなただけでなく、手の届く範囲のものは何でも嚙んでいますね」（臨床家はいくつかの例を母親に示した）。母親がナディアは何でもおかまいなしに嚙んでいるということを理解し始めると、臨床家は次のように言った。「ナディアが誰も傷つけることなく嚙むことができるようなものをいくつか考えてみましょう。それをナディアに渡せるように、近くに置いておいてください。でも、しばらくは、顔を近づけて抱っこする時は気をつけてくださいね。いずれ嚙まなくなるでしょうけれど、今は、嚙まれると思った時には、ナディアが嚙むより素早く腕の長さまで離して抱っこしてください」。母親と臨床家はナディアが嚙むことができる、弾力のあるものをいくつか用意した。そして、母親はこの際、輪型の歯がためを購入すると決めた。

　事例　2歳のソニーは母親におもちゃを片づけるように言われると母親を叩いた。母親は臨床家に向かって「あの子はいつもああなんです」と言った。臨床家は「片づけたくないとあなたに伝えようとしているようですね。だからといって、叩くのは確かにいいやり方ではない。どうすればいいでしょうか？」と聞く。母親がソニーに向かって「あなたが怒ってるのはわかったけれ

ど、叩いてはいけません」と言うと、ソニーは「僕、怒ってる、叩かない！」と言って、それからおもちゃを片づけるのを拒んだ。臨床家は、ソニーが片づけ始めるのには何か手助けがいるようだと言い、お手本に、おもちゃを一つかごに入れてみた。「ソニー、見てごらん、あなたのママはこうしてほしいの」。それから、母親、臨床家、子どもが交代でおもちゃをバスケットに入れる遊びが始まった。

2．セラピストは、子どもの攻撃的な行動を違う方法で表出させようという母親の努力を根底から支える。そして、子どもには、年齢相応の言葉を使って、母親はよい行動と悪い行動を教えているのだと、それが母親の役目なのだと説明する。

　事例　11ヵ月のトビアスが母親を強くつねった。母親は「つねってはだめ、トビアス。ほら、粘土で遊びなさい。これをやっていれば、手がふさがるでしょ」と言った。臨床家は「粘土をつまむのはいいわよ、ママをつねるのはだめよね」と言った。

　事例　4歳のシルビアが母親に積み木を投げたので、もう少しで母親の顔に当たるところだった。母親は「シルビア、ママを怪我させようとした罰として自分の部屋に行っていなさい」と言った。シルビアは「行かない！　ママが自分の部屋に行って！」と叫んだ。母親は力づくで部屋に連れていこうとしたが、シルビアは逃げていってしまい「つかまえてごらん」と母親をからかった。そこで臨床家は「シルビア、ママは遊んでないのよ。おおまじめなの。ママはあなたのママとしてやるべきことをやっているの。言う通りにしないとだめよ」と言った。シルビアは部屋に行き、2、3分間すると閉めたドアの裏から「私、もう出るわ」と声がした。母親は部屋を出ることを許してから「謝りなさい」と言った。シルビアは「ごめんなさい」と言った。臨床家は「ママはあなたに、人に怪我させるようなことをしてはだめだと教えてくれているの。人に怪我させたらママも怖いし、あなただって怖いでしょ。私はあなたにとって怖いことをなんとかするためにここにいるのよ」と言った。

3．セラピストは母親と子どもの双方に、子どもの行動がどのような意味を

もつか考えるための質問を投げかける。

事例 4歳のシルビアは、ソファでのんびりしている母親の顔に枕を強く押しつけた。母親は必死にもがいて枕をどかした。臨床家が「どうしたの？」と聞くと、シルビアは「パパがこうしてたの」と答えた。母親は、夫婦でよくふざけて枕投げをしたものだったが、それがエスカレートして自分が窒息しそうになったことがあると話してくれた。臨床家は「シルビア、あなたはパパと一緒に住んでいた時にパパがやっていたのを覚えていると私たちに教えてくれたのね」と言うと、シルビアは悲しそうにうなずいた。臨床家が「パパがいなくて寂しいのはつらいわね」と言うと、母も子もうなずいた（このやりとりからさらに深いやりとりが続いた。その中で、母子の父親に対する葛藤的な感情が繰り返し出現した。父親を慕う思いや、父親が楽しそうにしていたかと思うと突然怒り出してしまう時の恐怖、そして日常生活の中で父親の存在を感じていられるように遊びと攻撃性を混在させてしまい、母子が一緒に遊ぶ際に過剰に興奮してしまう場面がみられた）。

4．**子どもが親に対して言葉で攻撃をしている場合（例えば、親を侮辱したり脅したりしている場合）、セラピストは子どもの怒りを認めると同時に、しかし、母親への話し方としてはよくないことを伝える。**

事例 5歳のルビーは、母親に向かって「この……バカ女」と言った。臨床家は「あなたが怒っているのはわかったわ。でも、このあたりではそういう言い方はしないの」と言った。

5．**セラピストは、行動の意味を振り返り、他にどのような行動ができるかを考え、それを試しに練習してみることができるような場の雰囲気を作り出すとよい。そのために、セラピストは、子どもの攻撃性やその引き金となる状況やそれに伴う感情について、母親と子どもが話し合えるように導いていく。この話し合いは、子どもの行動をどう思ったか、とセラピストが親に質問することから始めてもよい。また、普通の人間関係では攻撃的な行動を受け入れる必要はないとはっきり伝えるため、子どもが母親を攻撃するのを見ているのはつらい、とセラピストが母親に言**

うのもよい。

　事例　先ほどの事例の続きでは、セラピストは「どうしてルビーはあなたにそんな言い方をするのでしょうか？」と母親に尋ねた。母親が「わからない」と言ったので、セラピストは「ルビーはいつもこんなふうなのですか？ それとも何かが起きていつもよりもイライラしているのですか？」と尋ねた。すると母親は、ルビーは前日まで父親と一緒にいたのだが、その後すぐに、父親は刑務所に連れていかれたと打ち明けてくれた。夫が刑務所に入ったのだと母親が友人に話しているのを、ルビーは偶然耳にして、非常に動揺し、保育園で泣き続けて家に帰されてきたのだという。セラピストはこの出来事のことを気にかけて、きっとパパのことが心配でしょうねとルビーに話しかけた。そして、「心配な気持ちが強くなりすぎると、誰でも怒りっぽくなってしまうことがあるのよね」と言い添えた。セッションの最後にセラピストは、父親のことを心配するあまりに、子どもがいつもよりイライラしたり攻撃的になったりするのはもっともなことなので、ルビーの行動についてはしばらく様子を見るようにと母親に伝えた。

6．**子どもが母親に暴力をふるい、母親がされるがままの場合、即座に保護するような介入が必要と思われる時がある。臨床家は子どもの行動を制止し、軌道修正するようにする。その前にできれば、そのような対応をしてよいか母親に許可を取るのがよい。**

　事例　15ヵ月のアンジェラは、母親にハサミを取り上げられると、繰り返し母親を叩いてかんしゃくを起こし、金切り声をあげて叫ぶ。母親は無反応でいる。セラピストは母親に介入してもいいかと尋ねた。母親が了承すると、セラピストはアンジェラに「クッションを叩いてもいいわよ。でも、ママを叩いてはだめ」と言った。アンジェラがまた母親を叩こうと腕を振り上げると、セラピストはアンジェラの腕をつかみ、その向きを変え、クッションを叩くように促した。セラピストは「クッションを叩こう。ママはだめ。ママはあなたにハサミをあげられないよ。あなたが怪我しちゃうかもしれないからよ」と言った。セラピストは「クッションを叩く、ママはだめ」と繰り返し語りかけながら、アンジェラの手をつかんではクッションを叩くように何度も促した。

このような介入はリスクを伴うため、セラピストは前もってその子をよく理解しておくべきである。というのは、私たちの経験では、何かを叩くように勧められると、たとえそれが枕であっても、より興奮して落ち着かなくなってしまう子どもが多いからである。大半の子どもには、身体を包み込むように落ち着かせることのほうが、物を叩くことを許容するよりも効果的だろうと思う。

　事例　3歳のサミュエルが怒ってドアを蹴る。もう一度ドアを蹴ろうとしたその時、セラピストは「私はあなたが止められることに賭けるわ」と言った。サミュエルは、驚いて一瞬動きを止め、セラピストを見た。すかさずセラピストは「あなた、止めたじゃない！　サミュエル！　よかったね！　やったぁ！」と手を挙げ、サミュエルにハイタッチを求めた。サミュエルは大きな笑顔になり、セラピストにハイタッチした。セラピストは熱意を込めて、「私はあなたが自分で止めることができる子なのを知っていたわよ、サミュエル！」と言った。サミュエルは「僕、いい子だもん」と言い、母親とセラピストはそれに同意した。

　事例　4歳のシルビアは先のとがったものを持ち、それを母親の顔に近づけて振りまわしながら、「ママ、目を突っつくわよ！」と叫んでいる。母親はか細い声で「そんなことしないの」と諭したが、子どもはますますエスカレートしていった。臨床家は母親に「シルビアと話してもかまいませんか？」と聞くと、母親は力なくうなずいた。臨床家はシルビアに近づき、きっぱりと「それを降ろしなさい、シルビア。ママの言うことを聞かなくちゃいけません」と言った。シルビアは言われる通りにした。そして、臨床家は「わかっているよ。あなたはママに怒っているのよね。でも、怪我をさせてはいけない。そんなことをすることは、ママにとってもあなたにとってもよくないことだからね」と言った。

7．もし、母親が子どもの攻撃性を愛情からくる行動やただの遊び感覚の行動だと誤解していたら、セラピストは自分の見解をはっきりと表明する。それでも、母親が、子どもは愛らしく、はしゃいでいるだけと言い張る時は、セラピストから、これは今後も話し合う余地のあるテーマであると伝える。

事例 14ヵ月のロレインは母親にキスをしたり、顔をなめたり、母親を嚙んだりを繰り返している。母親は痛みで顔を歪めたが、子どもにはそのまま続けさせていた。臨床家は「どうしてそのままやらせているのですか？」と聞いた。母親は「ロレインは私を傷つけていることをまだわかっていないから」と答えた。臨床家は「それはそうかもしれませんが、私は、ロレインはあなたが痛いかどうか試しているように思えます。ロレインは、そういうことをするとママが痛い思いをすることを学ぶ必要があると思うのですが……」と言った。母親は「私はロレインに罪の意識をもってもらいたくないのです」と言った。そこで臨床家は「でも、あなたが教えなかったらこの子は、どうやってあなたを傷つけないことを学ぶのですか？」と答えた。母親は「でも、今はまだ幼すぎます。時期が来れば学びますよ」と言った。臨床家は「私は、あなたが痛い思いをするのを見ているのはとてもつらいです。これについて話し合いを続けていきましょうね」と答えた。母親は「心配しないでください。そんなに痛くありませんから」と言った。臨床家は控えめに「失礼ですが、私には信じがたいのです」と言った。母親がロレインを下に降ろし、おもちゃを与えると、他の話題に移った。

事例 4歳のルーベンは母親に注意されると、飛び跳ねたり、指を銃の形にして母親に向けたりしながら「ママ。僕に、ママを撃たせないでね」と言った。母親は大笑いした。セラピストが母親に何がおかしいのと質問したところ、母親は子どもがカウボーイみたいでかわいいと答えた。セラピストは「私も、いつも息子さんはかわいいと思っていますよ。でも、息子さんがあなたを撃ちたいと思っている時は別です」と言った。母親は肩をすくめて「息子は遊んでいるだけです。子どもは遊ぶものですもの」と答えた。セラピストは「私は、これに関しては、この子が冗談で言っているわけではないように思っています。私とあなたではそれぞれ違う見方をしていますね。これについては、今後お会いしていく中でまた話し合っていけるでしょう」と言った。その後のセッションで、母親は、ルーベンが叩いたりしてしまうので、保育園でうまくいっていないということを話した。話しながら、母親はまた笑った。ルーベンも笑った。セラピストがそのことを指摘すると、母親は「息子は怒った時にとてもかわいいんです。でも、そのせいで息子がトラブルを起こしてしまうのも、私はわかっているんです」と話した。セラピストは「あなたが息子さんをかわいいと思

うのが、息子さんはとてもうれしいのでしょうね。だから、息子さんはもっと叩いてしまうのかもしれませんね」と言った。母親は黙ってしまった。ルーベンのほうを向いてセラピストは言った。「ママと私は、叩くことについて話しているのよ。私たちはあなたがもう叩かなくていいように、どうしたらいいか考えているのよ」。

8．子どもが母親の厳しさに反応して攻撃性を向けている場合、臨床家は2人の間の怒りについて話し、相手を傷つけない怒りの出し方を探す提案をする。

　事例　母親が「テレビを消しなさい」ときつく命令したが、4歳のカミロは聞かなかった。母親が罰として耳を引っ張ると、カミロは母親の足を蹴った。母親は声を荒げ興奮して、「悪い子ね！　お父さんそっくり！」と言った。臨床家は「今、何が起きたか一緒に考えてみましょうか」と言った。2人とも黙っているので、臨床家は「カミロ、今どうしてお母さんを蹴ったか、話してくれる？」と言った。カミロは母親を見ながら「お母さんの意地悪！」ととてもはっきりと言った。母親は、神のご加護をとでも言うかのように天井を見上げた。臨床家が「お母さんは意地悪なのね。どういうところが意地悪なの？」と聞くと、カミロは「耳を痛くしたよ！」と言った。臨床家は「耳を引っ張られて痛かったんだね。それで怒って、お母さんのことを蹴ったのね」と言うとカミロはうなずいた。臨床家は母親に「どう思いますか？」と尋ねた。母親は「言うことを聞けるように、しつけなくちゃいけないわ。カミロは、しなさいと言ったことをしないのよ」と言った。臨床家は「あなたは怒ってカミロの耳を引っ張った。そしたらカミロがあなたに怒ってあなたを蹴った」と言った。沈黙が流れた。臨床家は「お互いに傷つけ合わないような方法はありますか？」と尋ねた。カミロが母親に「僕は、『かわいいカミロ、テレビを消してくれる？』というふうに言ってほしいの」と言った。母親は突然大笑いし、臨床家も笑い出し、ひと呼吸遅れて、カミロ自身も笑い出した。臨床家はカミロに「あなたはお母さんに丁寧に話してもらいたいんだね」と言った。カミロはうなずいた。臨床家は「あなたが言っていること、よくわかるよ。誰だって丁寧に話しかけられるって気持ちいいものね」と言った。母親は臨床家に「こんな話し方をいったいどこで覚えてきたのかしら？」と言った。臨床家は「私はあ

なたが息子さんにとても優しく話しかけているのを見かけたことがありますよ。息子さんはとてもうれしかったので、いつでも同じようにしてもらいたいのでしょうね」と答えた。母親はちょっと考え込んで、それから息子に「カミロ、お母さんは決して上品な人ではないけど、もう、耳を引っ張ったりしないから、あなたにも私を蹴ったりしないでもらいたいわ」と言った。

9．子どもからの攻撃に対する母親の怒りがあまりに強く、子どもなりに後悔していることに母親が気づけないことがある。そのような時にセラピストは、母親が怒る気持ちに理解を示しながらも、子どもの罪悪感に注意を向けさせるようにする。

　事例　4歳のエヴァの母親は、今日の早い時間にエヴァにお腹を叩かれ、とても痛かった、と怒った様子で報告した。母親が話し始めると、エヴァは母親に寄りかかり、母の胸に顔をうずめた。臨床家が何かあったのかと聞くと、母親は話し始めた。アパートに引っ越し屋が来ていて、転居するルームメイトの荷物を運び出していた。するとエヴァは"突然"近づいてきてとても強く叩いた、と。エヴァはまだ顔を胸に埋めたままだった。臨床家は言った。「エヴァは力の強い女の子ですから、叩かれればそれはそれは痛いでしょう。今朝は、エヴァにとっては、大勢の人が来ていて、大好きなルームメイトが引っ越してしまうことを知って、みんなが興奮して話しながら、荷物がどんどん運び出されていく、そういうすべてのことに悲しくなり、混乱したのだと思います。小さい子は、時々、自分だけポツンと忘れられているような気持ちになってしまって、どうやってママの注意を引けばいいかもわからなくなってしまうことがあるものです。でも、あなたに痛い思いをさせてしまって、エヴァもいけないことをしちゃったと動揺しているようですね」。母親の声の調子はとても穏やかになり、そして、「あのね。ママはエヴァに叩かれるのは好きじゃないのよ。私たちはもう二度とこんなことを繰り返さないように、これからほんとうに頑張らないといけないね」と言った。エヴァは頭を母親の胸から上げて、何か耳打ちしようとした。エヴァは母親の耳にかかっている髪をそっとよけながら「今、お人形で遊べる？」とささやいた。母親は「いいわよ。人形の家で遊びましょう」と答えた。

10. 子どもの攻撃性が、親の意図を誤解していることによると考えられる時、セラピストは、子どもが現実を正確に認識できるよう、何が起こっているのかを説明する。親の意図を誤解する原因となっている日常の他の話題に触れることもある。

　事例　4歳のカリーナの母親は、とても興奮したかん高い声で、子どもがパーティの席で自分を叩いて「あっち行って」と言ったと報告してきた。臨床家はカリーナのほうを向いて、びっくりした口調で母親が言ったことを繰り返した。母親が泣き出すと、子どもがティッシュを持ってきた。臨床家は、ママはとても悲しそうだから、このティッシュが使えるね、と言った。子どもは母親に背中を向けて、人形の家で遊び出した。母親は、パーティの時、一番お気に入りのパイナップルピザがなかったので、カリーナは母親にとても腹を立てたのだと言った。セラピストは感情を込めてカリーナに「あら、それで、あなたはすごく怒ったのね」と言った。カリーナはうなずいた。セラピストは「パイナップルピザがなかったのは、ママのせいだと思っていたのでしょう？」と付け加えた。カリーナは人形の家のほうを向いたまま、うなずいた。誤解が解けて母親の表情は明るくなった。セラピストは続けた。「4歳くらいの子どもは、ママはとても偉大で強いから、してほしいことは何でもしてくれると思ってしまうものなの。パイナップルピザを用意できる、してほしかったらパパだって連れてこられる、ってね。ママもほんとうに何でもしてあげたいと思っていて、叔母さんにパイナップルピザも頼んでくださいねとお願いしたり、パパにも来てほしいと頼んだりしているのよ。でも、ママがどんなに頑張っても、現実は厳しくて思い通りにならない。ママはよく頑張ったからこそ傷ついていて、それだけじゃなくて、小ちゃいお嬢さんも、ママが頼んだ通りにしてくれなかったと怒っている」。カリーナは振り返って、母親の腕に飛びつき、しっかりと抱きついた。

領域6　子どもの攻撃が友達、きょうだい、他人へ向けられる時

　夫婦間の不和や暴力にさらされた子どもたちは友達との関係で問題を抱えていると、いくつもの実証研究が裏づけている。彼らは、友達を攻撃したり、友達からいじめられたりしやすい。暴力の中で育った子は、そうでない子と比べて実際に診察の中でも重大な問題行動を示す件数が多いことを考えると、この

ような研究結果は想定内といえる。（前項で述べた）母親に対する攻撃の要因と考えられるメカニズムの多くは、他の子への攻撃の引き金にもなる。特に共通しているのは、次の要因である。不安定な愛着スタイル、適応的なソーシャルスキルの不足、欲求不満への対処力のなさ、何でもない人の行動への誤解、過剰反応、そして、仲間の拒絶に対して反撃すること、である。5歳までの子どものきょうだいへの攻撃に関する研究は少ないが、豊富な臨床知見は、きょうだい——特に弟妹が、子どもの攻撃対象になりやすいことを示している。子どもにとって、弟や妹は、毎日いつでも身近にいて、乏しい資源——特に親の関心と愛情——を奪い合う競争相手だからである。

　治療の場では、攻撃相手の友達がその場にいないため、おのずと友達への攻撃に直接介入する機会は限られる。しかし、子どもや母親はよく保育園や幼稚園でのその子のいざこざを報告してくれるので、その報告が介入の糸口となる。治療がその子の家庭で行われる時は、きょうだい喧嘩に直接介入できる。子ども－親心理療法は愛着関係に一番に焦点を当てるが、ここでの愛着関係は、広い意味で捉える必要がある。なぜなら、愛着関係は、子ども自身が、自分は家族の中でどう思われ、どう愛され、家族の中にどのように溶け込めていると感じているかに強く影響されるからである。きょうだい間の対立は、親が自分よりも他のきょうだいをひいきしていると恐れる時にひどくなる。適応的な情動調律と感情表現法を身につけるという全体の治療目標には、きょうだいや友達と、一方通行ではない互恵的な愛情に満ちた関係を発展させ、相手を傷つけないやり方で喧嘩の折り合いをつけられるようになることも含まれる。また、介入する時は、子どもが自分を危険にさらし、母親を攻撃し、さらには治療者を含む他者を攻撃することが、素早く、続けざまに起こりうることを考慮に入れる必要がある。なぜなら、子どもの怒りは、それが妨げられると次々と対象を移し、広がっていき、制御できない状態になることがあるからである。

【糸口と臨床例】
1. 子ども自身や親から「友達に暴力をふるった」と報告された時、治療者はその出来事について穏やかに冷静な話し合いを始める。その中で、どのようにしてそれが起こったのか、その子の行動の意味を理解し、怒りを表現する他の方法を話し合う。

事例 ヤエルは5歳である。母親の話では、その日の朝保育園で、友達のポーラの父親が見送りに来た時、ヤエルがポーラを突き飛ばしたという。母親はちょうどその場面を目撃し、ヤエルを大声で呼んだが、ヤエルは返事をしなかった。その後、母親は先生から、ヤエルがいつも、ポーラの父親が娘を迎えにくるとポーラを叩いたり突き飛ばしたりしているのだということを聞いた。そこで臨床家は、ヤエルに「ポーラのお父さんが園に着いた時、どうしてポーラを突き飛ばしちゃうのかしら？」と尋ねた。ヤエルは、ポーラの父親が好きで、自分も一緒に家に帰りたかったのに、そうできなかった、と言う。臨床家が「それであなたは悲しくて、腹が立ったのね？」と尋ねると、ヤエルは「そう、私、悲しくなっちゃったの」とうなずいた。臨床家が、ヤエルはポーラの父親みたいな人が欲しいのかと聞くと、ヤエルは言う。「私にはおじいちゃんがいるけど、遠くに住んでいて会えないの」。臨床家が「ヤエルはおじいちゃんに会えなくて寂しいから悲しいのね」と言うと、ヤエルは「今日、保育園でいい子だったから、今度は小学校に行くんだ［訳注］」と話した。臨床家が「あなたがいい子でいたいと思っているのは知ってるわ。でも、ポーラを突き飛ばしてしまったから、先生があなたを小学校へ行かせてくれないんじゃないかと心配してるんじゃない？」と言うと、ヤエルは「先生がね、もし小学校にあがりたかったら叩いちゃだめって言うの」と言うのだった。臨床家は言った。「ポーラを突き飛ばしたり叩いたりする代わりに、他にどんなことができるか一緒に考えてみましょう。……静かなところへ行って、自分にこう言ってみるのはどう？『私は、ポーラとポーラのお父さんと一緒にお家に帰れなくて悲しいし怒ってる。でも、ポーラを突き飛ばしたり叩いたりはしない。だって、小学校に行きたいから』」。ヤエルは「うん！」と答えた。

2．子どもが他者に向ける攻撃が、親から子どもへの暴力と関係しているように思われる場合、セラピストは、親がその関連性に目を向けられるようにし、子どもの行動だけでなく、親も行動を変えられるように励ます。

事例 4歳のリンダと2歳のサンディの母親は、子どもたちが保育園で自分の思い通りにならないと他の子を叩いていると訴えてきた。サンディはその

［訳注］小学校はおよそ5歳児の幼稚園（kindergarten）から始まる。

朝、先生のことも叩いたという。セラピストが、サンディが先生を叩きたくなるようなことが家庭であったのかどうか尋ねると、母親は、いつもと何も変わらず、この突然の攻撃性に戸惑っていると肩をすくめた。セラピストが、今回の件がほんとうに唐突だったのか尋ねると、母親は、サンディの行動は時が経つにつれ徐々に悪化してきていることを認めた。セラピストは、最近子どもに腹が立った時の様子をいくつか話してくれるよう母親に頼んだ。母親は「やめなさい！」と咄嗟に叫んでピシャリと子どもを叩いたいくつかの出来事をすらすらと説明した。さらに母親は、あとから思い出して、「たぶん、子どもたちは私がしていることをしているんでしょうね」と付け加えた。セラピストがそのことをどう感じているかと母親に尋ねると、「そうする以外のやり方をまったく知らないんです。反射的に身体が反応するんです」と言った。セラピストは、反射的に反応してしまうのを減らす方法の一つとして、自分の感情が高まってきた時にその感情にしっかり目を向けることを提案した。そうすれば、頭にきてきつく言ってしまう前に何かできるものだ、と。母親は、自分のいらだたしい気持ちをセラピストが聞いてくれた時のことを思い出した。その状況自体は変わらなかったにもかかわらず、その後、気分がよくなったのだと言う。セラピストが「そうでしたね、私も覚えていますよ。子どもの話を聞いてあげたら、そこでもうまくいくと思いますか？」と言うと、母親は、「うーん、リンダに"ほうっておいて！"という目で見られると、あの子をぶん殴りたくなるんです。でもやってみれば、自分を止められるかもかもしれない」と言う。セラピストは子どもたちに向き直って、「ママと先生はどうしたらあなたたちがみんなを叩かないようにできるか話し合っているのよ」と言った。セッションが終わって、母親と子どもたちがプレイルームから出ようとしている時に、これを練習する機会があった。リンダがサンディの手から何かを引ったくり、サンディがリンダを叩こうと手を振り上げたのだ。サンディが手を振り下ろす前に母親がサンディの手をつかみ、自信なさそうにセラピストに向き直る。セラピストは「リンダ、サンディ。ママは本気で、あなたたちのことをもう叩きたくないって思っているの。そして、あなたたちにも、お互いに相手を叩かないでほしいと思ってるのよ。お互い、自分がどうしたいのか、言葉で言うようにしないとね」と言って、助けに入った。セラピストは母親を導きながら、何が喧嘩のきっかけになったのか、どうやってそれを解決するか、という会話をそのあとに続けていった。

3．子どもが攻撃的な行動をする時、臨床家はその行動が収まるように環境を調整する。

　事例　4歳のパウロはヨーヨーをぐるぐるまわす。今にも兄にぶつかりそうだ。母親はしばらく前に部屋を出て、今はいない。臨床家が、ヨーヨーがぶつかりそうで危ないからパウロのそばを離れるよう兄に言うと、兄は言われたように離れた。次に、臨床家はパウロに「パウロ、君がそんな危ないことをしていると、そばにいられないよ。やめなくちゃね」と言った。パウロは、まわす円を少し小さくしたが、まだ危ない。臨床家が「そうだね。よくなったね。でも、まだ十分じゃないね。もっと円を小さくして」と言うと、パウロは言われた通りにし、そばに近づいても危なくないくらいまで円を小さくした。臨床家は「よくできたね、パウロ。これでもう、君に近づいても大丈夫だね」と言うと、パウロは明らかに気をよくしたようだ。そして、ヨーヨーを振りまわすのをやめて、上げたり下げたり動かしていた。

4．子どもの攻撃的な行動がひどくなる時、セラピストは、攻撃的な行動が収まり安全が確保されるためにはどのような手段でも講じる。すると、大人は子どもを守り、自分も人も傷つけることをさせないのだと確信する。

　事例　4歳のダニーがブランコを押しているが、そのへんをよちよち歩いている妹のドティに当たりそうで危ない。臨床家はダニーの好きなゲームを提案したが、反抗的な目で見返すだけで、妹のいるほうへブランコを動かし続けている。母親がダニーの手を取って向こうへ連れていこうとすると、ダニーは突然身をよじって母親を蹴り始めた。母親が怖がって困っているのを見て、臨床家が手助けをしにいくが、ダニーの力は2人の大人の手にも余りそうである。臨床家は母親に、手分けして頑張ろうと声をかけ、母親がダニーの足を押さえ、臨床家が上半身を押さえて、蹴飛ばすのをやめさせようとする。ダニーはじたばた暴れて激しく身をよじり、大人2人はダニーが叩いたり蹴ったりしてくるのをやめさせるのに四苦八苦している。ダニーは「僕、死にたいよ！　殺して、殺して！　僕のことなんか愛してないんだ！」と母親を見て叫んだ。それから臨床家のほうを見て「触るな！」と金切り声をあげた。臨床家はダニーに言っ

た。「君は、まず妹を、それからママを傷つけようとして、今度は自分のことを傷つけたいと言う。そんなことはさせたくないから、ママと私は君を押さえているんだよ」。ダニーは片手が自由になるや否や、今度は、母親を叩こうとしたり、自分の顔を殴ろうとしたりした。それだけでなく、口を開けて、母親の手に嚙みついた。そして、「ママは僕を愛していないんだ」と叫び続けていた。母親が自信なさそうに「私がとっても愛してること、知ってるでしょう？」と言うと、ダニーは「違う。僕のことなんか愛してないんだ！」と泣き叫んだ。臨床家は、両親は２人とも君を愛しているし、君の安全を願っているけど、時にはそれをどう表したらいいかわからないこともあるのだ、と伝えた。ダニーは「そんなのうそだ！」と泣き叫び、母親に向かって叫んだ。「僕のこと、バカって言うじゃないか！」母親はこわばってしまい、臨床家が母親を代弁してこう言った。ママはあなたをののしったりしたことを済まなかったと思っているわよ、と。そして、母親には、彼に同じことを言うように頼んだ。臨床家は最初からずっと母親に対して、次のようなことを話しかけてきていた。「あなたは本当によくやっているわ。ダニーを押さえるのは大変なことよ」「ダニーはとっても怖がっているわ。ダニーは、私たちがダニーに自分自身を傷つけさせないから、こうやって押さえているから大丈夫だと安心させてほしいのよ」。そして、今ここでは臨床家は母親にこう言った。「ダニーに、あなたはダニーを守りたいんだって伝えてください」。母親がためらっていると、臨床家はよりきっぱりと、彼は母親の口からそれを聞く必要があるのだと伝えた。母親は気乗りしない口調で言った。臨床家は母親が、ダニーを愛している、もうののしったりしないよう努力すると伝えられるように励ました。母親が尋ねるような口調で「私があなたを愛しているってわかるでしょう？」と言うと、ダニーが大声で怒鳴る。「わかんない!!!」臨床家は母親に、もっとわかりやすく言う必要があることを伝え、「愛してるわ。あなたを守りたいの」とだけ言い続けなさいと言った。母親がこれらの言葉を何回か繰り返していくうちに、だんだん言葉に心がこもってきて説得力が増し、そしてダニーをいっそう本気で抱きかかえ始めたのだった。

　すると、ダニーは臨床家に、僕を放してと頼み始めた。臨床家は、さっき片手で母親とダニー自身を叩いたから、放したくないと答えた。そして、片方だけ放して、君がさっきより落ち着いていられるかどうか見てみましょう、と伝え、「もし片手を放した時、自分自身やママを叩こうとしなかったら、その時

は君を放すよ」と加えた。ダニーは片手が自由になっても、叩かないでいた。臨床家は母親に「押さえるのをやめて、ダニーが落ち着いていられるか見てみましょう」と言い、2人は手を離した。ダニーはとても静かに、母親の膝の上にすっぽり収まり、母親にもたれかかる。母親が自分の腕をダニーにぎゅっとまわすと、ダニーはあっという間に眠りに落ちたのだった。

領域7 親からの体罰

　しつけという名の体罰に関しては、議論がつきない。米国では体罰がよく行われているが、児童発達の専門家は、ほぼ一様に非難している。体罰をどう受けとめるかは、社会階級や文化的背景によって大きく異なる。親と臨床家との間に社会階級の差がある場合、臨床家が親の行動に異議を唱えると、両者の暗黙の力関係の差はより顕著になる。臨床家と親の文化的背景（人種や国籍）が異なる場合も同じように、親は臨床家が自分たちの育児文化の伝統を否定しているのだと感じやすい。そうなると、米国の子育て習慣になじみのない新しい移民は特に、不安になり、防衛を強める傾向にある。また、差別されてきた歴史をもつマイノリティは、異文化の子育て習慣を押しつけようとしているのだと受けとめ、怒りや憤りを臨床家にぶつけてくるかもしれない。

　体罰には、子どもの手やおしりを軽く叩くことから、子どもの顔を平手打ちする、髪を引っ張る、つねる、嚙む、物で痛みを加える、そして身体に跡が残るようなものまである。たまに手やおしりを軽く叩いてもその子に深刻な悪影響を与えはしないだろうが、それでも、私たちは「体罰は最善のしつけではなく、思いとどまるべきである」と明言する。特に、暴力を目撃して育ち、その結果、普通は気に留めないささいな脅かしや危険のサインに対して過度に警戒し、過剰に反応するようになってしまった子に対しては、体罰をすべきでない。こうした理由から、親と体罰について話し合うことを勧める。体罰が行われたその時に無理に話を出すことはなく、建設的な話し合いができそうな時でよい。臨床家は、たとえその体罰の習慣に反対であっても、常に、その両親が体罰を行う文化的根拠を理解し、尊重するように目に見える努力をしなくてはならない。

　親が子どもに厳しい体罰を与えている場面ほど、親への強い非難の気持ちがかきたてられるものはない。しかし、いくら親の体罰が不適切であっても、臨床家がその親を批判したり罰したりすることは許されないと、肝に銘じておか

なくてはならない。子どもに厳しくしている親に臨床家が厳しくするような並行過程をとることは避けなければならない。目指しているのは、その親への道徳教育ではなく、親がうまく衝動をコントロールし、怒りや恐れなどの強い否定的な感情を調節できるように援助していくことである。この目標を達成するには、臨床家自身がそのような親を罰したい衝動を抑え、子どもに体罰を与えることへの怒りや非難を和らげる力をもたねばならない。子どもへの体罰は、その親自身が厳しく不適切な体罰を受けた経験に基づいているということを忘れずにいると、たいていの場合、臨床家は怒りや批判的感情を抑制することができる。また、できる限り、しつけを罰として捉えるのではなく、子どもが大切なことを学べるようにするためのものであると捉えて話し合うべきだということを念頭に置いておくことも重要だ。

　子どもの専門家、しかも子どもの福祉に携わる人々の間でさえ、どの体罰が法的に通告義務のある身体的虐待とみなされるのかについては、意見が分かれる。臨床家が虐待の可能性を疑う場合は、児童保護局の緊急対応ユニットに連絡し、起こった出来事を説明してアドバイスを求めることを勧める。本書のこの項では、児童虐待とはみなされないタイプの体罰に焦点を当てる。次の項目では、児童虐待の可能性を通告する時に踏む手順に焦点を当てる。

【糸口と臨床例】
1. 親が世間的に容認されている体罰（軽く手やおしりを叩くなど）を与えている場面では、子どものしつけに関する価値観や信念について、臨床家は親に尋ねる機会を作り出すとよい。できれば、親の興奮が少し収まってから尋ねるとよい。体罰について対話を発展させたり、親の受け入れ具合をみて発達ガイダンスを提案したりする機会にもなる。また、触れてもよさそうなら、親がどのように育てられてきたかを話し合うなど親との対話を生み出す機会にもなる。

　　事例　生後４ヵ月のブリアナは母親がおむつを換える時、元気いっぱいに足を動かし蹴る。母親はブリアナのおしりをぽんと叩く。それほどひどくではないが、しっかりと叩く。ブリアナは驚いて動くのをやめ、苦痛そうに少しうなった。臨床家が、ブリアナがものすごく活発に動くと困るのかどうかを母親に尋ねると、母親は「ええ、この子、おむつを取り換えられるのが好きではな

くて、私がおむつを換えるのを邪魔しようとするのです」と答えた。臨床家は「あなたはブリアナを叩いて、彼女に何を学んでほしいのですか？」と聞く。母親は「動くのをやめて、協力することです」と答える。臨床家は「ブリアナは、あなたがそう望んでいるとはまったく知らないのではないかと思います。叩かれた時、ブリアナはとても驚いた顔をしていました。濡れたおむつから解放されて、ただうれしくて、自由になることがどんなに気持ちいいことか、あなたに教えたかったのだと思います」と言った。母親は怪訝な目で見つめているが、注意深く耳を傾けていた。

　事例　2歳のピーターが弟の髪の毛を引っ張った時、母親はピーターの手を叩いた。ピーターも弟も泣く。母親が泣き叫ぶ弟を抱きあげてあやしていると、ピーターは部屋の隅で一人大きな声でむせび泣いている。臨床家は気持ちを察するかのように母親を見て、「今はみんながつらそうね」と語りかける。母親は困惑しているようにみえる。臨床家は、母親が赤ちゃんをあやしている間、自分がピーターに話をしてもいいかどうか尋ねると、母親は承諾した。臨床家は、ぶたれるのもつらいし、ママが自分ではなく弟を抱っこしているのを見るのもどんなにつらいかわかるわ、と優しくピーターに話しかけた。少し状況が落ち着いてから、臨床家は母親に、ピーターにお行儀を教える方法として叩くことが有効だと思っていたのかどうか尋ねた。母親は悲しそうに「まだ効果はみられないけど、いつかきっと効果が出る時がくるわ」と言った。臨床家は、母親もこのように叩かれながら育ったのかと聞くと、母親はそうだと答えた。そこで臨床家が「それはあなたにとってどのようなものでしたか？　あなたが成長するためになったと思いますか？」と尋ねると、母親は「それで尊敬するということを覚えたわ。両親は怖かったけど、でも私は彼らを尊敬しているわ」と答える。臨床家は「あなたはピーターにも同じように感じてほしいですか？」と尋ねると、母親は「私はピーターに私を大切にしてほしいの。でも、私を怖いと思ってはほしくないわ」と言った。臨床家は「ええ、わかります。そうするための方法があります。ピーターくらいの年齢の子どもたちは、そうは見えないと思うけれど、ほんとうに親を喜ばせたいと願っているものです。親が認めてくれることをするのが大好きで、逆に親から認められない時にはがっかりするものなのですよ。もしあなたがピーターにあなたがどんなことが好きで、どんなことが嫌いかを伝えたら、彼はとてもよくそれを理解すると思い

ます。もしよかったら、私がいる時にまたピーターが何か望ましくないことをしたら、一緒にその方法を試してみて、効果があるかどうかみてみませんか？」

2．臨床家は親に体罰を用いる動機を尋ね、子どもには体罰を受けてどう感じたかを聞く。そして、体罰を引き起こす状況を親子それぞれがどう考えているのか対話するように導く。

事例　リサの母親は、リサが妹を汚い言葉で呼んだと言って、リサのおしりを叩いた。4歳のリサは何も言わず怒った目で母親を見た。母親はリサに「そんな目で見るなら、もう一回ひっぱたいたっていいんだからね」と怒って言い放つ。母親は臨床家のほうを向いて「私、ああいう顔が大嫌いなんです。憎たらしい」と言った。臨床家は母親に、リサを叩いた時、何を伝えたかったのかを尋ねると、母親は「私はこの子に汚い言葉を使わないよう教えたいんです」と答えた。臨床家がリサに「リサ、あなたはどう思う？」と聞くと、リサは「ママはおんなじ言葉を私に言うよ」と答える。母親は、リサはうそをついているのだと抗議する。臨床家は「あなたはママが使うのとおんなじ言葉を使いたかったのね。それなのに、そのことでママがあなたを叩いたから怒っているのね」とリサに話しかけると、リサは「うん」と言う。母親は「まぁ時々私もそういう言葉を使うことがあるかもしれないわ。でも私は大人で、あなたは子どもなのよ」と言う。臨床家は「なるほど。おっしゃりたいことはわかりました。ただ、リサにはわからないと思います。リサは、あなたを素敵だと思っていて、あなたみたいになりたいと思っているのです」と言った。

3．臨床家は、不適切な行動をすると望まない結果になるということを子どもに教えるための、体罰に代わる方法を提案する機会を見つける。

事例　3歳のジョーは母親のドレッサーの上によじのぼって落ち、頭を床に打ちつけ、危うくドレッサーが彼の上に倒れてくるところだった。母親はジョーのもとにかけより、彼をその場から引き離した。母親もジョーも、震えあがっていた。母親は怪我がないかどうか、ジョーの頭をよく調べ、数分でジョーを落ち着かせることができた。ジョーが泣きやむと、母親は「パドル（しつ

け用のへら）を持ってこなくちゃね」と言った。ジョーは飛び上がり、恐怖に満ちた目で母親を見ながら逃げ、何も言わず部屋の隅に立ち震えていた。臨床家は「ちょっとお話ししませんか？　ジョーはとても怖がっているようですね。彼を怖がらせずに教える方法が他にないでしょうか？」と母親に聞く。母親は手を止めるが、ジョーはパドルで叩かれても仕方がないと言う。臨床家は「ジョーを見てください。彼は落ちて頭を怪我しました。ドレッサーによじのぼったら、何かよくないことが起こる、それが彼が学ぶべきことだとは思いませんか？　落ちて頭を怪我したということ自体が、学ぶべきことだったのではないでしょうか？」と言う。母親はふっと力を緩め、ジョーに向かって言う。「いいわ、今日はパドルはなしにするわ。でも、二度とドレッサーによじのぼったりしないでね」。こう話している間、ジョーは震えながら、凍りついた目でじっと母親を見つめている。母親がパドルで叩かないと伝えると、彼はしだいにリラックスしていった。

4．体罰は道徳的に必要だという宗教や文化的信念を親が語る時は、臨床家は、暴力を目撃して育つ子どもたちは、特にその暴力をふるうのが自分の愛する人である場合、体罰で情緒的に打ちのめされてしまい、そこからは何も学べないということを説明する。

事例　3歳のサムエルは、机の上にあるおもちゃを取ろうとして、ガラスのコップを床に落としてしまい、コップが割れた。母親はサムエルを怒鳴りつけ、おしりを叩いた。母親がサムエルのしでかしたことについてガミガミ叱る間、サムエルはわんわん泣いている。臨床家は静かに耳を傾け、様子を観察する。臨床家はそれから、母親が壊れたグラスを拾うのを手伝い、水のこぼれた床をふくのを手伝った。少し状況が落ち着いてから、臨床家が「サムエルが何か間違ったことをした時、あなたはいつも彼を叩くのですか？」と尋ねると、母親はそうだと答えた。臨床家は「どうしてそうされるのですか？」と聞いた。母親は「私はキリスト教信者なのです。聖書には、むちを惜しめば子どもはだめになるとの教えがありますから」と答えた。臨床家は「なるほど、宗教はあなたにとってとても大切なのですね」と言うと、「ええ、ほんとうにそうです。私は週に3日は教会に行きますし、牧師さんにとても助けられています」と母親は答えた。臨床家は、どのような面で牧師が彼女にとって助けになっている

のかを尋ねた。母親は「私はシングルマザーで、この子には父親がいません。牧師さんは、息子にとって父親のようなものなのです。私がサムのことでどうしたらいいかわからない時、牧師さんが力になってくださるのです」と答えた。臨床家は、牧師も、むちを惜しめば子どもはだめになると信じているのかを尋ねた。母親は自信をもって「もちろんそうです。牧師さんがそれを私に教えてくれたのですから」と言った。臨床家は「ええ、聖書の教えについて牧師さんから学ぶことが、あなたにとってとても大切だということは尊重します。そのうえで、私が考えていることをお話しさせてください。牧師さんにも伺ってみるといいかもしれません。牧師さんは間違いなく私よりも聖書について多くを知っていますし、私はあなたに、宗教に相反することは何一つお伝えするつもりはありません。ただ、一つ、私たちが学んできたことは、両親の間での暴力をたくさん見て育った子どもたちには、しつけのために叩くというのは効果がないということです。叩かれると、子どもたちは、お母さんとお父さんが争っている時にどんなに怖かったかを思い出します。そして、再びものすごい恐怖感に襲われてしまうので、お母さんが教えようとすることは頭に入らなくなってしまうのです。彼らがそこで実際に学ぶのは、叩くのはいいことだということです。そして、彼らも暴力をふるい始めるのです。そうすると、自分は強いのだと思えるし、自分を防御することができるから、怖い気持ちが少し和らぐのですよね。私が心配しているのは、しつけのためにあなたがサムエルを叩くことで、つまりそれは彼も同じことをしていいという意味なのだと彼が捉えて、彼も人を叩くことを始めるかもしれないということなのです」と言った。母親は「そんなふうに考えたことは一度もありませんでした。牧師さんに、今あなたがおっしゃったことを伝えて、どう思われるか聞いてみます」と言った（次のセッションで、母親は、牧師が臨床家の提案に賛成したこと、また、自分は子どもを叩くのをやめると決意したことを報告した）。

5．**親が体罰を用いていることについて子どもの前で議論するのを親に失礼だろうと臨床家が思うなら、親と2人だけになってその話題を出せるタイミングを待つか、電話で話す予約を取るか、親だけの個人セッションをもてるように頼む。**

　事例　4歳のハリールの母親は、ハリールが母親のコップのジュースを飲

もうとした時、ハリールの手を叩いて、「これは私のジュースでしょう。自分のぶんは自分で持ってきなさい」と言った。ハリールはそれに従った。臨床家は、母親がハリールの養育に強い責任感をもっていることを知っていたので、ハリールが台所に行った隙を利用して、母親に言った。「もしかしたら、ハリールが学校で人を叩いてしまうのは、たった今起こったことと関係があるかもしれないですね。次回、ハリールが学校から戻る前にその話ができるように、私が少し早めに来てもかまいませんか？」母親は「いったいあなたが何を言いたいのかあまりよくわかりませんが、かまいませんよ」と答えた。ハリールが台所からジュースを持って戻り、臨床家にもどうぞと勧めたので、母親と臨床家は会話を終えた。

6．体罰に関して、母親と臨床家があまりにも異なる視点や価値観をもっていることが明らかになった場合、臨床家は、その事実を認めたうえで、合意の余地があるかどうか見るためにも、この体罰についての話し合いを続けることを提案する。

事例 15ヵ月のアメリアはカーペットにジュースをこぼしてしまった。母親は、さも当たり前のようにアメリアの手を叩いた。アメリアは何も反応しない。臨床家が、アメリアは叩かれても平然としているように見えると言うと、母親は「慣れているんですよ。何か間違ったことをすれば、私が叩くということを知っているんです」と言った。臨床家は、叩くとアメリアは悪いことをしないようになるかどうか尋ねた。母親は「もちろんです。私が叩けば、アメリアはもう同じことをしてはいけないんだなとわかりますもの」と言った。臨床家は「私は、子どもは混乱する時があるのではないかと思うのです。子どもはおそらく、何か間違ったことをしたということはわかると思いますが、どうやってそれを正せばいいかはわからないと思うのです」と話した。母親は「いえいえ、当然子どもはわかっていますよ。今だって、アメリアはもっと注意してジュースを扱わないといけないことがわかったはずです。そうでしょ、アメリア？」と強い口調で言った。アメリアはまじめな表情でうなずく。母親は臨床家に「ね？　言ったでしょう。この子はわかっているんですよ」と言った。臨床家は「どうやら、これについては私たちの物事の見方が異なるようですね。私は、アメリアはあなたを喜ばせようと一所懸命頑張っているように思います。

でも、彼女は気をつけてジュースを扱うにはどうしたらいいのかはわかっていないと思います。今後もこのことについて話し合いを続けて、お互い何を考えているか確かめてみませんか？」と伝えた。母親は「かまいませんよ」と言った。

7．臨床家が、親に対してこみあげてくる強い怒りや反感で自分がいっぱいいっぱいになる時には、ただちに行動に移すことは控え、自分の心のプロセスに取り組み、情緒のバランスと感情の調節が図れるよう努める。

　事例　2歳6ヵ月のチャーリーは、母親に台所から何かを持ってくるよう頼まれても、ぐずぐずしていた。母親は、チャーリーは全然言うことを聞かない、それどころか、わざと私を困らせようとしていると怒鳴り、怒ってチャーリーを強くひっぱたいた。チャーリーが泣いていると、母親は、ただ怖がっているふりをして気を引こうとしている、と彼に言っている。臨床家は、母親への怒りがこみあげてくるのを感じた。この母親とは何ヵ月にもわたり、幼児は言われたことをいつでもすぐにできるわけではないということを母親がわかるように支援し続けてきたのだ。臨床家は、母親に向かって、あなたはなんて卑劣で意地悪なのか、もうあなたと関わるのは疲れたしうんざりだと、怒鳴ってやりたい衝動に駆られた。臨床家には、自分がその母親に悪態をつきながら部屋をあとにする姿がはっきりと見えた。臨床家が心の中のそうした気持ちと葛藤している間に、母親はチャーリーを叩いたことを悔やんでチャーリーに謝っている。それでも臨床家の怒りは収まらず、今頃謝っても遅すぎるし、なんてひどい母親なのか、と母親に言っている自分の姿が目に浮かんだ。同時に、臨床家は「目で見える母親の姿がすべてでないってわかっているでしょう。もっと冷静に考えるのよ。なぜ彼女が私の前でそんなふるまいをするのか理解しようとしなくては」と自分自身に言い聞かせ続けている。2分ほど経っただろうか。臨床家は、これまでのセッションで母親がよく話していた底知れぬ感覚を思い出した。この母親が抱えている無能感、つまり、何にも値しない人間だという感覚だ。臨床家は母親に「怒りの感情ってとても激しくて生々しくて、チャーリーに対してどれくらい我慢ができるか、自分でもわからなくなる時があるものですよね。そしてそんな時は、あなたはものすごく自分を非難してしまいますよね。でも、あなたはチャーリーを傷つけたくない自分に立ち戻れるこ

とを忘れないことが大事です。そして、チャーリーにも、あなたはチャーリーを傷つけたいわけではないのだということを忘れないように、いつも思い出させてあげることが大切です」と言った。それからチャーリーに向かって、臨床家は「あなたのママは一所懸命あなたを叩かないように学んでいる最中なの。でもね、学ぶということは、とても時間がかかることがあるのよ」と話す。チャーリーは、まるで理解したとでも言うように悲しげにうなずく。母親の目は涙でいっぱいになり、そして優しくチャーリーに話しかける。「そう長くはかからないようにするからね、私のかわいいチャーリー」

8．さまざまな介入方法に親が反応しない場合は、臨床家は丁寧に、しかし毅然として、身体的暴力は子どもが親に抱く敬意に悪影響を与えるし、健康的な発達を阻害するので、子どもを叩かないように、また、体罰を用いないように伝える。

　事例　母親は、自分の子どもが小生意気な態度をとった時にいかに「大声で怒鳴った」か、を微に入り細に入り満足気に語っている。臨床家はこれまで試してきたありとあらゆる機転のきいた介入もうまくいかなかったことを十分自覚しながら聞いていた。この母親は必ずしもいつも臨床家のアドバイスに従うわけではなかったが、臨床家の適切な判断を信頼している。臨床家は、そんな母親といい関係を築いていると感じてきた。子どもは隣の部屋にいて、ここでの会話は聞こえていない。臨床家は、子どもの前で母親に恥ずかしい思いをさせることなく、反対意見を述べることができると思った。臨床家は言った。「アデラ、以前にも話したことなのだけれど、どうしてもあなたに伝えなければならないことがあります。叩くことはいけないことです。あなたは、モニカに生意気な態度をやめさせるために、他の方法を見つける必要があります。そうでないとモニカは、自分はまったくだめな子だと思うようになるでしょうし、あなたへの敬意も失ってしまいます」。母親は心の底から笑い声をあげ、こう話す。「もし私があなたの言う通りにしたら、あの子が10代になった時、あなたがあの子に言うことを聞かせてくれるの？　また来て、あの子にルールを守らせてくれるというの？」臨床家もまた笑いながら答える。「あなたがこれからも叩くのを繰り返せば、もっと私のことが必要になりますよ。モニカは手に負えない10代の子になるでしょうし、そうなった時、あなたはどうやって止め

るつもりですか？　あなたより力も強いでしょうし、動きも素早いでしょうから、あなたを叩き返すかもしれませんよ。10代のモニカに言い聞かせる時にも役に立つ方法を、今から探していかないといけないのです」

領域8　親が子どもを見下したり、脅したり、非難したりする時

　親が自分の子をバカにしたり、あざ笑ったり、厳しく非難したり、脅したりすると、子どもの心はひどく傷つけられることになる。このような親の言動は、治療のむずかしい課題となる。臨床家は、親を非難して子どもの味方をしているかのようには見られたくない。しかし、はっきりさせないでいると今度は、親と結託しているかのようになってしまったり、親の非難がひとまず「一理ある」とか、脅しが正当だとかを認めているかのようになってしまい、結果として、子どもの気持ちを追いやり、感情的に孤立させてしまうことになる。

　できれば、臨床家は、親の怒りと不満にしっかりと目を向け、共感を示すと同時に、子どもが親に対して抱く恐れや不安にも共感的に寄り添う対応をする必要がある。全体として、親と子の間に少しでも心が通い合うあたたかな雰囲気を作りたいという姿勢が伝わればよい。そのためには、臨床家は、感情的に親と子の中立の立場にいなければならない。そして、子どもの苦しみに理解を示すとともに、怒りや厳しさでごまかしてはいても、親もまた傷つき、痛みを抱えているのだということに気づかなければならない。

　親または子どもという個人を介入の対象としているのではなく、親子関係に焦点を当てているのだということを覚えておくとよい。親子関係のむずかしい場面に出くわした時、臨床家の心の中が不安で混乱している状態であったなら、何も行動を起こさないでよしとする必要がある。もちろんそれで満足していてはいけないが、子どもを守ろうと悪あがきをしてやみくもに親に食ってかかるなど、怒りに任せて介入するよりは、ひとまず何もしないほうがよい。

　どのように介入するかを決めるうえで、その週の間やセッションの前に起こった出来事を知ることが重要であることが多い。理解しがたい、または道理に合わないように見える行動も、実生活でその人に何が起こったのか、どのような気持ちでいたのかがわかると、ふいにその行動の意味が見えてくる。前回のセッションから今日までに何が起こったかを具体的に尋ねることで、物事の前後関係が見えてきて、なぜ親が怒るのか、なぜ子どもが反抗的で気むずかしく、攻撃的で、手に負えないような行動をとるのかがわかってくるのである。

以下の項目は互いに重複するものもある。セッションの流れの中で、臨床家は、最初にある方針をもって臨み、その後、経過を見ながら別の方針を立てたり、それを実行したりしていく。介入というのは「サウンドバイト（sound bites）」ではない。介入とは、関わる者皆が協力して行う作業の一部分である。介入することで、親子がより互いに親しみを感じ、しっくりいくやりとりができるようになり、激しい感情を穏やかに伝えられるようになり、そして、どうしようもなく湧き起こってくる気持ちを調節し、調整できるようになることを目指している。あらゆる介入に共通する重要な目標は、代わりとなる適切な行動を見つけられるよう、皆が納得できる計画を立てることである。もちろん、この目標はある一回ごとのセッションや一度の介入で達成できるわけではない。しかし、臨床家は、その親子が、より安全で、快適で、楽しい、具体的な行動を見つけ、練習していくためのどのような機会も逃さずに関わっていく必要がある。

【糸口と臨床例】

1. 親が子どもを厳しく非難する時、臨床家は、できるだけ、まず親の怒りといらだちに共感し、それから、その子の行動がなぜこのような反応を引き起こしたのかを探っていく。そうする中で、臨床家は、子どもの行動について、母親が思っているのとは異なる、よりバランスのとれた見方を伝える。つまり、親が気づいていない子どもの行動の動機を示唆したり、その子の反応が発達的に妥当であることを説明したりしながら、子どもの行動やその行動に対する親の捉え方を見直していくことになる。

　事例　リサと母親は、母親のボーイフレンドがさようならも言わずに出ていったことについて話していた。母親は1週間落ち込み、仕事に行くのもやっとで、帰宅すると機嫌が悪く疲れきっていたという。4歳になるリサは悲しそうにしている。母親はそれに気づき、リサの背中を撫で始める。リサは母親が撫でやすいように母親に近づいてもたれかかった。母親はままごと道具で遊び始め、リサを引き入れようとする。リサを軽くくすぐって機嫌をとり、ごちそうを乗せたお皿を手渡すが、リサはそれを受け取らない。リサはぐずり始め、母親に命令口調でもっともっと背中を撫でてと言う。すると、母親の共感的ムードが突然変わり、「ぐずぐず言わないの！　ちゃんと言葉で言いなさい。も

う撫でません。さっ、遊びましょ」と叫んだ。リサは大声で泣き始めた。母親は臨床家のほうを向き、「わかりましたでしょう？ あの子はきりがないんです。いつでももっともっとって」と腹立たしげに言う。そしてリサのほうを向いて「ずっとあなたの背中を撫でているでしょ。もううんざりよ」と言った。臨床家は、問題はリサの背中を撫でることではなくて、何か別のことだったようだと言った。リサは寂しくがっかりしたのだろうけれど、原因は背中を撫でてもらうことではなかったようだ、と。母親の怒りは消えて、穏やかに「リサ、寂しいのはわかるわ。あの人がいなくなったからだってこと、わかるわ。お膝にいらっしゃい」と言った。リサが母親の膝に座ると、母親はリサを抱きしめた。リサが母親にキスをし、母親も返す。明らかに母親に癒された様子で、リサはおとなしく座った。臨床家が帰る時、母娘は手を取り合ってドアに向かった。

2．臨床家は、子どもが親から非難されたりバカにしたような呼び方をされたりするとどんなふうに感じるかを指摘する。真剣に、かつほんとうにそのことに関心がある様子で怒らずに伝える。

事例 5歳のガブリエルと母親にとって、今日はさんざんな日だった。ガブリエルは2歳の妹をショッピングカートで追いかけ、妹は駐車場に走り出てしまい、ちょうど出てきた車に危うくぶつかりそうになった。その日の出来事について詳しく話しながら、母親は「あの子は父親そっくり。『Evil Seed』という映画を覚えていますか？ 時々私、ああいう映画に出てきたような子を産んだのではと考えるのです」と話す。母親が話していると、ガブリエルは妹に近づき叩いた。「妹を叩くのやめなさい！ あなたに殺されてたまるもんですか！」と母親は叫んだ。ガブリエルはそこを離れて、赤ちゃん人形を引き裂き始めた。「ガブリエル、君は、ママにあんなふうに言われるとどんな気持ちになるかをやって見せているんだね」と臨床家が言う。沈黙が流れる。続けて臨床家は「ママにあんなふうに言われると、君がとても頭にくるのがわかるよ」と言った。すると、母親は「私はあの子が私たちを殺すって言いましたよね？」と言う。臨床家は「私にはそう聞こえましたし、ガブリエルにもそう聞こえました。子どもは母親が言ったことを真に受けてしまいます」と言った。母親は「私は、あの子がまだ小さな子なのだということを時々忘れてしまうの

です。あの子を見るとどうしてもあの子の父親を思い出してしまうのです」と言う。臨床家は「ガブリエル、ママは君がまだ小さいということを忘れちゃう時があるんだって。ママはパパに怒っていて、つい君にも怒ってしまうのだけれど、君はまだ小さいんだから、どうしたら妹を傷つけないで済むかを覚えればいいんだよ。私がここへ来て、君がまだ小さな子なんだということをママに思い出させてあげる。君も怒りや怖い気持ちをどうしたらいいかわかるようになるよ」と言う。

3．臨床家は、親からの非難を子どもがどう受け止め、言葉を使わずに反応しているかをわかりやすい言葉で親にも子どもにも支持的に、共感的に話をする。

事例 臨床家は家庭訪問を早く切り上げなければならなかった。というのは、そこの家で新しく飼った猫に、臨床家の身体がひどいアレルギー反応を起こしたからだ。3歳のジョシュアに、自分が猫で具合が悪くなったので家に帰らなければならないと説明すると、ジョシュアは大声で泣き始めた。泣きじゃくりながら、臨床家にもっと遊んでほしいと言う。母親が「まったく泣き虫ねぇ！　やめてちょうだい！　先生は家に帰らなければならないの！　もうおしまい！」とジョシュアに叫んだ。臨床家はジョシュアに近づき「ジョシュア、私がおもちゃを持って帰ってしまうのがとても悲しいのね。もっと長くいると思ったのよね。なのに私が気分が悪くなって帰ることになってごめんなさいね」と言うと、ジョシュアは泣きやんだ。そこで、臨床家は「どこか猫で気分が悪くならずにみんなで会える場所をお母さんと探しておくからね」と付け加えた。「来週またおもちゃを持ってくるから、そうしたらまた遊びましょう」と言うと、ジョシュアはうなだれて静かにおもちゃを片付けるのを手伝う。母親は臨床家に「なるほどね。ジョシュアの気持ちを察して、本人にその気持ちに気づかせたわけですね」と言う。臨床家は母親に「ジョシュアが自分の気持ちと向き合うことはよいことだと思われますか？　つまり、すぐに泣きやまなくてもいいかということですけれど？」と尋ねる。母親は笑って「もちろんですよ。ジョシュアは自分が何を感じているかをわからなくてはならないし、私はそれを止められないもの——いえ、止めるべきじゃないのよね。自分がしていることがわかりました。そう、それでいいのよ」と言う。臨床家は母親に

「ジョシュアは今言ったことをあなたから直接聞きたがっていると思いません？」とさりげなく言った。母親はジョシュアに「怒鳴ってごめんね、ジョシュア。もちろん先生が帰るのが悲しいのよね。でも、先生が猫で気分が悪くならないような遊ぶ場所を見つけるから。みんなでまた遊べるわ」と言った。

4．臨床家は会話に子どもも入れて、子どもの経験したことについて話し、親が何を非難しているのかを子どもにわかりやすい言葉で言い換える。そして／または、親子の間で実際に起こったことについて話し合えるよう促す。

事例　リンダの母親は、セッションが始まるや否や、子どもに腹を立てているのだと言った。母親が娘をにらみつけると、5歳のリンダは無表情で下を向き、膝を見つめている。母親はリンダに何があったか話しなさいと言った。でもリンダは黙っている。臨床家は、母親がリンダに激怒しているのだから、何が起こったかは母親が話したほうがいいだろうと言う。母親は、リンダの担任から聞いたことを説明し始める。リンダが男の子と「おうちごっこ」をして、その子を自分の上に乗せようとした。男の子はやりたくないと言ったが、リンダが無理やりさせようとしたため男の子が泣き出し、先生が止めに入ったということだ。母親が怒った様子で、「リンダ、ママが話している時はこちらを見なさい」と言っても、リンダは相変わらずうつむいたままでいる。臨床家が「リンダ、ママが何を言っているかわかる？」と尋ねると、リンダは臨床家に近寄り、その胸に顔をうずめて、うん、とうなずいた。臨床家はリンダに、ママはリンダが男の子を自分の上に寝かせようとしたと聞いてとても動揺しているのだと伝えた。するとリンダは「わかってるわ、でもどうしようもないの。頑張ったけど、仕方ないの」と言った。

母親は、まだ怒ってリンダを見ている。臨床家はリンダに「どうしようもない気持ちはわかるわ」と言うと、リンダは「みんな私にすごく怒っているの」と言った。臨床家はうなずき、それから少しの間、皆黙って座っていた。それから臨床家は「大人は、子どもにはしてほしくないことがあるの。それを子どもがするのを見るのはつらいものなのよ」と言った。リンダはうなずいて黙っていたが、またうつむいて膝に目をやり「ママとK（母のもとのボーイフレンド）がベッドで裸ですごく大きな声で喧嘩して、ママがナイフを持っていて、

警察が来ると、ママが私にベッドに入ってなさいと言って外に出ていったの」と言った。

　母親は目を見開き、何も言えなかった。臨床家は、それはものすごく怖かったに違いないと言った。リンダは「あの人がママを傷つけるんじゃないかって怖かったの。今も毎朝幼稚園に行く前にあの人を見ると私は怖いの」と言った。母親は「リンダ、それはうそよ。もう彼には長い間会っていないでしょ」と言った。リンダはまた膝に目をやると、目に涙が溢れてきた。臨床家が、こんなにも動揺する出来事について、リンダがうそをつくとは思えないと優しく言い、リンダが考えていることについて、何か思い当たることはないかと母親に尋ねた。母親は、しばらく前に自分たちが幼稚園へ行く道すがらよくKに会って話していたが、それは、彼がリンダの妹の父親であり、自分の娘に会うのは当然だと思っていたからだ、と説明した。リンダは母親の説明を遮り、自分はKがママを傷つけるのではないか怖かったのだと言った。母親はきっぱりと「リンダ、彼はそんなことしないわ」と言う。臨床家は「でもリンダは絶対大丈夫と思えるはずはないですよね。リンダは過去にKがあなたを傷つけたのを見て、とても不安なのです。彼が前とは違うとどうして思えるでしょう？」と言った。リンダは大声で泣きじゃくり始めた。

　母親は、そのことがそれほどリンダを動揺させていたとは思わなかったし、それはずっと前に起こったことなのに、と言った。臨床家は母親と娘の両方に向けて、それはリンダの心にはとても大きなことで、とても動揺したのだと話した。そしてリンダのほうを見て、リンダが、通園途中でそのことがとても心配になるので、幼稚園でそのことを考えてしまい、幼稚園に着くと記憶にあることをやってしまうのだ、と付け加えた。リンダはしだいに泣きやみ、沈黙が流れた。臨床家が母親に、どうしたらリンダがそんなに心配しなくてもよくなるだろうかと尋ねると、母親は「それは簡単なことよ、道でKを見かけても立ち止まらなければいいのよ」と言った。臨床家はリンダに、それでいいか尋ねると、リンダは「いいわ」とうなずいた。臨床家は、リンダにとって大事なのはそのことを心から信じられることだと言った。母親はリンダに決して立ち止まらないと約束し、リンダがそのことでどんなに怖かったのかがよくわかった、と伝えた。臨床家はリンダにこれでどうかと尋ねると、リンダはうなずいた。母親がリンダに安心したかと尋ねると、またうなずいた。

5．人を傷つけず、社会的にも不適切ではない感情の表し方を親も子も見つけられるように、臨床家は親子を支援する。

　事例　4の事例で、母親がトイレに行っている間に、リンダは臨床家に言った。「でもね、私があの男の子と遊んだことをママはまだすごく怒ってるの」。
　臨床家は、おそらくそうだろうねと答え、そのことについて話すのはいいことだね、と言い添えた。さらに、ママが心配するのは、リンダがした遊びは他の子を怖がらせてしまうし、リンダ自身もそれで困ったことになって怖い思いをすることになるとわかっているからだよ、と臨床家は言った。リンダはうなずいた。そこで、幼稚園やよその場所で男の子を上に乗せないように気をつけなくてはならないけど、でも、人形やおもちゃの動物を使って同じ遊びができるし、ここで一緒に遊ぶこともできるよ、と臨床家は提案した。リンダは「ママはいいよって言うかな？」と聞いてきた。臨床家は、ママが戻ってきたら聞いてみようと言った。提案した遊びをやってみることについてどう思うか尋ねると、やってみようかなとリンダは静かに答えた。母親が戻り、臨床家がここまでの会話と遊びの計画を説明すると、母親は賛成した。
　次にリンダがトイレに行って席を外している間に、母親は、リンダと妹を幼稚園まで送っていき、車から降ろそうとすると2人ともひどく泣き叫ぶのだ、と話した。
　それを聞いた臨床家は、母親が子どもたちに「行ってらっしゃい」とも言わずに急に幼稚園の前で降ろし、行ってしまうのだと幼稚園の先生が不満を述べていたことを思い出した。すぐに臨床家は、子どもにとって気持ちを幼稚園へ切り替えるのはむずかしいこと、そして、リンダが登園中にどれだけ不安な思いをしているかを自分たちはついさっき知ったばかりだけれども、妹も不安なのだろうということを母親に伝えた。そして、しばらくその場にいてあげて、「行ってらっしゃい、幼稚園が終わる時、迎えにくるからね」と子どもたちに言ってあげると、子どもたちはとても安心できるだろうと提案した。そうすれば、子どもたちはあまり不安にならずに母親を見送ることができるだろう、と。
　母親は「ちょっと考えてみるけど、やってみるわ」と言った。

6．臨床家は、親の行為に対して自分が感じたことを言葉にするよう子どもを励ます。

事例　4歳のヤエルが「ママが私の指を切っちゃうって言ったの」と言う。臨床家は驚きを示し、何が起こったのか知りたいと伝えた。母親の説明によると、母親の母国では、昔は物を盗んだ人は罰として指を切られたものだ、と甥に話していたことがあった、と言う。そして、ヤエルの指を切るなどとは一切言っていないと強調した。臨床家が、指を切られてしまう恐怖についてヤエルに尋ねると、「ママは、私が悪い子だと指を切るのよ」と言う。ヤエルは話をしながら机の下に隠れた。臨床家は、ヤエルが保育園で他の子の棚からものを取って問題になっていたことを思い出した。そして、机の下をのぞいて「あなたは保育園でお友達の棚からものを取ったことでママが怒ったから、指を切られると思っていたの？」と聞くと、ヤエルはそうだとうなずいた。臨床家は、母親に、ヤエルがとても怖がって机の下に隠れているようだと伝える。母親は困ったように笑い、ヤエルにそのようなことは絶対しないと伝えた。そして机の下に手を伸ばすと、ヤエルに自分の膝に座るように言った。ヤエルを抱きしめながら、母親はヤエルを怖がらせてしまうとわかったから、二度とあの昔話はしないと言った。臨床家は賛成し、ヤエルの年齢くらいの子どもは現実と物語を混同してしまうことがあり、物語がほんとうのことで、自分にも起こるかもしれないと信じてしまうことがよくあるのだと話した。

7．**親がどの介入方針にも反応しない場合、臨床家は丁寧に、かつはっきりと、子どもに悪影響があるので批判的な言葉を使って話をしないように、と親に念を押す。**

　事例　2歳のサンディは不器用なところがある。ものにぶつかったり、持っているものを落としたり、年齢相応の粗大運動の習熟が遅い。サンディの母親はとても運動神経がよく、不器用な娘を恥ずかしいと感じて「のろま」と呼ぶようになってしまっている。臨床家はそのことを話題にしようとするが、母親は関心がないようだ。あるセッション中、サンディがおもちゃに足をとられて転び、コーヒーテーブルに頭をぶつけた。サンディはちょっと泣いたが立ち直り、また動き続けた。母親が「のろまだからそうなるのよ」と言った。臨床家は「お母さん、サンディがもっと機敏になってほしいと思っているのはわかるけれど、子どもにはそれぞれの発達速度があるんです。今後ぜひのろまと呼ぶことは一切やめてください。サンディはあなたが言うことをそのまま受けと

めますから、あなたのつけた呼び名はサンディに、自分はのろまなのだという意識を植えつけてしまうことになりますよ。サンディは自分は一生のろまなのだと思うでしょう」と言った。母は「そうなんですか。あなたはあの子がのろまじゃなくなる可能性があると思います？」と言う。臨床家は「もちろん変わると思います。たとえそうでなかったとしても、サンディは自分がいやになることもあれば、しっかりそれを受けとめて、自分ができる他のことに喜びを見出せるようにもなれるのですよ」と言った。母親は何も言わなかったが、考え込んでいるようだった。

領域9　加害者（別居中の親）との関係

　目の前で親同士のDVを目撃し、さらに父親が家を出ていく、ということを経験した子どもは、自分の愛着対象が互いに暴力をふるうことと、それに続き親のどちらか（大半は父親である）を失うこと、という二重のストレスにさらされる。愛着理論の観点からみると、母親が暴力をふるわれ傷つくのを目にすると、子どもは、頼りになる保護者として母親を心から信頼することがむずかしくなる。子どもが最も母親にそばにいてほしくて、かまってほしくて、大丈夫よと安心させてほしい時に、母親は身体も心も疲れきっていて、身の危険にさらされていることもあるかもしれず、子どもの要求に応じることができない。加害者がその子にとっての愛着対象である場合（例えば、父親や義父、もしくは、母親が暴力的な場合も）、子どもの心の中の親表象は、愛情と恐怖とに引き裂かれてしまう。DVにさらされた幼い子どもは、暴力的な親の内的表象を、安心感や保護を与える安全基地として形成し、維持することはできない。反対に、親の保護に頼りたいという強い望みを子どもに抱かせながら、同時に子どもを脅かしてしまうのは親なのである。生後1年というのは、乳児が愛着を形成し確立する時期である。その時期に出ていった親を、数日、時に数週間もの間記憶に留めておくのは、乳児にとってさらに負担となる。たまに再会するたびに、情緒的にも認知的にも親とつながり直さなければならず、それは子どもの情緒的、認知的資源に重い負荷をかけることになるのである。

　自分の親に愛情深く保護的なイメージを持ち続けるためには、子どもは、直面する状況の変化に応じて過酷な対処方法をとらざるをえない。例えば、子どもが父親と過ごす時は、父親の暴力の記憶を封印し、悪いのは母親なのだという見方をするであろうし、母親と過ごす時は、その逆だろう。結果として、

DVを目撃した子どもは、互いに防衛的な役割を果たし合う異なった感情を体験することになる。その感情には、不在の父親への思慕や、父親への恐れ、そして、加害者である父親への同一化による模倣、が含まれている。母親に対しては、恐怖や怒り、責める気持ちを抱き、それらは母親を失う恐れと母親の保護を失う恐れと共存する。父親と母親が互いに責め合い、子どもに愛と忠誠心と承認を求めて、それぞれが自分の考えに味方するように家族ドラマに子どもを引きずりこんで張り合うと、子どもの葛藤はよりいっそうひどくなる。

　介入の目標は、子どもが虐待をする親との関係を心理的に克服できるように、現実的な両価的感情（アンビバレンス）をもてるようにすることである。言い換えると、子どもが、虐待をする親について、よりバランスのとれた統合された内的表象を築くことができるように、臨床家が努めることである。それはすなわち、暴力をふるう親が、自分に愛情と恐怖と怒りを同時に生じさせることを、子どもがはっきりと認識できるようにすることである。この目標は、暴力的な父親との関係同様に、暴力的な母親との関係においても適用できる。というのも、暴力を受けた女性たちの多くが、自分もまたパートナーに暴力的で、子どもにも体罰を与えていると報告しているからである。

　ここでは、暴力をふるう別居中の親（多くは父親）への子どもの葛藤的感情に焦点を当てる。母子の身の安全が妨げられない限り、今現在の父子関係を良好なものに支援することは重要だからである。そのためには、別れたパートナーへの母親の感情にも向き合い、その感情をどのように子どもに伝えていくかを考えることが必要である。つらい離婚を経験する母親たちには、親子関係と夫婦関係とを切り離して考え、子どもと父親の関係を尊重すべきだということを念頭に置くよう促していかなければならない。DVによりトラウマを受け、怯え、抑うつ的な母親は、夫婦関係と親子関係との区別がよりいっそう曖昧になりがちである。

　同時に、母親が暴力をふるわれた事実は正しく認識されるべきである。夫から暴力をふるわれた女性の多くは、わが子が暴力的な夫である父親と過ごすことに気が進まない。というのも、父親が子どもにも危害を加えるのではないかと心配になるし、また、父親が子どもに歪んだネガティブな母親像を植えつけ、子どもが母親に怒りや不信感を抱くのではないかと不安になるからである。こうした恐れは、母親がパートナーから暴力を受けてきたケースでよくみられることである。決してその恐れを軽視したり、父親から子どもを遠ざけるために

母親が操作しようとしていると決めつけたりしてはならない。子どもに対する父親の気がかりな行動について母親から話がある時には、真剣に考慮する。その行動をきちんと評価し、対処していくために、適切な法的手段につなげるべきである。臨床家が心に留めておくべきことは、DV は児童虐待と一緒に起きることが多いこと、そして、パートナーを虐待する人は、子どもを虐待する父親でもあることが多く、そして／もしくは、次の新しいパートナーにもまた、子どもの見ている前で暴力をふるうことがよくあるということである。子どもと母親の身の安全を何より最優先に考慮すべきで、現在父親の暴力や不適切な行動が続いていることが明らかな場合には、臨床家は、母親が自分と子どもの身の安全を確保できるように迅速に対応しなければならない。

　暴力をふるわれた女性の中には、虐待するパートナーに愛情を持ち続け、相手が変わってくれて、自分たち家族がまたもとのように戻れるのではないか、という希望を心に抱き続ける人がいる。こうした希望は、暴行の記憶がはっきり思い出されていくにつれ、今度は突然激しい怒りと恐怖に変わることがある。この突然の変化は、母親のトラウマが長引いていることを反映している。臨床家は調停で賛成の立場も反対の立場もとらない。これは、最も重要なことである。臨床家の役割は、母親がどのような人生の決断を下すべきかを決めることではない。それよりも、母親が臨床家に語る中で示す多様な感情をともに探り、母親の体験が子どもに及ぼす影響に注意を払えるように促し、そして、安全が確保される意思決定をいつも支持することが、臨床家の役割だといえる。

　父親や加害者が見立てや治療に参与してきた時にも、この治療的態度を崩してはならない。そのためには臨床家が、暴力の詳細とそれにより家族が受けた苦痛をはっきりと覚えておくと同時に、そして常に暴力的なパートナーのよい面についての認識も見失ってはならない。その子と母親が父親に対する現実的な両価的感情（アンビバレンス）をもてるには、まずは臨床家自身がそれができねばならないのである。

【糸口と臨床例】

1．子どもが暴力や怒りを伴う怖い場面について話し始めた時には、臨床家は、母子の対話を促し、何が起きたのか、どのような気持ちだったのかを話し合えるようにする。

事例　セッションに先立ち、ダーリアの母親から連絡があり、その前日、夫婦関係をやり直すことを拒否したために、別居中の夫に叩かれたという報告があった。セッション中に臨床家を驚かせてしまうことのないようにとの母親の配慮からだった。セッションが始まると、臨床家は5歳のダーリアに、母親から何か怖いことがあったと聞いたことを伝えた。ダーリアはうなずいた。臨床家は何が起きたのかと尋ねた。ダーリアは「パパがおうちに来て、ママにご飯を作ってほしいと言ったの。ママは疲れてベッドに横になってたの。あたしはママが寝ている部屋に行きたかったけれど、パパは台所にいなさいって言って2階に上がっていったの。あたしがママの部屋に行ったら、ママの貯金箱が壊れて床にバラバラに散らばっていたの。パパはママのことをバシッと叩いてた」と話した。臨床家はそれからどうしたのかを尋ねた。ダーリアは「あたしは泣いて、警察を呼ばないで、ってママに言ったの」と言った。臨床家がその意味について尋ねると、ダーリアは「パパに刑務所に行ってほしくなかったから」と答えた。臨床家は、それからどうなったの？　と尋ねた。ダーリアは「パパがママに出ていけ、と言って、それからママの服を階段の下へ放り投げ始めたの。あたしはママがいなくなるんじゃないかって怖くなったの」と答えた。臨床家が母親に、ダーリアが言ったことについてどう思うかを尋ねると、母親は「ママは決してあなたを置いていなくなったりしないわよ、ダーリア。パパがママを傷つけるから、ママはパパを追い出したの。でも、もしママがどこかへ出ていくのなら、必ずあなたを連れていくわ」と言った。ダーリアはうなずいた。臨床家はダーリアにもう少し話をしてくれるように頼んだ。ダーリアは「あたしは洗面所にタオルを取りにいったの。ママの涙をふくためよ。ママはものすごく泣いていたんだもの」と言った。臨床家が「あなたはママの気分がよくなるように一所懸命だったのね。あなたはどうだったの？　あなたも泣いてたの？」と尋ねると、ダーリアは言った。「あたしがママのために洗面所にタオルを取りにいった時、自分の涙もふいたの。アタマがこんなふうになりそうだったんだもの（自分の額の前で指を動かしてみせる）」と言った。臨床家が、それはどのような感じなのかと尋ねると、わかんない、とダーリアは答えた。臨床家が「アタマがいろんな考えでいっぱいになっちゃった？」と尋ねると、ダーリアはそうだ、と言ったが、でもどんなことを考えていたのか何も思い出せないと付け足した。「それがどんな感じだったか思い出せないの」と。その後もう少し話をしてから、臨床家は母親にダーリアに今後のことを話

しておいてはどうかと提案した。母親はダーリアに、父親は刑務所に行かないこと、でも家からは遠いところにいて、もう二度と家に来て母親をどこかへ連れていこうとはしないことを話した。ダーリアがこれからも父親と会い続けられるように、何かいい方法を探そうと思っていることも伝えた。ダーリアは悲しそうだった。臨床家は、母親はいろいろな方法を試してみたけれど、どれもうまくいかず、ただもう怖い思いをするのだけはいやなのだ、と言った。ダーリアは「ママが怖い思いをするのはあたしもいや。ママは昨日も怖い思いをしたもの」と言った。大人２人はそれに同意した。ダーリアはさらに「パパはトラブルのもとになるの。パパのことは大好きだけど、お酒を飲みすぎるし、パパがいるとたくさん問題が起きるのよね」と言った。

２．不在の父親について子どもが話す時、状況を誤解しているようであれば、臨床家は母親に、子どもの考えていることをよく聞き、子どもの誤った認識を正すように促す。もし母親ができなければ、臨床家が代わりに行う。

事例　臨床家が家庭訪問した時、４歳のシルビアは裏庭でボール遊びをしていた。しばらく一緒にボールを投げ合って遊んでいると、突然、シルビアが「お父さんは死んだのよ」と言った。臨床家はシルビアの父親は死んでいないと思うけれども、長い間父親が連絡をくれなければ、シルビアがそう思ってしまうのもわかると答えた。部屋に戻ると、シルビアは母親に紙と鉛筆をもらい、「お父さんに手紙を書くわ」と宣言した。紙いっぱいに思いつくまま文字を書くと、「お父さん、今どこにいるの？　どうして私を迎えにきてくれないの？」と大声で言った。そして突然しゃべるのをやめると、スケート靴を履き、シルビアは部屋から出ていった。シルビアがいない間に、臨床家は、シルビアが父親は死んだと思っていることを母親に伝えた。父親が長い間子どもに会いにきていないのだと母親は悲しそうに語った。スケート靴で戻ってきたシルビアに、臨床家は言った。「お父さんを探しにいったのね。たった今、お母さんから、お父さんは死んでないと教えてもらったところよ。でも、お父さんがシルビアに会いにくることはもうなさそうだから、こんな悲しいことはないわねって話していたの」。シルビアは言った。「今から私が言うように、手紙に書いてね。お父さん、今どこにいるの？　私のこと、僕のかわいいお姫様って呼ん

でたじゃない。お父さん、どうしてお月様へ行っちゃったの？」

3．子どもが親のどちらにもそれぞれ愛情を示す時、臨床家は、そうした矛盾した異なる感情をもってもよいのだと子どもを安心させ、できれば母親の力を借りて、両方の親を同時に愛してもよいのだと伝える。

事例 面談に来た時、カリーナの母親は珍しくピリピリした様子で、カリーナにいらついているようだった。臨床家がそのことに触れると、母親は、この1週間とても疲れていて、しかも、今日ここへ来る前、保育園にお迎えにいったら、カリーナに砂を投げつけられたのだと言う。臨床家は、4歳のカリーナに、お母さんに砂を投げるなんて、何かあったのかと聞いた。カリーナは気まずそうに笑った。母親は、カリーナがこの1週間何度もかんしゃくを起こしたが、それは、父親と会った日曜日から始まったと言う。その日、カリーナはなかなか父親と別れようとしなかったと。臨床家はカリーナに「あなたはほんとうにお父さんがいなくて寂しいのね」と言った。カリーナはうなずいた。臨床家は「お父さんのことが大好きで、お別れを言うのはつらかったのね」と続けた。すると母親が不意に、カリーナは父親とジャングルジムで遊びたかったのだが、時間切れで遊べなかったのだと言った。そして、父親がカリーナを連れて戻ってきた時、10分間近くも、父親は母親を怒鳴りつけていたのだと付け加えた。おそらく、母親がカリーナを父親から引き離しているということに怒っていたのだろう、と。面会の半分も来ないのは父親のほうで、会えないたびにカリーナはがっかりしているというのに。カリーナが「私、お父さんが一番好きなの。だからもっと一緒にいたいの」と言った時、母親は見るからにつらそうだった。臨床家は「わかったわ、あなたは今お父さんを一番に愛しているのね。だから、お母さんがあなたをお父さんに会わせてくれないのだと思って、お母さんに怒っているのね」と言った。カリーナはじっと臨床家を見つめた。臨床家は「そのことはきっとお母さんが話してくれるわ」と言った。母親は「あなたはお父さんのことが大好きだから、会えなくて寂しいことは知っているわ。あなたが会いたいだけお父さんに会えたら素晴らしいとお母さんも思ってるのよ。でも、お父さんはとても遠くに住んでいるし、約束した時に必ず来るわけでもないの。これはお母さんのせいじゃないのよ」と言った。カリーナは「私、お父さんと公園に行ったよ」と言った。カリーナが父親と自分のした

いことを一緒にできたのはとてもいいことだったと臨床家は言った。そして、カリーナがとても父親に会いたいと思っても、両親の間で面会について意見が合わずに会えなかったらつらいし、また、会えても別れる時がとてもつらいものだ、と臨床家は続けた。カリーナは「私、いつか飛行機に乗ってお父さんに会いにいくの。それに、お父さん、いつでも電話をかけていいよって言ってた」と言った。母親は、カリーナが飛行機に乗って父親に会いにいくかどうかを決めるのは裁判所だと言い、父親は守れない約束をするのだとつぶやいた。それからカリーナには、いつか飛行機に乗って旅行することはできるが、それは母親と一緒であること、また、今はまだ一人で乗るには幼すぎるし、父親は空港にカリーナを迎えにくる準備ができていないことを伝えた。臨床家は「お父さんとお母さんは、２人ともあなたを愛していて、あなたに何をしてあげられるか一所懸命考えているの。でも、なかなか同じ意見にならないんですって。お母さんは、すると言ったことは必ずできるようにしたいと思っているのよ。あなたをがっかりさせたくないからね」と言った。カリーナは真剣に聞いていた。会話はこの調子でしばらく続いた。帰宅する時、親子は目に見えて打ち解け、和やかな様子だった。

4．子どもが父親に対する怒りをあらわにする時、臨床家は子どもの気持ちに共感を示しながらも、その気持ちがよい方向に向く可能性を残しておく。

　事例　４歳のジャメールは、お父さんを切り刻み、オーブンで焼いてしまいたいと言う。臨床家が「どうしたの？」と聞くと、ジャメールは「お父さんがお母さんにコップを投げて、お母さんの膝に当たったんだ」と言う。臨床家は「それは怖かったわね。あなたがお父さんに怒っているのももっともだわ」と言った。ジャメールは「お父さんはルールを知らないんだ」と言う。臨床家は「そうね。ルールを知るのにとても時間がかかってしまう人もいるのよ。お父さんも一所懸命頑張れば、いつの日かルールをわかるようになるわ」と言った。

5．子どもが父親を真似て不適切な行為をする時、臨床家は父親の行動と子どもの行動との関連をはっきりさせ、父親でも間違うことがあるのだと、

母親の力を借りて子どもに伝える。

　事例　3歳のサムエルは母親に「お前を殺すぞ。お前を撃つぞ」と言った。母親は答えなかったが、サムエルは続けて「ばいた（売女）め」と言う。母親は顔を赤らめた。臨床家は「サムエル、お父さんがお母さんに今あなたが言ったような言い方をするって、お母さんから聞いたことがあったわ。あなたがお父さんを大好きなのは知っているけれど、そんな言い方はいけないこと。そんな言い方をするお父さんは、間違っているのよ。私たちは、あなたに同じ間違いをしてほしくないの。あなたのお母さんは売女ではないし、誰もお母さんを殺したり撃ったりしてはいけないのよ」と言った。母親はホッとしたようだった。臨床家は母親に、サムエルが同じようなことを口にしたら、毅然とした態度で立ち向かうことがサムエルのためになるのだと言った。サムエルは、その言い方しか知らないのだから、何が正しくて何が悪いのか、母親が教えてやる必要があるのだと続けた。

　事例　4歳のアンディは、母親を蹴った。母親がアンディの父親のもとを去ったのは父親に蹴られたからだと母親が臨床家に話すのを、たった今聞いたからだ。臨床家は「アンディ、どんなふうにお父さんがお母さんを蹴ったかを思い出したのね。お母さんは、だからこそ、これ以上お父さんと一緒に暮らせないと思ったのよ」と言った。アンディは、手で耳をふさいだ。臨床家は黙っていたが、アンディが耳から手を放すのを待って、静かに話しかけた。「思い出すとつらいわね」。アンディは悲しそうな目をした。臨床家は「たとえあなたがお母さんを蹴っても、お母さんはあなたを一人ぼっちにはしないわ。あなたはお母さんの大事な子だから、決してあなたを置いてきぼりにはしない。お父さんがお母さんを蹴ったのは、言葉の使い方を忘れたからなの。私がここにいるのは、あなたが怒った時でも、言葉の使い方を覚えていてほしいからよ」

6．父親が出ていったことに対して子どもが罪悪感を示す時、臨床家は、父親が去ったのはその子のせいではないと説明するよう母親を促し、自らも率先して子どもにそう説明する。

　事例　5歳のソールの母親は、自分の行いのせいで夫が家を出ていったと

悔やんでいた。母親は、叩かれるのには慣れていたが、夫が浮気をした時は我慢ができなかったと話す。自分がもっと賢くあるべきだったし、夫に逆らったり口答えしたりしなければよかったと言う。そして、上の娘は父親の浮気に気づいていたのに、母親を守るためにそのことを言わなかったのだと付け加えた。臨床家は、父親が家を出たのは自分のせいだと感じる子どもは多いと言った。母親の顔は明るくなり、「そうなんです。ソールと上の子は、自分たちがもう少しいい子だったら、父親は家を出ていかなかったんじゃないかといつも言っているんです」と言った。臨床家はこのことを家族そろって話し合うといいだろうと勧めた。自分たちが何か違っていたら、父親は出ていかなかったのかどうか、それぞれの思いを話し合うといいと。

7．子どもが別居中の父親に会いたがり、寂しがる時、臨床家は子どもの感情に共感し、母親にも共感するよう勧める。

　事例　4歳のリディアの母親は、次のように報告した。父親は自分の母と一緒に他の町に移り住むことになり、お別れを言いにきた。しかし、短い面会の間、父親はうわの空であり、落ち着かない様子で、突然帰ってしまった。その後、何時間も「お父さんはどこ？」とリディアは聞き続けた。父親が去ったことをリディアは知っているかと臨床家は聞くと、母親はリディアは知らないと言う。リディアは遊んでいた顔を上げ、びっくりして、「お父さんは出ていっちゃったの？」と言った。母親は途方に暮れた様子で臨床家を見て、何があったかを臨床家からリディアに伝えてくれるかと聞いた。「私が言わなくてはいけないことはわかっているわ。でも、どう言ったらいいかがわからないの。うまく話せるように助けてください」と言う。リディアにどのように理解してほしいのかと臨床家が聞くと、少しためらってから母親はリディアに言った。「お父さんはとても悲しくて、おばあちゃんのところで暮らさなくてはいけないの。そのほうがお父さんは落ち着くのよ」。リディアは「お父さんは今日帰ってくる？」と尋ねた。母親は、父方の祖母の家はとても遠くて、父親はずっと向こうにいることになると答えた。リディアの気持ちはぐんと沈みこみ、目に涙をいっぱいためた。助けを求めるかのように母親は臨床家を見る。臨床家が「お父さんが出ていってしまったし、この前来た時だってゆっくりできなかったから、悲しかったよね」と言うと、リディアは「お父さんは、さようなら

も言ってくれなかったの」と言う。臨床家は、それは悲しかったわねと言う。リディアは悲しそうにうなずき、そして沈黙が流れた。臨床家は言った。「リディア、あなたの言う通り、さようならは言わなくてはいけないのよね。さようならをすることはとても大切なことだものね。でも、そのことを知らない大人も多いのよ。さようならを言うことが大切だと知らないの。あなたのお父さんも、さようならを言うのがつらくて、どうやってさようならを言ったらいいのかわからなかったのだと思う。それがどんなにあなたを傷つけたか、わかるわ。でも、さようならを言わなかったけど、お父さんはあなたを愛しているのよ」

8．子どもが父親の攻撃的な面との同一性を示す時、臨床家は子どもの心の底にある混乱と恐れについて話す。

　事例　母親はパウロに困り果て、どうすることもできずにいると話す。パウロは他の子どもを叩いたため、たった今保育園から追い出されてきたところだった。4歳のパウロは、母親を叩き、止めようとした臨床家の腕にすばやく噛みついた。臨床家が「それはいけないよ、パウロ。お母さんを叩いたり、私を噛んだりしてはいけないよ」と言うと、パウロは「大きくなったら、お父さんみたいな悪い人になりたいんだ」と答えた。臨床家が「あなたはお父さんに会いたがっているけど、同時に怖がってもいるよね。お父さんは、あなたとお母さんを傷つけたのよね」と言うと、パウロは立ち去り、一人で遊び始めた。面接の後半で臨床家は「お母さんがお父さんと離れたのは、お父さんに傷つけられたからよ。でも、お母さんはあなたとは離れたくないのよ。お母さんはあなたを愛していて、あなたの助けになりたいと思っているの。だから私がここに来ているのよ」と話した。パウロは「お父さんは悪い人なの？　僕はいい子になりたい」と言った。臨床家は「お父さんは、あなたやお母さんを傷つけたわ。あなたは誰も傷つけてはいけないと、お母さんは教えたいの。それを助けるために、私はここに来たのよ」と話した。

9．母親が子どもの前で父親を批判したり、欠点を持ち出したりする時、臨床家は父親の否定的なイメージを立て直す方法を探す。実際の状況が深刻であることを認めながらも、子どもが父親を愛するのは当然のことと

して認められる。

　事例　4歳のマンディの母親は、父親が子どもに性的虐待をしていたと、児童保護局に書類を提出し、父親の拘束を申請した。児童保護局は報告書の正当性に疑いをもった。面接の中で、母親はわっと泣き出しながら話した。「マンディが父親の車の屋根の窓から身を乗り出した時、もっと気をつけて見ていてと父親に頼んだら、どんなふうに父親が激怒したかを児童福祉司に話したの。その時、福祉司は何て言ったと思う？　それが持ちつ持たれつの関係だなんて言ったのよ。マンディの父親は幼い息子にみだらなことをしたし、私に暴力をふるったわ。これが持ちつ持たれつの関係なもんですか」。臨床家が母親の気持ちに寄り添いながら話しかけていると、母親は落ち着きを取り戻していった。マンディはおもちゃの大砲で遊んでいて、大砲の一つに撃たれたふりをして、布で顔を覆い、床に倒れこんだ。臨床家は母親に、マンディが"ひどい怪我"をしたようだと言い、枕のあるところまで運んで、どんなにひどいか見てあげなくてはと提案する。母親はこの遊びに参加し、「マンディはほんとうにひどい怪我をしているわ！」と言う。母親と臨床家はマンディの手足をよく調べて"怪我"を見つける。臨床家は、いい薬とよく効くおまじないで治るのだと言って、母親と臨床家でマンディの看病をする。おまじないは"アブラカダブラ"だと言い、マンディにそれを唱える。するとマンディは顔のハンカチを取り、満面の笑みで、「僕、もう治ったよ！」と言う。面接の後半で、臨床家はマンディに言った。「お母さんは、お父さんがあなたを傷つけるんじゃないかと思うのよ。あなたが安全でいられるように一所懸命なの」。マンディは「お父さん、時々怖いけど、でもお父さんはカッコイイんだ」と言う。臨床家は「お父さんは怖いけど、カッコイイ。だから混乱しちゃうのよね」と言った。

領域10　赤ちゃん部屋のおばけ──精神病理の世代間伝達

　「赤ちゃん部屋のおばけ」は、30年ほど前にセルマ・フライバーグが提唱した概念である。過去の経験の中で抑圧された親の無力感と恐怖感が、自分の子どもといる中で行動化してくる現象を指す（Fraiberg, Adelson, & Shapiro, 1975）。おばけというのは、無意識のうちに過去の体験を現在の生活の中で再現し、虐待をした自分の親のようになってしまうことをいう。子どもの頃に、自己防衛のために内面化した懲罰志向、あるいは無関心な育児行動が、自分が親になっ

たあとの育児行動に表れてくるのである。過去の経験のおばけに取り憑かれた親は、自分の子どもが世話をしてほしいとか守ってほしいというサインを出していても、日々の生活の中でそれに気づかなかったり、共感できなかったり、応じられなかったりする。その代わり、子どもだった自分が過去に捉えた、懲罰志向で無関心という養育者を真似た否定的な物事の見方を通して、自分の子どもを認識する。すなわち、子どもは転移の対象となり、過去の生き幻影として存在するため、その子自身の発達や個性は見失われてしまうのである。この種の親の歪みにさらされた子どもたちは、価値がなく、愛されるに値しない自己、という感覚をしだいに内在化し、健康な発達過程を失っていく（Bowlby, 1980; Lieberman, 1997, 1999; Silverman & Lieberman, 1999）。このプロセスは、アンナ・フロイト（Anna Freud, 1936/1966）が攻撃者への同一化と記述した、親から子への防衛機制の伝達を含んでいる。このような親から子への伝達は、心理パターンの世代間伝達が与える心理的ダメージの最たるものである。より愛情深い家庭環境であれば、世代間伝達は、発達への「赤ちゃん部屋の天使」の影響として説明されるだろう。

　乳児期の精神疾患に関する先駆的な研究の中で、フライバーグの研究グループは、親がおばけから被る深刻な影響は、過去に実際に起きた出来事によるものではなく、子どもの頃の恐ろしい思い出から連想される感情の抑圧によるものであるとした。子ども－親心理療法の中では、こうした親自身の感情が子どもに向けて吐き出される場面がよくみられる。親はセッションの中で、あたかも自分自身が無力で不安な幼い子どもに戻ったかのようにふるまうかもしれない。つまり、過去の乱暴な親と同一化して、子どもを辛辣に非難したり、心を閉ざしたり、また、その他いろいろな行動をとったりするが、それは、親の心の底にある無力で怯えている気持ちを克服しようとする努力の表れなのかもしれないということである。

　最初の見立て面接は、親の子ども時代にさかのぼって、現在の子育ての困難さにつながる親の経験を理解することに焦点を当てる。臨床家は、ここで得た情報をもとに、親が子どもの頃に経験したストレスやトラウマと、現在うまく子育てができないこととを関連づけて、ひとまず仮説を立てる。親がDVにさらされてきた場合、この一度あるいは一連の暴行は、その子がすでに体験してきた乳幼児期の逆境の悪影響をさらにひどくする。暴力を目撃して育つ子どもは、親の心の中で、しばしば昔受けた暴力を連想させる存在となる。被害者

である母親は、本来配偶者のもつ危険で粗暴な特徴が子どもにあると考え、子どもと自分の加害者とを無意識のうちに重ね合わせてしまうのである（Silverman & Lierberman, 1999）。

　見立てでの仮説を必ずしも親と共有する必要はなく、治療を通して明らかになってくる情報と一致するかしないかを確認するために心に留めておけばよい。本書ですでに述べてきた介入を行っても、子どもの発達のためによりふさわしい親の態度や行動につながらない場合、臨床家は、親の子どもに対する認識や行動に、過去の体験がどのように影響しているかを探求することが必要となる。その場合は、期限を定めて、親に個別の並行面接で行うのがよい。もし何度か個別面接をして、親がより深い心理療法を必要としていることがわかれば、治療構造を拡大し、子ども‐親心理療法に加えて、親との個別面接を同時に行っていくのもよいだろう。あるいは、親の面接を他の治療者に依頼してもよい。

　愛する人のよい部分と悪い部分をしっかりと対象恒常性の感覚に統合する能力は、長い間、大人として人を愛することの能力の証と考えられてきた（Fairbairn, 1954; S.Freud, 1923/1966; Kernberg, 1976; Klein, 1932; Mahler, Pine, & Bergman, 1975; Winnicott, 1962）。親が自分の乳幼児期の経験にまつわる痛みを意識化できるように援助するのは大切だが、それ自体が目的になってはいけない。可能な限りいつでも、臨床家は、親が子どもの頃に体験した対人関係それぞれについて多様な側面があることを思い出し、心に留めるように援助すべきである。過去の未熟な親への共感や許しは、臨床家が指摘しただけで親がそう思うというわけにはいかない。しかし、赤ちゃん部屋のおばけと仲良くなると同時に、天使と再びつながることのできる親の能力によって、現在の親子関係は限りなく救われるのである。

　介入により効果的に内面の成長と行動の変化を促すには、タイミングが非常に重要となる。特に、苦痛や怒り、恥や無力感という重荷を背負ってきた親の人生について臨床家が触れようとする時や、また、親が置換、投影や否認を通して否定的感情を寄せつけないよう長い間努力し続けてきた時には、いっそう気をつけなければならない。このような理由から、現在の親の問題と早期の葛藤を結びつけることに関する特定の臨床方針を項目に分けることはむずかしい。次の項目は、事例を通して導入部分を紹介しているが、この領域において臨床的な技術を獲得し、高めていくためには、個々の事例に特化したスーパーヴィジョンを要する。

【糸口と臨床例】
1．臨床家は、親に、自分自身が育ってくる間に体験した恐怖や危険を感じるような経験や、怖かった養育者について、明確に尋ねる。

　事例　2歳のレニーは、他の子どもを4回も嚙み、かつ、親たちから乱暴すぎると苦情があり、保育園を辞めさせられた。見立ての中で、レニーの母親であるオブライアン夫人は、レニーの父親から受けたひどいDVについて語った。その父親は現在別居中で、だいたい月に1度、父親の都合に合わせて勝手にレニーを訪問してくる。オブライアン夫人は、この訪問によって夫がレニーを自分から遠ざけようとしているに違いないと危惧していた。夫人の話では、父親との外出から戻ったあと、レニーのかんしゃくが長引き、慰めようとしてもいやがり、抱っこしようとすると、彼女を叩いたり蹴ったりするのだという。現在の状況についてもう少し詳しく話を聞いたあと、臨床家は「あなたご自身は、どのように成長されたのですか」と尋ねた。オブライアン夫人は、自分が赤ちゃんの時に両親が離婚したので、父親をまったく知らないと語り、そして「夫とよりを戻そうかと思っているんです。私みたいに父親を知らずに育ってほしくないので」と付け加えた。臨床家は「これまでのお話から、あなたがとてもご主人を恐れていることが伝わってきますが、でも、レニーを自分のように父親のない子どもにはしたくないので、ご主人のもとへ戻ろうと強く考えているのですね」と言った。夫人は、そうだと言う。臨床家が「お父さんのいない生活について、どんなことを覚えていますか？」と尋ねると、夫人は「他の子どもたちが自分たちの父親のことを話している時に、私は何もそのことについて話せないので、恥ずかしかったんです」と答えた。臨床家が「恥ずかしい？　なぜですか？　お父さんがいなくなったのは自分のせいだと思っていたのですか？」と尋ねる。夫人は「おそらく私のせいではないと思います。でももし彼が私を愛していたのなら、出ていかなかったのではないかと思っていました」と答えた。臨床家が「お父さんがあなたを愛さなかった理由は、何か思い当たりますか？」と尋ねると、夫人は「私がいい子じゃなかったから」と悲しそうに話す。夫人は、目に涙を浮かべている。臨床家は、レニーに関連づけるために質問をした。「あなたは、レニーに、かつての自分と同じように思ってほしくなくて、レニーが、自分がいい子じゃないから父親が出ていってしまったのだと感じなくて済むようにしたいのではありませんか？」母親は静かに

そうだとうなずいた。
　このやりとりは、現在の子どもの問題とつながっている母親の過去の体験の側面を明らかにしていく臨床家の努力を示している。自分の父親に捨てられたのは自分のせいだという母親からの報告をもとにした最初の仮説には、次のような一連の前提が含まれていた。すなわち、(a)彼女を虐待した男性との恋愛関係は、自分は父親の愛を受け続けるに足る人間ではなかったため、それ以上のものを受けるに値しないという彼女の確信に基づくものであったこと、また、(b)彼女はいい子でなかったことに対する罰を受けるに値するということ、そして、(c)父親なしに育つことに対する自責の念や苦しみから自分の子どもを守りたかったということである。レニーの父親とよりを戻すということは、表面上は同じ運命から子どもを守るということであるが、一方で、愛されるに値しないという自己概念を確信し、永続させるものでもある。臨床家は、レニーが、父親がいないことに関して母親を責めるのは、レニーが母親の母親自身に対する歪んだ認識を受け取っているからだと考えた。また、自分の父親が母親にしたことを目撃し、それと同じように母親を叩いたり蹴ったりすることで母親を罰しているのだとも考えた。オブライアン夫人がレニーの攻撃を制御できなかったことは同時に、彼女が"悪"であるという子どもの認識を強めることにもなっていた。そして、暴力を目撃し、父親がいない悲しみに耐え、この苦しみは母親のせいだと母親への怒りをもつレニーを、これらの激しいトラウマのストレス反応を統制することができない状態のままにしてしまっていた。子どもは心の中で、"悪い"母親をもつということは、自分はいい思いをする価値のない存在だということだから自分も"悪い"のだ、と否が応でも関連づけてしまう。これらの仮説をもとに、臨床家は、以下のことを母親が理解するのを手助けするための介入方法を見出した。すなわち、彼女の父親が彼女を残して出ていったのは、彼女が愛されるに値しないからではなく、彼が人を愛することができなかったからだということ。暴力を目撃したことはレニーを怖がらせ、両親が自分を愛し、守ってくれるとは信じることができないと思わせたこと。レニーが暴力で怒りを表出することを、毅然として、そして穏やかに止めることで、母親はレニーの手に余る感情を決して彼一人には任せないことを示すことができるし、さらに、抱えきれない感情の波から彼が守られ、愛されていると感じられるよう援助できるということ、である。そして、レニーの攻撃を穏やかに、かつしっかりと受けとめていく介入を通じて、母親はレニーと自分自

身の心の中に抱いていた、自分が愛されるに値しない、それゆえに罰を与えられたという確信を否定することができるようになったのであった。

2．**子どもとの間で、愛されていない、怖い、守られていない、という感情を抱いた親自身の幼い頃の経験が呼び覚まされるようなやりとりをしている時、臨床家は、現在の状況を引き起こしている自分の乳幼児期の体験に親が気づけるように努力して、現在の状況をそれらの記憶と関連づける。**

　事例　治療が始まって2ヵ月目の母子合同セッションで、オブライアン夫人（前例参照）は臨床家に、レニーの父親が子どもに会いに現れなかったことを告げた。「彼は自分のことしか頭にないんです。彼はレニーのことを何とも思っていないのよ。私は、レニーと出かける準備をして、おしゃれさせて、ずっとずっと彼を待っていたのに。電話すらしてこなかったんです。ただ、現れなかったんです」と夫人は言う。レニーは、積み木で塔を作っている。母親の話を聞きながら、彼は塔を蹴飛ばして倒した。臨床家は、レニーに「君のお母さんは、お父さんが君に会いにこなかったことを話しているんだよ。お母さんは、君がお父さんに会いたがっているのを知っていたから、怒っているんだ」と話した。レニーは、窓のところに行き、その隣にある肘掛け椅子に足を乗せて窓に手をかけようとした。母親は「そんなことしちゃだめ。落っこちるわよ！」と言いながら、彼をそこから下ろそうとする。レニーは金切り声をあげ、手足をバタバタ動かし、激しく抵抗した。それでも床に下ろされると、今度は母親を叩いた。母親はたいして相手にもせず、再び自分の椅子に戻った。臨床家は、レニーに言った。「お母さんを叩いたらだめだよ。お母さんは、君を助けようとしたんだよ。君がお父さんを欲していることを知っているからね」。レニーは、積み木のところに戻り、遊びを続ける。臨床家は、母親に言った。「私は、あなたが父親なしに育ち、いかに悲しい思いをしたかというあなたが話してくれたことを考えずにいられません」。母親は静かにうなずく。セラピストは続けた。「レニーの父親が来るのを待っている時、あなたの中で、ご自分が幼い頃に父親を待っていた時の昔の感情が再びよみがえってきていたでしょうか？」

　臨床家は、レニーの父親が訪問しなかったことに対する母親の激しい反応を、

母親自身の現在の感情と昔の感情、すなわち、母親が幼い頃に満たされなかった父親を恋い慕う感情とを結びつける糸口にしたのである。母親が自分自身の父親とレニーの父親を無意識にだぶらせてしまっていたため、彼の父親を一緒に待っていた時も、それに続く日々も、レニーの心に寄り添い、支えることができなかった。彼女の中の見捨てられた感、自責の念、怒りという感情が邪魔をして、父親と会うという期待が裏切られたことからわが子を守ることができなかったのである。現在と過去との橋渡しをすることで、臨床家は（父親に）会えなかったという具体的な状況だけにとらわれず、より広い文脈の中で彼女の反応を理解できるということを示唆した。

　必ずしも、過去と現在の結びつきを詳細に探究しなくても、治療は進展していく。本来、子ども‐親心理療法というものは、(a)親子の関係性を重視すること、(b)親と子それぞれの経験を重視すること、との間で一定のバランスを要する。常に情緒的に寄り添い、さまざまな介入を積み重ねていくうちに、情緒的な成長が遂げられる。過去と現在をつなげる介入は、タイミングよくできた時にはそれがたとえ根底まで掘り下げたものでなくても変化をもたらす。なぜなら、親はセッション後にそのことをよく考え、それをもとに自分自身や子どものことをもっと理解していくからである。

領域11　赤ちゃん部屋の天使——親の優しい過去からの影響

　たとえ逆境のさなかにあっても、親が自尊心をもってまず子どもの幸せに尽くすならば、親は子どもの発達を支えてあげることができる。子どもは、幼少期に大切な大人から十分に理解され、受け入れられ、守られていると感じることができると、その人としっかり親密な関係を築くことができ、そして、その人とのやりとりを通じて自尊心が育まれていく。このように、子ども時代に決して口にされない慈しまれた体験が親の過去にあると、普段は気づかれないが、「赤ちゃん部屋の天使」として現れてくる（W.Harris、私信、2003年4月23日）。幼い頃の愛情に満ちた体験は、子育てを通じて世代から世代へと受け継がれていく。子育ての根底に、幼少期に愛されて育ったという親自身の体験があると、その親に育てられている子どもは、愛されているのだという思いを確かなものにし、人と人との関わりが大切なものであると確信するようになるのである。

　トラウマとなる出来事を体験すると、自分は愛されていると実感し、世話をされ、守ってもらうに値するのだという自尊心が培われた子どもの頃の経験を

思い出せなくなってしまうことがある。子ども−親心理療法の究極の目的は、子どもの心の健康度を高めることにある。しかし、そのためには、並行して親の主観的体験にも照準を合わせることが必要となる。そうすることで初めて、親が子どものためになんとかする気になり、治療同盟が安定するからである。子どもの頃に、大切に育てられ、守られた体験を親が思い出すことは、治療に有効である。親の自己感覚が生き生きとし、楽観的になり、さらに、過去のあたたかな記憶をしっかりと心に刻むことで、将来に希望をもてるようになるからである。

見立てというのは、親子それぞれの人生の特記すべきことを知るために、徹底してその時間を費やすものである。それだけに、初回の見立て面接は、親自身が幼い頃に愛された体験を掘り起こす貴重な機会となる。臨床家は、親を育ててくれた養育者についてや、親自身が愛されていると感じた関わりについて尋ねてみる。そうすることによって、安心や信頼、また、親密さや喜びを伴う体験というのは基本的に重要なものであること、そして、それらを忘れずに思い出していくことが大切だというメッセージを伝えていく。親の子どもの頃の幸せな思い出は、並行して起こるわが子との体験を支える土台となるだろう。

親がトラウマに圧倒されながら生き延びている場合には、見立て面接では、子どもの頃に愛された体験を思い出せないかもしれない。臨床家は、その後のセッションで、そのような話が出てくる機会に注意を払うとよい。親が、育ててくれた人との親密で生き生きとした関わりの瞬間を振り返る時、臨床家はその体験が親の人生にとってどれほど大切なものであるかを強調しながら、親の情動的な体験を共有するとよい。親の体験を子どもの現在の状況と照らし合わせることによって、親の共感性が高まってくれば、親の過去の経験が、現在の子どもの情緒的要求を理解し、それに応答することに役立つだろう。

【糸口と臨床例】
1．養育してくれた人のことや、子ども時代に愛され、面倒をみてもらったと感じられる特別な体験について、臨床家は親に率直に質問する。

　事例　初回の見立て面接で、ガウア夫人は激しく怒りながら夫と３歳の子どもサイモンのことを話し、夫とサイモンを、攻撃的で抑えのきかない「意地悪！」と呼んだ。家族の状況について話を聞きながら、臨床家は母親の子ども

時代について尋ねた。ガウア夫人は、母親は虐待的で、父親は冷たく、内に閉じこもりがちな人だったと言った。臨床家は「あなたが小さかった時に、信頼できる人はいましたか？」と尋ねた。母親は長い沈黙のあと、柔らかな表情になって「叔母がいました。独身の叔母で、何年か一緒に暮らしていたんです。私は、叔母に読書を教えてもらいました。ソファで叔母の隣に座るのが好きで、よく、叔母と私の間に本を広げたものでした。叔母は、時々私を腕の中に抱いて本を読んでくれました。その時間が大好きだったわ。叔母はとてもよい匂いがしたのです」と言った。話をしている間に、ガウア夫人は怒りを忘れ、涙ぐんでいた。臨床家は「あらゆる苦痛の中を生き延びるのを支えてくれるような、なんて美しい記憶でしょう」と静かに言った。母親が「今お話しするまで忘れていたわ。叔母は結婚して、私が9歳の時に引っ越していきました。お別れの時に泣いたのを覚えています。叔母が、一緒に読んだ本を1箱分も置いていってくれたんです。今でも持っていますよ」と答えると、臨床家は「サイモンにその絵本を読んであげたことがありますか？」と尋ねた。母親は「いいえ、サイモンは喜びませんもの」と答えた。臨床家は「そうですか？　治療中に一緒に読んでみませんか。サイモンも喜ぶかもしれませんよ」と言った。

　この場面は、母親の混乱した心情と、わが子との怒りに満ちた関係性にかすかな希望を与える。ガウア夫人の希望のない子ども時代に、慈しんでくれた対象を探し出し、忘れていた幼い頃の愛された親密な体験を想起させることで、母親の感情に一時変化が起こった。臨床家はまた、叔母と一緒に本を読んだという喜びに満ちた記憶が、母親が息子と一緒に本を読むことにつながっていく可能性を開いた。そして、自分の成長期に影響の大きかった本を息子が気に入るとは思わなかった母親に、一緒に本を読むことが治療的な効果をももたらす希望を与えた。

2．親が子どもの頃に愛され、大切に育てられた体験を思い出した時、臨床家は、親が子どもとのやりとりを通じて、その記憶をもとにもう一度その時の気持ちを体験できるようにする。

　事例　4歳のロニーの父親であるゴメス氏は、青年時代のある出来事を思い起こす。ゴメス氏がフットボールゲームでチームの負けを決定づけるミスをしたあと、彼の父親が彼の肩に手を置いて、「大丈夫だよ」と言った場面であ

った。ゴメス氏はその言葉への感動を込めて、「私がミスをしても、父は私を愛しているのだと思えました」と言う。臨床家は「とても重要な感情ですね。あなたのお父さんはいつもそのようにふるまっていたのですか？」と尋ねた。ゴメス氏は言った。「いいえ、そうでもありませんよ。ひどい気性で、よく大きな声で怒鳴られたものです。でも、時折、父は私をとても喜ばせてくれました。私が脅されていた時、父は脅し相手に向かって、もしまた同じことをしたらただじゃおかないぞと言ってくれました。私はとても安全だと、守られていると感じたのです。父は、私が父にとってとても大切な存在であることを教えてくれました。父はとても忙しくしていましたが、ちゃんと私の状況に気づいてくれ、私を守るために時間を割いてくれたのです。その子は二度と私を困らせることはありませんでした……」。沈黙のあと、臨床家が尋ねた。「それこそが、あなたと一緒にいる時に、ロニーに感じてほしいことなのではありませんか？」

　臨床家は、ゴメス氏が自分の父親に受容され、守られているという本能的な感情を、今度はゴメス氏がわが子に体験させてあげることを可能にした。ゴメス氏は、ロニーが何か間違ったことをした時によく大きな声で怒った。そして、ゴメス氏はその時のロニーの恐怖の表情を見て、深く恥じていたのだ。ゴメス氏は自分自身がフットボールでミスした時に父親が受容してくれた記憶と、面倒をみてもらい守られたという感情を結びつけた。ロニーをその場面に当てはめて、ゴメス氏自身の経験を、守ってもらう息子の立場から、保護的な父親の立場に置き換え、不満な時に怒りを表す父親という今までの記憶を超えたバランスがとれるように臨床家は働きかけていく。

領域12　別れと喪失のリマインダー

　愛する人との別れは、人間が体験することの中で最もつらいことの一つである。中でも、最愛の人を失うことは、何よりもつらい。愛する人との別離も喪失も、それぞれ特徴ある形で感情の基盤である自己感を刺激し、寂しさや不安、悲嘆、怒りといった強い感情を引き起こす。子どもの頃に愛する人との別離や喪失を体験し、他の親しい愛情の絆をもつ人の支えのないまま別離や喪失の状態に取り残されると、通常の発達過程から逸脱し、大人としての精神的な健康が深刻に阻害されることがある（Bowlby, 1973, 1980）。

　トラウマ事象にさらされてきた幼い子どもと親は、一人のまとまりある自己

を築き、愛する人をまとまりある一人の人間として体験することへの不安がすでに強くなっている。それゆえに、日々の別れの体験で、深刻な危険の感覚と喪失の不安が引き起こされる。虐待やDVがあったために、その加害者である親と別れることになる状況で、虐待をする親はとかく葛藤に苦しんだ挙げ句、ある日突然家を出ていくが、それがきっかけで、残された者の心には、安堵と、安堵を抱くことへの罪悪感が混在し、それが別離への普通の怒りや悲しみの反応と混ざり、さらに複雑な感情を抱くことになる。

　幼い子どもは、分離または喪失によってとりわけトラウマを抱えやすい。それは、子どもの世界観が年齢相応の自己中心性で形成され、自分の思考と行動が出来事を起こしていると信じるからである（Piaget, 1959）。そのため、子どもは不幸なことが起こると、自分のせいだと自分を責める。5歳までの子どもは誰しも、愛する人と離れる恐怖や、親の愛情を失う恐怖を抱くものであるが、そこに、さらに自分を責める気持ちが加わってくる（Fraiberg, 1959）。そして、現実生活の中で起こる出来事がそうした恐怖心を裏づけるたびに、不安は消えることなく子どもに内在化されていく。

　この、不安が内在化されていく過程が、毎回のセッション終了時に臨床家と別れることへの子どもの反応や、治療の終結後に臨床家と会えなくなることへの子どもの反応を形作る。臨床家は一貫して安全な居場所を提供することで、治療の過程で愛着対象の代理役をしている。そしてまた臨床家は、子どもが分離や喪失に関して抑圧してきた感情や、それに関する無意識のファンタジーを呼び起こす転移対象ともなる。

　このような理由により、セッションの最後や、治療の最後に訪れる別れは、つらいものではあるが、子どもたちに分離と喪失における適切な感情を体験させることのできる大変貴重な機会でもある。伝えるべき第一の教訓は、(a)分離のあとには再会があること、(b)分離と喪失は必ずしも愛情の喪失を意味するものではないことである。臨床家の反応を通して子どもは、たとえ大好きな人が実際に目の前にはいなくても、その人はいつでも心の中にいるのだということを学ぶ。また、つらい時には、この心の中にいる大切な人や、その人との思い出が、安らぎと心の支えをもたらしてくれるのだと理解していくのである。

　別離の重要性を軽視してはならず、臨床家が別れを急いでいるわけではないと安心させるような言い方で、「さあ、終わりです」と伝えることが大切である。子どもには、この重要な移行に備えて心の中で準備する時間が必要である

し、そうするためにゆったりとした大人の支えが必要である。

　移行対象や、「いないいないばあ」や「かくれんぼ」のような分離と再会の気持ちを誘発する遊び、そして両親が支えてあげるということは、言葉が通じない子どもが別れの悲しみを切り抜けるのを手助けするよい方法である。年長児は、自分たちがお互いをどんなふうに思っているかを話したり、次にまた会うまでの間どのようなことが起こるかを連想したりすることで、セッションとセッションの間の情緒的体験をつなげておくことになる。おやすみの儀式が、子どもが寝る前の不安を和らげるのと同じように、別れの儀式は、臨床家がいなくなるのは、怒ったからでも、自分に愛情がなくなったからでもないと子どもに納得させるのにとても有効である。

【糸口と臨床例】
1．臨床家は、養育者が喪失を思い出させる可能性のあるリマインダーに気づき、そのリマインダーと子どもの経験とをつなぎ合わせて考え、子どもがそれを乗り越えるための新たな対処法を学べるよう援助する。

　事例　ロバートとクレイが3歳半になるレイラの里親になって1年が経った。彼らは、夏休みにレイラを連れて出かける時、どのように支えたらいいかを相談しに、親のみで臨床家に会いにきた。ロバートが言うには、クレイが出張のためにスーツケースに荷造りをするたびに、レイラは指しゃぶりを始め、腕を引っ掻き始めるという。「あなたがスーツケースの荷造りをするというのは、レイラにとってどんな意味があると思いますか？」と臨床家が尋ねると、クレイは「彼女が別れることをいやがっているのはわかっているんです。だから、パパはいつもお仕事の旅に行くだけだよ、と話しています。いつ帰ってくるかも話していますし、出張先からスカイプもしています」と言った。ロバートも「そうだよ！　君は彼女の心の準備ができるようによく頑張っているよ。ただ、それでもまだだめなんだよね」と言う。「週末パームスプリングスに旅行した時、どれだけ彼女が怒ったか覚えているかい？」とロバートが聞くと、「ああ、覚えているよ。そこへみんなで出かけたんですよ」とクレイ。「どうしてレイラがそんなに怒ったかわかりますか？」と臨床家が尋ねると、ロバートは「ああ、考えてみれば、スーツケースが原因かもしれません。先日、私がクローゼットを掃除していた時のことなんですが、彼女がスーツケースを見て、

ほんとうに奇妙な動きをして、また自分の腕を嚙み始めたんです。レイラは誰が荷造りしても気に入らないんです」と言った。臨床家と2人の父親は、レイラがこの家族の一員になったのは2歳半の時だったが、それまでの彼女の人生の中で5回も引っ越しを経験していることを知っている（彼女が彼らと一緒に暮らす直前の4ヵ月のうちに3回引っ越した）。「おそらく、スーツケースは、彼女が言葉には言い表せない恐怖をよみがえらせるものなのかもしれないですね。スーツケースは、別れ、人々を失うこと、しまいには見知らぬ他人のいるところに行くことを思い出させるのでしょうね」と臨床家は言い、「その人たちも素晴らしい人々なのですが……それでも彼女にとっては怖い体験でしょうね」と付け加えた。「私たちはいったいどうしたらいいんでしょうか？」とロバートが尋ねた。「そうですね。あなたからレイラに、パパもお父さんもレイラがたくさんのお引っ越しをしてきたことをわかっているよ、と教えてあげるといいですね。私たちは、彼女とおもちゃのスーツケースを使って引っ越しの遊びをすることができるかもしれません。あなたが荷造りをしても、もう一人は行かないこと、人は帰ってくるものだということを彼女が学べるように助けることができるかもしれないですね」

2．**臨床家は、もうすぐ子どもに会えなくなることを前もって伝え、その時どのようにしてさようならをするかは子どもが選べるようにして、セッションの終わりに子どもが別れをうまく乗り越えられるように援助する。別離にまつわる儀式というものは、見通しを立て、自分の思うようにコントロールできる感覚を生むので、子どもがさようならをする時の不安をしのぐために効果的である。**

　事例　3歳のリーザは、臨床家や母親と楽しそうに遊んでいる。臨床家が「ねえ、あと数分したらもうさようならしなければならないの」と言うと、リーザは悲しそうな表情になる。臨床家は「私がさようならを言う時、あなたがドアを開ける？　それとも私が開けようか？」と言うと、「私がするわ」とリーザが言う。臨床家が「そのあとどうする？　ドアのところでさようならと手をふろうか……」と言うと、リーザが「階段の一番下に行って、見上げてさようならって言って」と遮った。臨床家が「わかった、それから？」と聞くと、リーザは「それから、また今度も来てね」と答え、微笑んだ。臨床家が階段を

下りていくと、リーザが言う。「待って、トイレに行きたい！」彼女は母親にも「私、トイレに行きたい！」と言い、大急ぎで走っていった。「待っててね、まだ行かないでね！　トイレに行かなきゃいけないから！」とリーザが叫ぶので、臨床家も「ここにいるわよ！　待っているから！」と大声で返した。リーザはトイレから戻ってくると「待って。あなたにシールをあげないと」と言う。彼女は臨床家に恐竜のステッカーを渡しながら、「あと５枚シールをあげるわ」と言った。臨床家が「そんなにたくさんのシールをどうして私にくれるの？」と言うと、リーザは「それは、あなたがいいことをしてくれたからよ」と言った。

3．**子どもがセッションの最後で別れがたくて荒れる（泣く、文句を言う、怒る）場合、臨床家はさようならをすることのむずかしさについて話し、臨床家との思い出の品として、シールやセッション中に描いた絵のような象徴的な移行対象を用意する。**

　事例　２歳のサンディは、臨床家がセッションを終えて家を出ようとすると激しく泣く。前庭まで臨床家のあとについてきて、スカートを引っ張り、行かせないようにする。臨床家は地面に膝をついて、サンディの顔をのぞき込むと「さようならをするのはむずかしいね。あなたは私にまだいてほしいし、あなたやお母さんと遊んでほしいんだよね。あなたが元気になれるようなものを何か探そうか」と言う。臨床家は母親に手伝いを頼み、皆で一緒に草の上にある色とりどりの小石を探す。臨床家は、儀式であるかのようにサンディの手に小石を置くと「私がまた来る時まで、この小石があなたと一緒にいるからね」と言う。サンディは小石をじっと見つめ、それから、臨床家の顔をじっと見つめる。臨床家は同じ言葉を二度繰り返した。サンディは泣きやみ、母親の力を借りながら、さようならと手をふることができた。

4．**臨床家が家を出る時間が近づいて、子どもが悲しい気持ちをあらわにする時、臨床家はいないいないばあやかくれんぼをして、別離のあとには再会があることを子どもに伝える。可能な時はいつでも、親にもその遊びに加わってもらう。**

事例　15ヵ月のアメリアは、臨床家がそろそろさようならをする時間ねと言うと、床に寝っ転がり、叫びながら手足をばたつかせる。臨床家は、さもいいことを思いついたかのように、「いい遊びを考えたわ！　私が隠れるから見つけてくれる？」と言う。そして椅子のうしろにしゃがんだが、丸見えなので、アメリアはまだ涙の跡がついている顔に笑顔を浮かべて臨床家を見つけにくる。すると臨床家はアメリアに、あなたが隠れて、と頼み、アメリアが隠れて臨床家が見つける側になる。こんなふうにして少し遊んだあと、臨床家は母親にこの遊びの続きを頼んだ。母親が承知すると、臨床家はアメリアに「今度はお母さんが隠れるわよ。私はもう行かなくてはならないから」と言う。アメリアは一瞬真剣な表情になったが、すぐに遊びの続きをしようと母親のほうに向き直る。臨床家は去り際に素早くお別れを言う。

5．別れの気持ちとはつながりなく子どもが怒りをあらわにする時、臨床家はその子どもの行動が別れと関連していることを説明して、子どもを安心させる。

　事例　4歳のハリールは、セッションが終わる時間になると小さなおもちゃの車を臨床家に投げつける。臨床家は「私がいなくなることに怒っているのね。とっても楽しく遊んだから、やめるのはつらいね。離れていても、私はあなたのことを思っているよ。次に来た時にまた遊ぼう。約束ね」

6．子どもが別れの悲しみをあらわにする時、臨床家はそのことについて話し、また次に会う時までお互いに相手のことを考え続けよう、忘れないでいようと子どもに話す。

　事例　4歳のリンダは、臨床家の帰り支度ができると「一緒に行きたい」と言う。臨床家は「そうできたらいいね。私と一緒に行きたいよね。一緒いるのは楽しいものね。あのね、私は離れていてもあなたのことを思っているよ。だから、あなたも私のことを考えることができるのよ。この時間はほんとうに楽しかったわね」

7．治療終結の数週間前になって子どもが臨床家に怒りを向ける時、臨床家

は子どもの怒りと治療の終結とを関連づける。

　事例　臨床家がセッションが終わりになることを告げると、5歳のヒラリーは「もうあなたのこと嫌い」と言って、遊んでいたおもちゃを投げてくる。臨床家は「もうすぐ、あなたとお母さんは私に会いにこなくなる、そのことを思い浮かべているのね。きっとお互い寂しくなるわね。そんなふうにお別れしなくちゃならないなんて、腹が立つわね」

8．治療終結の数週間前になって子どもが臨床家に怒りや悲しみを向ける時、臨床家は、子どもの治療終結に対する感情と、父親不在に対する感情とを関連づける。

　事例　3歳のティモシーは、遊んでいたミニカーが見つからなくて、慰めようもなく泣きじゃくっていた。セラピストに向かって「先生がなくしたんだ！」と叫んだ。セラピストは「ティモシー、ごめんね。車がなくなったのね。パパもいなくなったのね。そして、もうじき私もいなくなる。ここには来なくなるの」と言う。ティモシーは泣き続けるが、少し和らいだ声になる。セラピストは優しく続けて言う。「欲しいものが見つからないのはつらいよね。ごめんね」。ティモシーの母親が手を広げると、彼は母親に抱きつく。そして母親は「ママがそばにいるわ、ティモシー。私が助けてあげる」と言った。

第3段階　要約と終結：治療効果の持続を目指して

　これまでは困難な側面に目を向けてきたが、第3の、そして最後の段階では、少しずつ、治療の中で起きた前向きな変化に焦点を当てていく。特別な出来事をともに思い出したり、治療が始まったばかりの頃と今とで状況がどう変わったかを比べたりしながら、治療が終結に向かっていることを認識していく。終結による喪失感に伴って表れる感情（怒り、悲しみ、やり残した問題への後悔、改善の喜び）を取り上げ、じっくり話し合う。
　トラウマを経験してきた大人や子どもにとって、喪失は重要な問題である。そもそも、トラウマそのものが喪失だといえる。トラウマとなる出来事を体験

している、まさにその瞬間、人は、世界は安全な場所で、自分は危険にさらされた時に守られる価値のある存在だ、という前提を失うからである。そのため、治療の終結は重要な節目となる。こみあげてくるたくさんの複雑な感情を親子がそれぞれ表現できるようにすること、そして、計画性をもって丁寧に終結を進めることが大切である。

　治療目標を達成した家族とは、終結に確かな達成感がもて、別れを告げる時の悲しみには、自信と、これから自分たちで歩いていくのだという意欲と熱意が入り混じるだろう。そのようなケースでは、最後のセッションは祝福ムードに包まれ、おやつを食べながら、場合によってはこの特別な日を記念して写真を撮ってもよい。一方で、あまり楽観的ではない雰囲気の終結もある。例えば、治療者が研修期間終了に伴い異動しなくてはならないために終結する場合や、または、親子が通っていた機関が治療期間を限定しているために終結になる場合である。このようなケースでは、治療の終結に無理に祝福ムードを出すのは間違いだろう。いずれにせよ、治療の終結には最大限の注意が必要である。最後のセッションをどんなふうにして記念するかは、臨床家、親、子どもで一緒に話し合うべきことである。

　セラピストも親も、治療が始まった時から治療過程について話し合い、終結を考えていくものだが、特に（セラピストの）研修の終了に伴って終結の日が決まる場合には、終結日の約2ヵ月前から正式な終結への過程を始めるのが望ましい。セラピストは親とだけ会って、治療の進み具合を話し合い、終結の可能性を検討する。終結に向けて、セラピストが治療後の評価を行うこともある。症状の変化をみるために構造化された手法を用いることもあれば、親と非構造的面接をすることもある。いずれにしても目的は、改善した領域、よい変化をもたらした要因、まだ残っている課題、および、親が今、そしてこれから先、その課題にどのように取り組んでいくかを、親とともにじっくり考えることである。

　終結に関する親への心理教育では、トラウマの症状は出たり消えたりするものであり、その意味づけのプロセスはこれから成長していく間ずっと続くものだ、ということを伝えるべきである。大切な点を以下に示す。

　1．子どもの成長とともに物語も変化する。話す能力や、起きた出来事を消化する能力が高まるにつれ、その時々の能力に応じて、子どもは過去の自分の

物語の中に新たな側面を見出し、新たな疑問をもち、そして、何が起きたのか、どれほど衝撃的だったのかを理解できるようになる。例えば、DVを目撃した子は、自分がデートをする年頃になった時、もしくは親に別の恋人ができた時、幼い頃のつらさを再体験するかもしれない。性的虐待を受けた子は、思春期になって性行為やデートに興味をもつようになった時、過去の自分の体験や、それが意味するものについて新たな疑問を抱くかもしれない。子どものこの移行期の行動を理解するために、親がトラウマを考慮した視点をもっていると、よりうまく子どもをサポートし、再燃した葛藤を健全に解決していけるよう後押しできるだろう。

2.「トラウマは喘息のようなものである：一時よくなるが、再発する」。このシンプルなたとえは多くの親に役立つ。医学の分野では、治癒した状態と、症状をコントロールしている状態とがある。喘息は適切なケアを受けることによって一時的によくなるが、ひどい花粉の季節には症状が再発する。同じように、トラウマに関連した症状は、子どもがトラウマや喪失のリマインダーにさらされた時や、子どもに新たな別の負荷がかかった時に再び現れるのである。親のすべきことは、今置かれている環境の中でいつリマインダーに遭遇するかを見極め、知っておくことである。そして、（回避にならないようにしながら）子どもができるだけリマインダーにさらされることのないように気をつけ、避けられない症状があることを心に留めつつ、リマインダーとうまくつきあうその子の能力を高めてやることである。

終結に対して表れる反応を子どもが自分でやりくりできるよう十分な時間を確保するために、治療が終結することを前もって子どもに伝えておくことが重要である。通常、終結日の6週間前に伝える。子どもからみれば（多くの場合、親からみても）、治療の終結は、治療の中で互いに芽生えた好意的な感情を省みない理不尽な出来事である。言葉が話せる子どもは、臨床家があと数週間で来なくなるよと言うと、必ず「どうして？」と聞く。簡単な答えはない。治療を始めた時の状況はどうだったか、今の状況はどうかを簡単にまとめて、その子に答えてあげるとよいことが多い。そうすることで、親子ともにつらい感情に一所懸命向き合い、安全と保護に向けて歩み、自分たちの体験に意味づけをしながら成長してきたことを強調できる。

終結の過程に入ると、まだすべてが解決したわけではないからもっとセラピーが必要なのだと無意識にセラピストに伝えようとして、意図的ではないもの

の、子ども（そして／または親）に症状が出ることがよくある。この症状は、十分に時間をかけて丁寧に終結が扱われれば、通常長引くことはない。悲しみやお別れを言う不安にきちんと着目してもらうと、症状は治まっていく。

事例 テレサとジェイコブは、1年半治療に参加していた母子である。治療が始まった時、ジェイコブ（当時3歳）の親権は祖母にあった。母親は物質乱用歴があり、また、自分に暴力をふるうジェイコブの父親、チャールズとなかなか別れられずにいたため、親権を取り戻せそうになかった。最初、セラピストは祖母とジェイコブと会っていたが、その後母親にも連絡を取った。母親に対して治療が可能かどうかを見極めるために、子ども‐親心理療法の見立てを行った。テレサは真っ直ぐで正直だった。過去の薬物乱用を認めて、入院して薬物治療を受けていた。テレサはまた、ジェイコブを父親に会わせたことがあるが、それを悪いとは思っていないと話した。「男の子は父親を知っておいたほうがいいわ」と言う。テレサはその父親を怖がってはおらず、「私も負けてないから」と言った。時間をかけて、テレサとセラピストは、彼女の人生における暴力の意味について、そして、息子に何を望むかについて、何度も話し合った。テレサとジェイコブは再び一緒に暮らし始めた。テレサはジェイコブに謝り、そしてジェイコブのプレイセッションに参加するようになった。ジェイコブは遊びの中で、危険にさらされている赤ちゃんが、巨大な赤い恐竜によって母親から引きはがされる場面を何度も繰り返した。「助けて、ママ、助けて」とジェイコブが泣き、母親は「今行くわ、私のかわいい坊や。今行くわ」と応えた。この遊びを通じて、母親は、暴力が息子にどれほど影響を与えていたかを知った。母子は低所得者用の家賃援助プログラムを受け、新しいアパートに引っ越した。のちに父親もそこへ越してきた。両親そろってジェイコブに、いかに自分たちが暴力的で怖がらせてしまっていたかを話した。終結の前に、テレサはジェイコブに「あなたの親はどこかおかしいのよ」と話したとセラピストに教えてくれた。「ジェイコブは、私たちが大声で喧嘩するのがわかってたのよね。でも私たちはもうお互いにひっぱたいたりしないし、殺すような真似は二度としないわ」

終結は茨の道だった。セラピストは、いくつもの大事な変化が起こった時そばにいて、親子がともに過ごせるように支えてきた。終結の過程に入った時、ジェイコブは学校生活でうまくいかなくなった。母親は「あの子はあなたに行

かないでほしいのよ。あなたを必要としているわ」と言った。セラピストは「私も行きたくないわ。でもね、ジェイコブにはあなたがいる。彼をどう支えていけばいいか、あなたはもう知っているじゃない」と言う。母親は怪訝そうな顔でセラピストを見た。「ねえ、テレサ、あなたもお別れを言いたくないのよね」とセラピストが言うと、「ええ、そうよ」とテレサは言う。「私はランナーなの。知ってるでしょ？」とテレサが言うと、「ええ。ランニングシューズを履いてるの？」とセラピストが聞く。「履いてるわ」とテレサ。「今度また私を部屋に入れて、お別れを言わせてくれるといいのだけれど」とセラピストが言うと、テレサは「わからない」と応えた。

　治療の終結が近づいていたある日、セラピストがテレサの家に到着して呼び鈴を鳴らしても誰も出てこない時があった。少し待ってもう一度呼び鈴を鳴らしたが、誰も出ない。セラピストはテレサの留守番電話にメッセージを残した。「こんにちは、テレサ。お別れを言うのはつらいから、私を家に入れたくないかもしれないわね。来週また来るわ。あなたにも、ジェイコブにも、チャールズにも、会えるのを楽しみにしています」。テレサは折り返し電話をかけてきて、「わかった。来ていいわよ」と言った。つらい別れだった。終結の期間に、セラピストとテレサたちはジェイコブが祖母のもとでどのように暮らしていたかを話し合った。その当時、テレサとその母親はつきあいを絶っていたが、今は交流が復活した。当時は安心できる環境ではなかったから母親と一緒には暮らせなかったこと、しかし今は母親は変わったし、父親もがんばっていることを話し合った。改善したことはたくさんあったが、以前の暴力の程度や、父親がまだ問題を抱えていることを考えると、リスクは残っていた。これほど結びつきが強まってから別れを言うのはつらいものだった。1年後、テレサから留守番電話のメッセージが残されていた。電話番号は残されていなかったが、「今とても順調に暮らしていることをお知らせしたくて。私はPTAに参加していて、ジェイコブは学校でうまくやっています」とのことだった。

　終結が近づいてきたら、就学前の子どもたちには、終結するその日までにあとどのくらい時間があるかを知らせる具体的なものがあるとよい。特別なカレンダーを用意し、セッションのたびに、過ぎた1週間に線を引き、あと何週間残っているのかを数えてもよい。親もたいていはその方法に賛成する。最後のセッションを記念していつもと違う何かをすることで、最後のセッションが格

別に重要なものになる。大切な関係に終止符を打つ時に湧いてくる複雑な感情を捉えるのに、最後のセッションで心を込めてお祝いをしたほうがよいのか、それとも、より振り返りの活動をしたほうがよいのか、臨床家は、親と子どもとともに考えて決める。

別れの儀式をいくつか紹介する。

・絵やシールを使って家族の物語の本を作る。
・最後のセッションで互いにカードを書く。セラピストは子どもと養育者それぞれに宛てて書く。保護者と子どもは通常セラピスト宛てに書く。セッションが終わる前にカードを交換し、声に出して読む。
・写真立てを作り、フレームに一行メッセージを書く。
・家族が持ち帰れるように互いの写真を撮る。子どもが自分について物語るのによく使っていたおもちゃの写真を撮ることもある。
・治療が始まった時の状況と、今の状況をそれぞれ絵に描く。
・思い出の枕を作る。セラピストは3辺のみ閉じられた小さな枕を用意する。セッションの間に、セラピスト、子ども、保護者はそれぞれ思い出やメッセージを書き、枕の中に入れる。家族の記念品になるよう、最後の1辺を縫う。養育者用と子ども用と、枕を2つ用意することもある。

これらの儀式をすることで、セラピストと家族とで治療がどのような意味をもつものだったかを共有でき、治療を思い出せる具体的なものを作ることができ、また、穏やかに、すべての感情を包み込んで別れを告げることができる。

第3章
ケースマネジメント

　ケースマネジメントとは、生活上の問題に対する現実的な支援、ととても簡単に定義できる。子ども−親心理療法において、社会経済的に困窮する家族と向き合う場合、ケースマネジメントは不可欠な要素となる。子ども−親心理療法は、子どもの発達支援には環境や相互交流の文脈が大変重要であることを強調しているため、当然である。子ども−親心理療法のセラピストは、家族の抱える事情を詳細に検討しながら、さらに支援が必要な領域を確認し、家族を適切な資源につなげていく。そして、それぞれの支援がうまく機能しているかどうかをモニターし、調整するのである。

　生活上の問題に具体的な支援をする目的は、目の前の問題を解決することだけでなく、親が自力で同じような問題の解決法が学べる機会を提供することである。臨床家は、親に地域資源の情報を教え、それをどう活用すればよいか見本を示し、親が自分で資源を活用できるよう導く。そして、支援が役に立つなら、もっとこんなふうに動くとこのサービスを最大限に活かすことができますよと助言を加え、フィードバックする。これは例えば、親が適切に医療機関を利用したり、良質な保育を手に入れたりすること、交通手段の問題や職場での問題を解決したりすること、住居の質を向上させたりすることなどを意味する。

　家族によっては、この現実的な問題があまりに長い間生活の中に浸透してしまっていることがある。そうした事例では、精神保健のための介入とケースマネジメントを同時に行おうとすると、セラピストの時間や労力が著しく消耗される。そのような場合は、これら一つひとつの支援を受けられる地域の資源に

家族をつなげていくことが重要である。

　プログラムよっては、ケースマネージャーと子ども‐親心理療法セラピストが別々に支援を提供するものもある。これは、ケースマネージャーとセラピストが、家族のニーズが何かについてよく理解し合い、かつ、家族のために一致してとるべき行動について、互いにうまく意思の疎通がなされている時には可能である。家族のニーズにスタッフが一致して取り組めているかを確認するためには、両者間で定例会議を行うことを勧める。

　暴力にさらされる家族に取り組む時には、児童保護局や家庭裁判所との連携が必要となる。その際の連携のとり方を以下に説明する。

児童虐待が疑われる時——児童保護局への通告

　夫婦間で暴力がふるわれる時には、高い確率で児童虐待も起こっている。加害者は親のどちらかであり、子どもはその親と一緒に住んでいることもあれば、そうでないこともある。セッションが進む中で、臨床家の目の前で児童虐待といえる出来事が起こるかもしれないし、あるいは、虐待といえる過去の出来事を親子どちらかがセッション中に語るかもしれない。

　児童虐待の疑いがあると、治療はむずかしい状況に置かれる。なぜなら、たとえどれほど丁寧にその状況を取り扱ったとしても、児童虐待があると、治療がうまくいかないかもしれないからである。加害者が親でなく第三者である場合でも、児童保護局が介入し、法律制度が絡んでくれば、親には重圧がかかり、脅かされているように感じるかもしれない。しかし、だからといって、臨床家は、治療に悪影響が出たり、そのせいで終結せざるをえなくなったりすることを恐れて、児童虐待の通告を怠るわけにはいかない。臨床家には、虐待を疑った時に通告する法的義務がある。が、児童虐待の有無を調査するのは臨床家の力の及ぶところではなく、児童保護局の職分である。

　しかし、臨床家は、きちんと通告するために、何が起きたのかを探ることができるし、またそうするべきである。例えば、もし親も子どもも、その子どもが自分で硬いところに頭をぶつけてしまったと、はっきりと筋道立てて説明し、その他に虐待を疑うような根拠（過去の似たような出来事、虐待歴、親のネグレクト、子どもに対する感情コントロールの欠如など）がないとしたら、たとえ子どもの額にあざを見つけたとしても、それだけでは通告の十分な根拠には

ならない。しかし逆に、他の危険要素が潜在的にある状況で、曖昧で矛盾した説明しかなされない場合は、通告することが求められる。

　通告すると決めた時、臨床家は、事前にそのことを親に知らせられるよう、あらゆる手をつくさなければならない。電話で話すか、セッションを追加してでも、親には個別に直接伝えることが望まれる。湧きあがる強い感情を整理しながら、少しの間心を落ち着かせるために、親には十分な時間が必要である。手続きが進み、かつ、治療関係が守られるために、通告は以下6つのステップに基づいて行われるのが最もよい。

1．臨床家は、しかるべき事例を通告する法的義務があることを親に説明する。同時に、この通告によって、臨床家と家族との関わりが減ることはまったくないことを強調する。虐待が起こったということは、現在の介入だけでは子どもの安全を守るのに十分ではなく、さらなる支援が必要だと示しているのだと説明するとよい。
2．臨床家は親に、どのように児童保護局が動くかはわからないが（例えば、虐待ケースとして受理されるかどうかや、どのように取り扱われるかなど）、臨床家は児童保護局職員とも親とも会って協力していくし、また、子どもの安全を守り、親が子どもを守ることをサポートする行動計画を立てるのに自分も参加する予定だと伝える。また臨床家は、親と話し合わずに児童保護局職員に情報提供することはないこと、そして、虐待事件に直接関連していない情報は親からの要求がない限り秘密として守られることを親に保証する。
3．臨床家はセッション中に、臨床家も手伝うことを申し出たうえで、親が率先して児童保護局に電話して通告するように後押しする。親が電話することを拒否する時は、親同席のうえで臨床家がセッション中に電話する旨を伝える。そうすると、親は臨床家がどのように通告するかを聞くことができ、臨床家の厚意に対する信頼が深まる。
4．通告がなされたあと、臨床家は、子どもが養護施設に連れていかれるかもしれないという不安など、親の反応を聞き取る。子どもの安全がしっかりと確保される限りは、臨床家は、子どもが家から連れていかれることのないよう保障するために精一杯努め、そして、必要があれば裁判所でも証言しますよと親に伝え、安心させる。もし、養護施設へ預けられ

る可能性があるならば、臨床家はその理由を親と話し合い、親の気持ちを聞く。通告をした臨床家に対して怒りの感情が湧いてくるのは無理もなく、当然のことである。次のセッションまでは電話で連絡を取り合うことにし、次のセッションの日程を決める。
5．児童保護局職員が文書による報告書を要求してきた場合、臨床家は親に知らせ、報告する内容について意見を聞く。報告書を郵送する前に親に見せ、承諾を得る。また、適切であれば、親の意見を報告書に反映させる。
6．以上の各段階を通して、通告の過程で子どもがどのように関わるべきかを常に心に留めておき、そのことについて親ともよく話し合う。子どもが児童保護局職員の個人面接を受けるかもしれない時には、子どもの年齢や発達段階によっては、事前にわかりやすく説明しておくことが必要だろう。その説明の中で、親も臨床家も子どもの安全を最優先に考えていること、そして、安全を保障するために支援が必要であるということを常に強調するべきである。

この6つの段階を踏むことによって、児童保護局への委託をきっかけに臨床家が親と疎遠になってしまうのを可能な限り防ぐことができると考えられる。しかし、実際はそのように整然とはいかないことが多い。時には、治療に関わっていない第三者が児童保護局に通告したのでも、親は臨床家が通告したのではないかと疑うことがある。その時は、臨床家は通告を否定しながら、しかし同時に、今後の方針を決めるため、通告のきっかけとなった出来事について調査をしていくという、なんともやりにくい立場に置かれる。また、臨床家が児童保護局への通告を行わなければならないことを親に伝えた時、親が激しい反応をみせ、それ以降の接触を拒否することもある。さらに、児童保護局の介入が両親に対してひどく攻撃的である場合もあり、そのような児童福祉司に対する怒りから、親が臨床家に疑念と怒りを抱くこともある。いずれの時も、臨床家は私的な感情を自分の中に抱え、収めておくよう努力しなければならないし、関わっているどの当事者とも過度に同一視してはならない。このような臨床の姿勢を貫くことで、臨床家は、親と法的制度の間で、思いやりのある、それでいて客観的な仲介役として、しっかりとその役割を果たすことができる。

通告されることへの親の反応があまりに予測不能で危険なために、臨床家が

自らの身の危険を感じるケースがままある。その時は、臨床家は自分の身の安全をまず確保しなければならない。安全が確保されるまで、通告がなされたことは電話で親に知らせ、家庭訪問を中止して、適切であれば診療室訪問に切り替えてもよいだろう。

親権問題が起こる時──家庭裁判所との連携

　家庭内の暴力によって別居した、あるいは同棲を解消したあとには、さまざまな問題をはらむ離婚や憎悪に満ちた親権争いが起こることが多い。暴力を受けた女性は、暴力的な父親との監督者なしでの面会、あるいは父親宅への泊まりがけの訪問は、子どもの安全を脅かすのではないかと恐れるものである。しかし、父親はよく、暴力をふるったことを否定したり、母親が報告したほど深刻なものではなかったと言ったりする。そして、自分の親権が剥奪されてはならないと主張する。子どもに危険がある、もしくは、一方の親が不当に疎外されている、と主張する訴訟や反訴は、両親双方がそれぞれの立場を支持する証拠をかき集めようとするため、法的な争いは長期戦になる可能性がある。

　子どものセラピストは、その子がどのような思いをして過ごしてきたのかをよく知っているため、法的な争いの中心にいることが多い。子ども‐親心理療法のセラピストは、さらに、子どものことだけでなく、治療を依頼した親の心理状態についても深く理解しているため、とても複雑な立場に立たされる。その結果、一方の親から、親としての適性やDVの子どもへの影響について、裁判で証言するよう求められることがあるだろうし、また、もう一方の親から、裁判所で自分の法的立場を有利にするような臨床上の資料の提出を求められることもあるだろう。

　複雑な法的状況から生まれる臨床的ジレンマに対する簡単な解決法はない。しかしながら、法的な争いの犠牲にならないよう治療過程を守るために、参考となる実用的原則がいくつかある。その原則を以下に示す。お断りしておくが、性別代名詞をわかりやすくするため、ここでは、母親が虐待を受けた親で子ども‐親心理療法を求め、父親が暴力的存在である場合を仮定している。言うまでもなく、この原則は、父母の立場が逆転すれば、性別代名詞も逆転する。

1．治療の開始時点で、セラピストは、治療を求めてきている親に、もう一

方の親（例えば父親）が法的親権をもち、子どもと定期的に面会しているかどうかを確認する。もし、父親が法的親権をもっているのであれば、父親がこの治療計画を知り承認しているかどうかも尋ねる必要がある。もし父親が知らないのなら、子どもに治療を受けさせようという母親の決断を父親に知らせるよう、母親を後押しする。双方の親が治療を理解し、支援してくれることによって、子どもに、どちらの親も大切な存在で、子どもにとって大事なことを決めるために両親とも協力して参加するのだ、という明確なメッセージが伝わる。父親が治療に反対する場合、セラピストは母親に対して、親権をもつ親の承諾なく治療を行うことはできないことを説明する。もし、母親が父親に内緒で治療の継続を望むのであれば、それは、父親に対して秘密を抱えているという精神的な負担を子どもに負わせることになり、治療の効果がなくなりますと母親に伝える。また、親の反対に関係なく裁判所が子どもへの治療を命令することもあるが、その時は母親と弁護士とで相談する余地があると母親に助言する。

2. 治療の開始時、母親に、親権や面会権に関する裁判所への申し立てのために、セラピストが弁護士へ情報提供することはない、と説明する。提供される唯一の情報は、治療に参加しているということだけである。治療上の情報提供は、少なくとも3つの意味で母子を傷つける可能性があることを説明する必要もある。第一に、相手側が裁判で臨床記録を証拠として法廷に提出するよう求め、その情報を悪用する可能性があるということ。第二に、このような情報提供は治療にかける時間も労力も奪っていくということ。最後に、セラピストが裁判での証言に悪影響を及ぼすような否定的な見解を作りあげるのではないかという不信感を母親に抱かせ、セラピストに対し、感じたことをありのままに打ち明けられなくなってしまうかもしれないということである。母親との会話において、セラピストは、親権や面会権をめぐって、一方の親の味方であるかのような印象を与える言い方はしないように気をつけなくてはならない。

3. セラピストは、治療の過程で弁護士や調停人や裁判官へ情報提供をしなければならなくなる可能性がある。これは、どのような情報も決して漏らさないと最初に母親に伝えたことと矛盾する。このような場合、つまり例外として、母親との約束に反して情報提供しなければならなくなる

場合は、その都度、ケースバイケースで慎重によく吟味すべきである。なぜなら、治療者が個人情報をどの範囲まで守るか、また、裁判所や弁護士の求める情報にどこまで応えるかについて前例を作ることになり、のちに重要な問題になりかねないからである。

4．セラピストは、臨床的な評価および治療と、法律的評価を明確に区別するべきである。臨床的な活動と法律的な活動の境界を曖昧にしてはならない。守秘義務と精神保健機能の改善が臨床的な評価と治療の特徴である。一方、法医学的な評価では、判決を下すための情報を裁判所に提供するという目的があり、これらは守秘義務の拘束を受けない。臨床的評価が、利便性や経済的理由のために裁判の道具になることは避けるべきである。

5．セラピストは、まず当事者すべての客観的評価や、子どもの最善の利益は何かについて予見をもたず、子どもの親権や面会の日程について臨床的な勧告をするのは倫理的原則に反することを心に留めておくべきである。セラピストは、その治療関係の特異性から、中立の立場に立つ客観性のある存在にはなりえない。セラピストの意見や見解は臨床過程の影響を受けるものである。セラピストが、臨床過程についての情報を法的機関へ提供すると決めた場合には、セラピストのもつ情報源には限界があることをはっきりさせ、セラピストの出す結論はこれらの限界に影響されることを明らかにし、証言を念入りに作る必要がある。

第4章
さまざまな治療法との類似点と相違点

A 心理療法全般に必須の項目

　すべての精神保健介入には、効果的な介入を行うために欠かせない基本的原則がいくつかある。一つは、クライエントの体験に焦点を当てた面接を、無理のないスケジュールで予定し、確実に実施することである。もう一つは、治療介入を支えるために、気持ちに寄り添い、あたたかく見守り、共感することである。

　すべての介入に共通するわけではないが、いくつかのアプローチで共有される原則もある。子ども－親心理療法と精神力動的心理療法は、精神の不調は心理的葛藤の表れでありうること、また、心理的葛藤は乳幼児期の体験に端を発しているかもしれないという見解を共有している。また、子ども－親心理療法と愛着理論アプローチはともに、安全に守られる親子関係を強調し、子どもの情動体験や要求のサインに親が敏感に応答するよう後押しして、安定した愛着を育むよう働きかける。発達に基づくアプローチとの共通点は、年齢相応の子どもの行動や育児方法に関する親の知識を高めるために、子どもの発達ガイダンスを行い、親教育を行う点である。社会的学習理論と認知行動理論の介入戦略は、うまく機能していない行動や思考のパターンを改め、新しい形式の行動と思考を身につけることを重視する。また、トラウマに関連した問題への介入では、感情の昂ぶりを調節する力を高めることと、恐怖や危険に対する適切な

反応を身につけることを目指す。子ども – 親心理療法が他のアプローチと共通する項目は、以下に示す通りである。

安全で支持的な治療の枠組みと生活環境を確立するための項目
1. 臨床家は、セッションを行う際、時間を厳守し、信頼性があること
2. 臨床家は、確実に安全な場でセッションが行われるようにすること
3. 臨床家は、自身の経験のレベルに応じて定期的なスーパーヴィジョンを受けること
4. スタッフメンバーは、定期的に集まり、治療に関する問題を議論し、互いに相談し、支え合うこと
5. 臨床家は、個々のクライエントに対する敬意を言葉にして伝えること
6. 臨床家は、個々のクライエントの意見を尊重すること
7. 臨床家は、個々のクライエントの悩みに共感を示すこと
8. 臨床家は、心から愛していることをはっきりと子どもに伝えるよう、親を促すこと
9. 臨床家は、個々のクライエントが、状況が危険か安全かどうか現実的に判断できるように手助けすること
10. 臨床家は、恐怖の再体験と、実際に危険な状況とを区別できるよう援助し、安心感を高めること
11. 臨床家は、必要に応じて、薬物療法や個人または集団心理療法、物質乱用への支援、言語療法や作業療法のような発達支援などに、新たにつげること

感情、認知、行動に関する項目
12. 臨床家は、普遍的な反応について説明することで、個々のクライエントのトラウマに対する反応は特異なものではないと説明すること
13. 臨床家は、個々のクライエントが自分の気持ちを言葉で表すよう促すこと
14. 臨床家は、個々のクライエントが自罰的で否定的な考え方をしていることに気づき、それを変えることができるよう助けること
15. 臨床家は、個々のクライエントが、どのような行動が他者を怒らせるのかに気づき、代わりの行動を見つけるよう手助けすること

16. 臨床家は、怒りや悲しみにうまく対処する建設的な方法を示すこと
17. 臨床家は、他者に助けを求める、運動する、落ち着いて呼吸をする、祈る、瞑想する、あるいは、他の精神的な活動に没頭する、リラックスする、楽しい活動を行うなど、個人が不安に対処する方法を示し、実践するよう後押しすること
18. 臨床家は、個々のクライエントが今この瞬間に感じている気持ちを、以前同じような感情を抱いた時の体験と結びつけ、今の感情にさまざまな意味を見出せるよう助けること
19. 臨床家は、クライエントが絶望しきってしまうことなく、個々のもつ自分の強さや満足感を思い出すことで、つらい経験をより大きな枠組みの中で理解できるよう助けること
20. 臨床家は、個々のクライエントに、人は誰しもよい面と悪い面とを持ち合わせていること、また、一人の人間に対して愛と憎しみを同時に感じることがあることを気づかせ、両極面の感情の統合を促すこと
21. 臨床家は、個々のクライエントが臨床家に対して否定的な気持ちを表す時、防衛的になったり批判したりせずに対応すること
22. 臨床家は、個々のクライエントが何をしている時に幸せを感じるかを知り、行動に移せるよう助けること

発達促進に関する項目
23. 臨床家は、介入に際して、それぞれの発達段階にふさわしいおもちゃや本を利用できるようにしておくこと
24. 臨床家は、親と子の間で発達に見合った遊びが行われるよう働きかけること
25. 臨床家は、子どもに発達に見合った体験をさせられるように、本、おもちゃ、楽しい遊び、ゲームを用いるよう親を促すこと
26. 臨床家は、発達の観点からみた子どもの行動の意味について親に伝えること
27. 臨床家は、これから先も子どもが適切な発達段階を歩み続けていけるよう後押しすること

B　子ども－親心理療法と相容れない項目

　臨床家がセッション中に起こることをコントロールする手法は、いずれも、子ども－親心理療法と相容れない介入方法である。このような手法では、親とセラピスト、あるいは子どもとセラピストという治療関係が、相互性を育む手本にならないため、やりとりが育たない。子ども－親心理療法と相容れない手法の例は以下の通りである。

1. 子どもに対する親の態度を導く「イヤホンからのガイド」の利用
2. セラピストの介入を導く「イヤホンからのガイド」の利用
3. 個々のクライエントがトラウマ体験に浸り続けることを後押ししてしまう洪水のような介入
4. トラウマ体験を思い起こさせるリマインダーに意図的にさらす、脱感作法
5. カリキュラム主導の説教じみた講義
6. 行動を変えるための嫌悪刺激の利用
7. 発達の原則に基づかない、あるいは、子どもそれぞれの特徴や主体的な体験を考慮しない教訓的な教え

文　献

Achenbach, T. M. (1991). *Manual for the Child Behavior Checklist 4-18 and 1991 Profile*. Burlington: University of Vermont, Department of Psychiatry.

Achenbach, T. M., & Edelbrock, C. S. (1983). *Manual for the Child Behavior Checklist and Revised Child Behavioral Profile*. Burlington: University of Vermont, Department of Psychiatry.

Ainsworth, M. D. S. (1969). Object relations, dependency, and attachment: A theoretical review of the infant-mother relationship. *Child Development*, 40, 969-1025.

Ainsworth, M. D. S., Blehar, M. C., Waters, E., & Wall, S. (1978). *Patterns of attachment: A psychological study of the strange situation*. Hillsdale, NJ: Lawrence Erlbaum Associates.

American Academy of Child and Adolescent Psychiatry. (2010). Practice parameter for the assessment and treatment of children and adolescents with posttraumatic stress disorder. *Journal of the American Academy of Child & Adolescent Psychiatry*, 49, 414-430.

American Psychiatric Association. (1994). *Diagnostic and statistical manual of mental disorders* (4th ed.). Washington, DC: Author. (高橋三郎、大野裕、染矢俊幸訳『DSM-IV 精神疾患の診断・統計マニュアル』医学書院、1996)

Bateson, G. (1972). Pathologies of epistemology. In W. P. Lebra (Ed.), *Transcultural research in mental health* (pp. 383-390). Oxford, England: University of Hawaii Press.

Bayley, N. (1969). *Scales of Infant Development manual*. New York, NY: The Psychological Corporation.

Beck, A. T., Ward, C. H., Mendelson, M., Mock, M., & Erbaugh, J. (1961). An inventory for measuring depression. *Archives of General Psychiatry*, 4, 561-571.

Benedek, T. (1959). Parenthood as a developmental phase: A contribution to the libido theory. *Journal of the American Psychoanalytic Association*, 7, 389-417.

Benjamin, J. (1988). *The bonds of love: Psychoanalysis, feminism and the problem of domination*. New York, NY: Pantheon.

Blake, D. D., Weathers, F., Nagy, L., Kaloupek, D. G., Klauminzer, G., Charney, D., & Keane T. M. (1990), Clinician Administered PTSD Scale. *Behavior Therapy*, 18, 12-14.

Bowlby, J. (1969/1982). *Attachment and loss: Vol. 1. Attachment* (2nd ed.). New York, NY: Basic Books. (黒田実郎他訳『愛着行動（母子関係の理論　1巻）』岩崎学術出版社、1976)

Bowlby, J. (1973). *Attachment and loss, Vol. 2. Separation.* New York, NY: Basic Books.（黒田実郎他訳『分離不安（母子関係の理論 2巻）』岩崎学術出版社、1977）

Bowlby, J. (1980). *Attachment and loss, Vol. 3. Loss, sadness, and depression.* New York, NY: Basic Books.（黒田実郎他訳『愛情喪失（母子関係の理論 3巻）』岩崎学術出版社、1981）

Bowlby, J. (1988). *The secure base: Parent-child attachments and healthy human development.* New York, NY: Basic Books.

Bretherton, I., Oppenheim, D., Buchsbaum, H., Emde, R. N., & the MacArthur Narrative Group. (1990). *MacArthur Story Stem Battery.* Unpublished manual.

Briere, J. (2005). *Trauma Symptom Checklist for Young Children (TSCYC): Professional manual.* Odessa, FL: Psychological Assessment Resources.

Bronfenbrenner, U. (1979). Contexts of child rearing: Problems and prospects. *American Psychologist,* 34, 844-850.

Campbell, S., Shaw, D. S., & Gilliom, M. (2000). Early externalizing behavior problems: Toddlers and preschoolers at risk for early maladjustment. *Development and Psychopathology,* 12(3), 467-488.

Cannon, W. B. (1932). *Effects of strong emotions.* Chicago, IL: University of Chicago Press.

Carrion, V. G., Weems, C. F., Ray, R., & Reiss, A. L. (2002). Towards an empirical definition of pediatric PTSD: The phenomenology of PTSD symptoms in youth. *Journal of the American Academy of Child & Adolescent Psychiatry,* 41, 166-173.

Chess, S., & Thomas, A. (1984). *Origins and evolution of behavior disorders: From infancy to early adult life.* Cambridge, MA: Harvard University Press.

Cicchetti, D., & Lynch, M. (1993). Toward an ecological/transactional model of community violence and child maltreatment: Consequences for children's development. *Psychiatry,* 56, 96-118.

Cicchetti, D., Rogosch, F. A., & Toth, S. L. (2000). The efficacy of toddler-parent psychotherapy for fostering cognitive development in offspring of depressed mothers. *Journal of Abnormal Child Psychology,* 28, 135-148.

Cicchetti, D., Rogosch, F. A., & Toth, S. L. (2006). Fostering secure attachment in infants in maltreating families through preventive interventions. *Development and Psychopathology,* 18, 623-650.

Cicchetti, D., Rogosch, F. A., & Toth, S. L. (2011). The effects of child maltreatment and polymorphisms of the serotonin transporter and dopamine D4 receptor genes on infant attachment and intervention efficacy. *Development and Psychopathology,* 23, 357-372.

Cicchetti, D., Rogosch, F. A., Toth, S. L., & Sturge-Apple, M. L. (2011). Normalizing the development of cortisol regulation in maltreated infants through preventive interventions. *Development and Psychopathology,* 23, 789-800.

Cicchetti, D., Toth, S. L., & Rogosch, F. A. (1999). The efficacy of toddler-parent psychotherapy to increase attachment security in offspring of depressed mothers.

Attachment and Human Development, 1, 34-66.

Cohen, J. A., Mannarino, A. P., & Deblinger, E. (2006). *Treating trauma and traumatic grief in children and adolescents*. New York, NY: Guilford Press.（白川美也子、菱川愛、冨永良喜監訳『子どものトラウマと悲嘆の治療—トラウマ・フォーカスト認知行動療法マニュアル』金剛出版、2014）

Crusto, C. A., Whitson, M. L., Walling, S. M., Feinn, R., Friedman, S. R., Reynolds, J., Amer, M., & Kaufman, J. S. (2010). Posttraumatic stress among young urban children exposed to family violence and other potentially traumatic events. *Journal of Traumatic Stress*, 23, 716-724.

Davidson, T. (1978). *Conjugal crime: Understanding and changing the wifebeating pattern*. New York, NY: Hawthorn.

Derogatis, L. R. (1994). *Symptom Checklist-90-R: Administration, scoring, and procedures manual*. Minneapolis, MN: National Computer Systems.

Drell, M., Siegel, C., & Gaensbauer, T. (1993). Posttraumatic stress disorders. In C. Zeanah (Ed.), *Handbook of infant mental health* (pp. 291-304). New York, NY: Guilford Press.

Epstein, K., Dorado, J., Dolce, L., Loomis, B., Speziale, K., Aleman, N., & Marcin, M. (2014). *Transforming stress and trauma: Fostering wellness and resilience* [PowerPoint slides]. Training curriculum presented by the San Francisco Department of Public Health, Trauma Informed System Initiative, San Francisco, CA.

Erikson, E. H. (1964). *Childhood and society* (2nd ed.). Oxford, England: W. W. Norton.（仁科弥生訳『幼児期と社会（1、2巻）』みすず書房、1977-1980）

Eth, S. E., & Pynoos, R. S. (1985). *Post-traumatic stress disorder in children*. Washington, DC: American Psychiatric Press.

Fairbairn, W. R. D. (1954). *An object relations theory of personality*. New York, NY: Basic Books.（山口泰司訳『人格の対象関係論（人格の精神分析学的研究 上巻）』文化書房博文社、1986）

Fantuzzo, J. W., & Fusco, R. A. (2007). Children's direct exposure to types of domestic violence crime: A population-based investigation. *Journal of Family Violence*, 22, 543-552.

Finkelhor, D., Ormrod, R., Turner, H., & Hamby, S. L. (2005). The victimization of children and youth: A comprehensive, national survey. *Child Maltreatment*, 10(1), 5-25.

Fonagy, P. (2010). *Attachment theory and psychoanalysis*. New York, NY: Other Press.（遠藤利彦、北山修監訳『愛着理論と精神分析』誠信書房、2008）

Fonagy, P., Gergely, G., Jurist, E. L., & Target, M. (2002). *Affect regulation, mentalization, and the development of the self*. New York, NY: Other Press.

Fraiberg, S. H. (1959). *The magic years: Understanding and handling the problems of early childhood*. Oxford, England: Charles Scribners' Sons.

Fraiberg, S. (1980). *Clinical studies in infant mental health: The first year of life*. New York, NY: Basic Books.

Fraiberg, S. H., Adelson, E., & Shapiro, V. (1975). Ghosts in the nursery: A psychoanalytic approach to the problems of impaired infant-mother relationships. *Journal of the American Academy of Child & Adolescent Psychiatry*, 14, 387-422.

Freud, A. (1936/1966). *The ego and the mechanisms of defenses*. Madison, CT: International Universities Press. （黒丸正四郎、中野良平訳『自我と防衛機制—1936（アンナ・フロイト著作集 2巻）』岩崎学術出版社、1982）

Freud, S. (1923/1966). The ego and the id. In J. Strachey (Ed. & Trans.), *The standard edition of the complete psychological works of Sigmund Freud* (Vol. 19, pp. 12-66). London, England: Hogarth Press.

Freud, S. (1926/1959). Inhibitions, symptoms, and anxiety. In J. Strachey (Ed., & Trans.), *The standard edition of the complete psychological works of Sigmund Freud* (Vol. 20, pp. 87-156). London, England: Hogarth Press. (Original work published 1926).

Gaensbauer, T. J. (1994). Therapeutic work with a traumatized toddler. *The Psychoanalytic Study of the Child*, 49, 412-433.

Gaensbauer, T. J. (1995). Trauma in the preverbal period: Symptoms, memories, and developmental impact. *The Psychoanalytic Study of the Child*, 50, 122-149.

Ghosh Ippen, C., Ford, J., Racusin, R., Acker, M., Bosquet, K., & Rogers, C. (2002). *Trauma Events Screening Inventory-Parent Report Revised*. Unpublished measure, The Child Trauma Research Project of the Early Trauma Network and The National Center for PTSD Dartmouth Child Trauma Research Group. San Francisco, CA.

Ghosh Ippen, C., Harris, W. W., Van Horn, P., & Lieberman, A. F. (2011). Traumatic and stressful events in early childhood: Can treatment help those at highest risk? *Child Abuse and Neglect*, 35, 504-513.

Ghosh Ippen, C., Van Horn, P. J., & Lieberman, A. F. (2014). *Child-Parent Psychotherapy: Training manual* (Version 2). Unpublished manuscript, University of California, San Francisco.

Henggeler, S. W., Schoenwald, S. K., Borduin, C. M., Rowland, M. D., & Cunningham, P. B. (1998). *Multisystemic treatment of antisocial behavior in children and adolescents*. New York, NY: Guilford Press. （吉川和男監訳『児童・青年の反社会的行動に対するマルチシステミックセラピー（MST）』星和書店、2008）

Herman, J. L. (1992). Complex PTSD: A syndrome of survivors of prolonged and repeated trauma. *Journal of Traumatic Stress*, 5, 377-391.

Horowitz, F. D., & O'Brien, M. (1986). Gifted and talented children: State of knowledge and directions for research. *American Psychologist*, 41, 1147-1152.

Kagan, J. (1981). *The second year: The emergence of self-awareness*. Cambridge, MA: Harvard University Press.

Kalmuss, D. (1984). The intergenerational transmission of marital aggression. *Journal of Marriage and the Family*, 46, 11-19.

Kernberg, O. (1976). *Object relations theory and clinical psychoanalysis*. New York, NY: Aronson. （前田重治監訳『対象関係論とその臨床（現代精神分析双書 第2期 10巻）』岩崎学術出版社、1983）

Klein, M. (1932). *The psycho-analysis of children*. New York, NY: W. W. Norton.（衣笠隆幸訳『児童の精神分析—1932（メラニー・クライン著作集 2巻）』誠信書房、1997）

Lieberman, A. F. (1991). Attachment theory and infant-parent psychotherapy: Some conceptual, clinical, and research considerations. In D. Cicchetti & S. Toth (Eds.), *Rochester Symposium on Developmental Psychopathology, Volume 3: Models and Integrations* (pp. 262-287). Rochester, NY: University of Rochester Press.

Lieberman, A. F. (1992) Infant-parent psychotherapy with toddlers. *Development and Psychopathology*, 4, 559-575.

Lieberman, A. F. (1993). *The emotional life of the toddler*. New York, NY: The Free Press.

Lieberman, A. F. (1997). Toddlers' internalization of maternal attributions as a factor in quality of attachment. In L. Atkinson & K. J. Zucker (Eds.), *Attachment and psychopathology* (pp. 277-291). New York, NY: Guilford Press.

Lieberman, A. F. (1999). Negative maternal attributions: Effects on toddlers' sense of self. *Psychoanalytic Inquiry*, 19, 737-756.

Lieberman, A. F. (2004). Child-parent psychotherapy: A relationship-based approach to the treatment of mental health disorders in infancy and early childhood. In A. J. Sameroff, S. C. McDonough, & K. L. Rosenblum (Eds.), *Treating parent-infant relationship problems* (pp. 97-122). New York, NY: Guilford Press.

Lieberman, A. F., Chu, A., Van Horn, P., & Harris, W. M. (2011). Trauma in early childhood: Empirical evidence and clinical implications. *Development and Psychopathology*, 23, 397-410.

Lieberman, A. F., & Ghosh Ippen, C. (2014). *Introducing Child-Parent Psychotherapy to children and their caregivers*. Unpublished manuscript, University of California, San Francisco.

Lieberman, A. F., Ghosh Ippen, C., & Van Horn, P. J. (2006). Child-parent psychotherapy: Six-month follow-up of a randomized control trial. *Journal of the American Academy of Child & Adolescent Psychiatry*, 45, 913-918.

Lieberman, A. F., Padron, E., Van Horn, P., & Harris, W. (2005). Angels in the nursery: The intergenerational transmission of beneficial parental influences. *Infant Mental Health Journal*, 26, 504-520.

Lieberman, A. F., & Pawl, J. H. (1993). Infant-parent psychotherapy. In C. Zeanah (Ed.), *Handbook of infant mental health* (pp. 427-442). New York, NY: Guilford Press.

Lieberman, A. F., Silverman, R., & Pawl, J. H. (2000). Infant-parent psychotherapy: Core concepts and current approaches. In C. Zeanah (Ed.), *Handbook of infant mental health* (2nd ed., pp. 472-484). New York, NY: Guilford Press.

Lieberman, A. F., & Van Horn, P. (1998). Attachment, trauma, and domestic violence: Implications for child custody. *Child and Adolescent Psychiatric Clinics of North America*, 7, 423-443.

Lieberman, A. F., & Van Horn, P. (2005). *Don't hit my mommy!: A manual for child-parent psychotherapy with young witnesses of family violence*. Washington, DC: ZERO TO

THREE.

Lieberman, A. F., & Van Horn, P. (2008). *Psychotherapy with infants and young children: Repairing the effects of stress and trauma on early attachment*. New York, NY: Guilford Press.（青木紀久代監訳『子ども‐親心理療法—トラウマを受けた早期愛着関係の修復』福村出版、2014）

Lieberman, A. F., Van Horn, P. J., & Ghosh Ippen, C. (2005). Toward evidence-based treatment: Child-parent psychotherapy with preschoolers exposed to marital violence. *Journal of the American Academy of Child & Adolescent Psychiatry*, 44, 1241-1248.

Lieberman, A. F., Weston, D. R., & Pawl, J. H. (1991). Preventive intervention and outcome with anxiously attached dyads. *Child Development*, 62, 199-209.

Lieberman, A. F., & Zeanah, C. H. (1995). Disorders of attachment in infancy. *Child and Adolescent Psychiatric Clinics of North America*, 4, 571-587.

Luborsky, L. (1984). *Principals of psychoanalytic psychotherapy*. New York, NY: Basic Books.

MacLean, K. L. (2009). *Moody cow meditates*. New York, NY: Simon and Schuster.

Mahler, M., Pine, F., & Bergman, A. (1975). *The psychological birth of the human infant*. New York, NY: Basic Books.（高橋雅士他訳『乳幼児の心理的誕生—母子共生と個体化（精神医学選書 3巻）』黎明書房、2001）

Main, M., & Hesse, E. (1990). Parents' unresolved traumatic experiences are related to infant disorganized attachment status: Is frightened and/or frightening parental behavior the linking mechanism? In M. T. Greenberg, D. Cicchetti, & M. Cummings (Eds.), *Attachment in the preschool years: Theory, research, and intervention* (pp. 161-182). Chicago, IL: University of Chicago Press.

Marans, S., & Adelman, A. (1997). Experiencing violence in a developmental context. In J. D. Osofsky (Ed.), *Children in a violent society* (pp. 202-223). New York, NY: Guilford Press.

Margolin, G. (1998). Effects of domestic violence on children. In P. K. Trickett & C. J. Schellenbach (Eds.), *Violence against children in the family and the community* (pp. 57-102). Washington, DC: American Psychological Association.

Marmar, C., Foy, D., Kagan, B., & Pynoos, R. (1993). An integrated approach for treating posttraumatic stress. In J. M. Oldham, M. B. Riva, & A. Tasman (Eds.), *American Psychiatric Press Review of Psychiatry* (vol. 12, pp. 238-272). Washington, DC: American Psychiatric Press.

Olds, D. L., & Kitzman, H. (1993). Review of research on home visiting for pregnant women and parents of young children. *The Future of Children: Home Visiting*, 3(3), 53-92.

Osofsky, J. D. (1995). The effects of exposure to violence on young children. *American Psychologist*, 50, 782-788.

Osofsky, J. D. (Ed.). (2004). *Young children and trauma: Intervention and treatment*. New York, NY: Guilford Press.

Osofsky, J. D. (2005). Professional training in infant mental health: Introductory overview.

Infants and Young Children, 18, 266-268.
Osofsky, J. D., & Lederman, C. (2004). Healing the child in juvenile court. In J. D. Osofsky (Ed.), *Young children and trauma: Intervention and treatment* (pp. 221-241). New York, NY: Guilford Press.
Osofsky, J. D., & Scheeringa, M. S. (1997). Community and domestic violence exposure: Effects on development and psychopathology. In D. Cicchetti & S. L. Toth (Eds.), *Rochester Symposium on Developmental Psychopathology* (*Vol. 8, Developmental Perspectives on Trauma: Theory, Research, and Intervention*, pp. 155-180). Rochester, NY: University of Rochester Press.
Parson, E. R. (1995). Post-traumatic stress and coping in an inner-city child: Traumatogenic witnessing of interparental violence and murder. *The Psychoanalytic Study of the Child*, 50, 252-271.
Patterson, G. R. (1982). *Coercive family process*. Eugene, OR: Castalia.
Pawl, J. (1995). On supervision. In L. Eggbeer & E. Fenichel (Eds.), *Educating and supporting the infant/family work force: Models, methods, and materials* (pp. 21-29). Arlington, VA: ZERO TO THREE.
Pawl, J. H., & St. John, M. (1998). *How you are is as important as what you do*. Washington, DC: ZERO TO THREE.
Peled, E. (2000). Parenting by men who abuse women: Issues and dilemmas. *British Journal of Social Work*, 30, 25-36.
Peltz, J. S., Rogge, R. D., Rogosch, F. A., Cicchetti, D., & Toth, S. L. (2015, July 20). *The benefits of Child-Parent Psychotherapy to marital satisfaction. Family, Systems, and Health*. Advance online publication. http://dx.doi.org/10.1037/fsh0000149
Piaget, J. (1959). Die relationale methode in der psychologie der wahrnehmung. [The method of relations in the psychology of perception.] *Zeitschrift fuer Experimentelle und Angewandte Psychologie*, 6, 77-94.
Pruett, K. D. (1979). Home treatment for two infants who witnessed their mother's murder. *Journal of the American Academy of Child & Adolescent Psychiatry*, 18, 647-657.
Pynoos, R. S. (1990). Posttraumatic stress disorder in children and adolescents. In B. Garfinkel, G. Carlson, & E. B. Weller (Eds.), *Psychiatric disorders in children and adolescents* (pp. 48-63). Philadelphia, PA: W. B. Saunders.
Pynoos, R. S. (1993). Traumatic stress and developmental psychopathology in children and adolescents. In J. M. Oldham, M. B. Riba, & A. Tasman (Eds.), *American Psychiatric Press Review of Psychiatry* (Vol. 12, pp. 205-238). Washington, DC: American Psychiatric Association.
Pynoos, R. S., & Eth, S. (Eds.). (1985). *Post-traumatic stress disorder in children*. Washington, DC: American Psychiatric Association Press.
Pynoos, R. S., & Nader, K. (1988). Children who witness the sexual assaults of their mothers. *Journal of the American Academy of Child & Adolescent Psychiatry*, 27, 567-572.

Pynoos, R. S., Steinberg, A. M., & Goenjian, A. (1996). Traumatic stress in childhood and adolescence: Recent developments and current controversies. In B. A. van der Kolk & A. C. McFarlane (Eds.), *Traumatic stress: The effects of overwhelming experience on mind, body, and society* (pp. 331-358). New York, NY: Guilford Press.（西澤哲監訳『トラウマティック・ストレス―PTSDおよびトラウマ反応の臨床と研究のすべて』誠信書房、2001）

Pynoos, R. S., Steinberg, A. M., & Piacentini, J. C. (1999). Developmental psychopathology of childhood traumatic stress and implications for associated anxiety disorders. *Biological Psychiatry*, 46, 1542-1554.

Pynoos, R. S., Steinberg, A. M., & Wraith, R. (1995). A developmental model of childhood traumatic stress. In D. Cicchetti & D. Cohen (Eds.), *Manual of developmental psychopathology: Risk, disorder, and adaptation* (Vol. 2., pp. 72-95). New York, NY: Wiley.

Reid, J. B., & Eddy, J. M. (1997). The prevention of antisocial behavior: Some considerations in the search for effective interventions. In D. M. Stoff, J. Breiling, & J. D. Maser (Eds.), *Handbook of antisocial behavior* (pp. 343-356). Hoboken, NJ: John Wiley and Sons.

Robins, L., Helzer, J., Orvaschel, H., Anthony, J., Blazer, D. G., Burnam, A. et al. (1985). The Diagnostic Interview Schedule. In W. Eaton & L. Kessler (Eds.), *Epidemiologic field methods in psychiatry* (pp. 143-170). New York, NY: Academic Press.

Robinson, J., Mantz-Simmons, L., Macfie, J., & the MacArthur Narrative Working Group. (1996). *The MacArthur narrative coding manual-Rochester revision*. Unpublished manuscript.

Rossman, B. B. R., Hughes, H. M., & Rosenberg, M. S. (2000). *Children and interparental violence: The impact of exposure*. Philadelphia, PA: Brunner/Mazel.

Roth, A., & Fonagy, P. (2014). *What works for whom? A critical review of psychotherapy research* (3rd ed.). New York, NY: Guilford Press.

Rozental, S. (1967). *My father Niels Bohr: His life and work as seen by his friends and colleagues*. Amsterdam, the Netherlands: North-Holland Publishing.

Sameroff, A., & Emde, R. N. (Eds.). (1989). *Relationship disturbances in early childhood: A developmental approach*. New York, NY: Basic Books.（小此木啓吾監修『早期関係性障害―乳幼児期の成り立ちとその変遷を探る』岩崎学術出版社、2003）

Sapolsky, R. (1994). *Why zebras don't get ulcers: A guide to stress, stress-related diseases, and coping*. New York, NY: W. H. Freeman.

Scheeringa, M. S., & Zeanah, C. H. (1995). Symptom expression and trauma variables in children under 48 months of age. *Infant Mental Health Journal*, 16, 259-270.

Scheeringa, M. S., & Zeanah, C. H. (2001). A relational perspective on PTSD in early childhood. *Journal of Traumatic Stress*, 14, 799-815.

Scheeringa, M. S., Zeanah, C. H., Drell, M. J., & Larrieu, J. A. (1995). Two approaches to the diagnosis of posttraumatic stress disorder in infancy and early childhood. *Journal of the American Academy of Child & Adolescent Psychiatry*, 34, 191-200.

Scheeringa, M. S., Zeanah, C. H., Myers, L., & Putnam, F. W. (2003). New findings on alternative criteria for PTSD in preschool children. *Journal of the American Academy of Child & Adolescent Psychiatry*, 42, 561-570.

Segal, M. (1998a). *Your child at play: One to two years* (2nd ed.). New York, NY: Newmarket Press.

Segal, M. (1998b). *Your child at play: Two to three years* (2nd ed.). New York, NY: Newmarket Press.

Shalev, A. Y. (2000). Post-traumatic stress disorder: Diagnosis, history and life course. In D. Nutt, J. R. T. Davidson, & J. Zohar (Eds.), *Post-traumatic stress disorder: Diagnosis, management and treatment* (pp. 1-15). London, England: Martin Dunitz.

Sharfstein, S. (2006, February 3). New task force will address early childhood violence. *Psychiatric News*, 41(3). Retrieved from http://psychnews.psychiatryonline.org/doi/10.1176/pn.41.3.0003

Silverman, R. C., & Lieberman, A. F. (1999). Negative maternal attributions, projective identification, and the intergenerational transmission of violent relational patterns. *Psychoanalytic Dialogues*, 9, 161-186.

Slade, A. (1994). Making meaning and making believe: Their role in the clinical process. In A. Slade & D. Wolf (Eds.), *Children at play: Clinical and developmental approaches to meaning and representation* (pp. 81-110). New York, NY: Oxford University Press.

Slade, A. (2014). Imagining fear: Attachment, threat, and psychic experience. *International Journal of Relational Perspectives*, 24(3), 253-266.

Slade, A., & Wolf, D. (Eds.). (1994). *Children at play: Clinical and developmental approaches to meaning and representation*. New York, NY: Oxford University Press.

Stern, D. N. (1995). *The motherhood constellation: A unified view of parent-infant psychotherapy*. New York, NY: Basic Books.（馬場禮子、青木紀久代訳『親－乳幼児心理療法―母性のコンステレーション』岩崎学術出版社、2000）

Stern, D. N., Sander, L. W., Nahum, J. P., Harrison, A. M., Lyons-Ruth, K., Morgan, A. C. et al. (1998). Non-interpretive mechanisms in psychoanalytic therapy. The 'something more' than interpretation. The Process of Change Study Group. *International Journal of Psycho-Analysis*, 79, 903-921.

St. John, M. S., Thomas, K., & Noroña, C. R., with the Irving Harris Foundation Professional Development Network Tenets Working Group. (2012). Infant mental health professional development: Together in the struggle for social justice. *Zero to Three*, 33(2), 13-22.

Stronach, P. E., Toth, L. S., Rogosch F., & Cicchetti, D. (2013). Preventive interventions and sustained attachment security in maltreated children. *Development and Psychopathology*, 25, 919-930.

Terr, L. C. (1981). Forbidden games: Post-traumatic child's play. *Journal of the American Academy of Child & Adolescent Psychiatry*, 20, 740-759.

Terr, L. C. (1991). Childhood traumas: An outline and overview. *American Journal of*

Psychiatry, 148, 10-20.

Teti, D. M., Nakagawa, M., Das, R., & Wirth, O. (1991). Security of attachment between preschoolers and their mothers. Relations among social interaction, parenting stress, and mothers' sorts of the Attachment Q-Set. *Developmental Psychology*, 27, 440-447.

Toth, S. L., Gravener-Davis, J. A., Guild, D. J., & Cicchetti, D. (2013). Relational interventions for child maltreatment: Past, present, and future perspectives. *Development and Psychopathology*, 25, 1601-1617.

Toth, S. L., Manly, J. T., & Nilsen, W. J. (2008). From research to practice: Lessons learned. *Journal of Applied Developmental Psychology*, 29, 317-325.

Toth, S. L., Maughan, A., Manly, J. T., Spagnola, M., & Cicchetti, D. (2002). The relative efficacy of two interventions in altering maltreated preschool children's representational models: Implications for attachment theory. *Developmental Psychopathology*, 14, 877-908.

Toth, S. L., Rogosch, F. A., Manly, J. T., & Cicchetti, D. (2006). The efficacy of toddler-parent psychotherapy to reorganize attachment in the young offspring of mothers with major depressive disorder: A randomized preventive trial. *Journal of Consulting and Clinical Psychology*, 74, 1006-1016.

U.S. Department of Health and Human Services. (2010). *Child maltreatment 2009*. Retrieved from www.acf.hhs.gov/programs/cb/stats_research/index.htm#can

van der Kolk, B. (1987). *Psychological trauma*. Washington, DC: American Psychiatric Press.

van der Kolk, B. (2014). *The body keeps the score: Brain, mind, and body in the healing of trauma*. New York, NY: Penguin.

van der Kolk, B. A. (1996). The body keeps score: Approaches to the psychobiology of posttraumatic stress disorder. In B. A. van der Kolk & A. C. McFarlane (Eds.), *Traumatic stress: The effects of overwhelming experience on mind, body, and society* (pp. 214-241). New York, NY: Guilford Press.（西澤哲監訳『トラウマティック・ストレス―PTSDおよびトラウマ反応の臨床と研究のすべて』誠信書房、2001）

van IJzendoorn, M. H., & Kroonenberg, P. M. (1988). Cross-cultural patterns of attachment: A meta-analysis of the strange situation. *Child Development*, 59(1), 147-156.

Waltz, J., Addis, M. E., Koerner, K., & Jacobson, N. S. (1993). Testing the integrity of a psychotherapy protocol: Assessment of adherence and competence. *Journal of Consulting and Clinical Psychology*, 61, 620-630.

Waters, E. (1995). Appendix A: The Attachment Q-set (version 3.0). *Monographs of the Society for Research in Child Development*, 60(2-3), 234-246.

Webster-Stratton, C. (1996). Early intervention with videotape modeling: Programs for families of young children with oppositional defiant disorder or conduct disorder. In E. D. Hibbs & P. S. Jensen (Eds.), *Psychosocial treatment research of child and adolescent disorders* (pp. 435-474). Washington, DC: American Psychological Association.

Wechsler, D. (1989). *Wechsler Preschool and Primary Scale of Intelligence-Revised manual*.

San Antonio, TX: The Psychological Corporation.（日本心理適性研究所日本版『WPPSI 知能診断検査手引』日本文化科学社、1969）

Weiss, J. (1993). *How psychotherapy works: Process and technique.* New York, NY: Guilford Press.

Winnicott, D. W. (1962). Ego integration in child development. In M. M. Khan (Ed.), *The maturational processes and the facilitating environment* (pp. 56-63). London, England: Hogarth Press.（牛島定信訳『情緒発達の精神分析理論―自我の芽ばえと母なるもの（現代精神分析双書 2期 2巻)』岩崎学術出版社、1977）

Winnicott, D. W. (1965). The theory of the parent-infant relationship. In D. W. Winnicott (Ed.), *The maturational processes and the facilitating environment* (pp. 37-55). New York, NY: International Universities Press.（牛島定信訳『情緒発達の精神分析理論―自我の芽ばえと母なるもの（現代精神分析双書 第2期 2巻)』岩崎学術出版社、1977）

Winnicott, D. W. (1971). *Playing and reality.* Oxford, England: Penguin.（橋本雅雄、大矢泰士訳『改訳 遊ぶことと現実』岩崎学術出版社、2015）

Wolfe, J. W., Kimerling, R., Brown, P. J., Chrestman, K. R., & Levin, K. (1996). Psychometric review of The Life Stressor Checklist-Revised. In B. H. Stamm (Ed.), *Measurement of stress, trauma, and adaptation* (pp. 198-201). Lutherville, MD: Sidran Press.

Wolfenstein, M. (1966). How is mourning possible? *The Psychoanalytic Study of the Child*, 21, 93-123.

ZERO TO THREE. (2005). *Diagnostic classification of mental health and developmental disorders of infancy and early childhood (rev. ed.) (DC: 0-3R).* Washington, DC: Author.

監訳者あとがき

　今、世界そして日本全国で「私のママをぶたないで！ Don't Hit My Mommy!」と幼い子どもたちが全身で叫んでいる。ものいえぬ乳幼児の魂の叫びは、理屈や言葉ではなく、表情や瞳の陰り、しぐさや行動に出る。自分の一番大切なママが、パパとぶつかり傷つけられる時、どの子も小さな胸を痛め、無力な自分を責め、どうしようもない不安に陥る。よちよち歩きの幼児、就学前の子どもたちがどれほど、大人顔負けに周囲の人間関係にアンテナを張り、もやもやを抱えて苦しむかを知るのは、保育園の保育士、保健師、乳幼児施設の職員、助産師、看護師、児童心理司や小児科医など、直接乳幼児に触れる臨床家である。虐待件数の増え続ける今の日本で、葛藤的な親子に取り組む臨床家は、目の前の親子に実際役立つ知恵とスキルを渇望している。その要望に応える待望の書が日本語になった。*Don't Hit My Mommy!* という原題をもつ本書は、アリシア・F・リーバマンとそのチームによる、トラウマを受けた親子の全人的な治療を目指す「子ども−親心理療法」の最新版である。欧米を中心に世界中で訳され読まれている。

　子ども−親心理療法は、親の心理機能と養育能力を改善することを目標として、治療的な関わりを提供する。生活と心の問題の両方を振り返り、葛藤の本質に迫り、希望を与え、積極的に手を差し伸べる。親子の成長のために多面的な生活支援を惜しまず、親子に常に敬意に満ちた関心を寄せ、親子から学ぼうとする意欲をもち、多様な社会文化をもつ家族形態をも受け入れていく。

　就学前の乳幼児の示す感情や行動には、言葉にならないその子の気持ちの流れが表される。乳幼児の心の真実を科学的に解明し、人間の早期の発達への理解を深め、よりよい人生のスタートを提供するために活動するのが、世界乳幼児精神保健学会（World Association for Infant Mental Health：WAIMH）である。最初は児童分析医と児童精神科医が中心となり、世界乳幼児精神医学会

と呼ばれたが、乳幼児の生活現場に密着する保育士、保健師らの集まりである国際乳幼児精神保健学会と融合し、現在の世界乳幼児精神保健学会（WAIMH）が生まれた。草の根の家庭、園、地域にこそ科学的に研究し学ぶべき人間学がある。

　子ども－親心理療法はWAIMHの真髄となる治療的アプローチである。乳幼児精神保健の臨床家に最も必要なのは、まず乳幼児や子どもや若者に信頼される誠実さと親しみと責任感であろう。かつて私はカリフォルニア大学サンフランシスコ校の学生に「アリシア・リーバマンという人を知っている？　私の長年の友達だけど」と尋ねたことがある。すると「もちろん、あの人はレジェンドだよ！」とその学生は目を輝かせて答えたことが忘れられない。

　その折、サンフランシスコ総合病院の一角で行われている、リーバマンチームによる乳幼児精神保健研修コースに参加し、つぶさに研修風景を見聞した。週末を含む4日間、全米から毎週研修生が集まる。そのグループスーパーヴィジョンでは、例えば近くのスラム街の家庭訪問から帰ったばかりの研修生が、「今日の訪問は何とも言えない変な感じでうまくまとめられない」と報告した。スーパーヴァイザーは「家庭訪問であなたの内臓に響いた言葉にならないその感覚こそ、この家族の特徴を理解する鍵かもしれない」とコメントした。家庭に足を踏み入れ、理屈抜きに肌で感じた自分の気持ちを正直に内省し、その逆転移を通じて、家族の言葉を超えた関係性の世界の実態を捉える訓練に感動した。

　WAIMHの創立者の一人であるロバート・エムディは、第15回WAIMHプラハ大会の教育講演で、「互恵性、共感、価値」の3つのキーワードが人類の普遍的な育児とケアの要素であると述べた。子ども－親心理療法も互恵性、共感、そしてトラウマの中で生き延びようとする親子をかけがえのない価値ある存在として、謙虚に寄り添う営みである。貧しい地域や被災地の家庭、保育園、乳児院や施設には、風雪に耐える大木のような生きた臨床の営みがある。

　子ども－親心理療法のアプローチは、羊水と子宮が胎児を包む様子に似て、全人的である。それは土居健郎先生の「甘え」の概念とも通じる。お互いさま（互恵性）、思いやり（共感）、二度とない一期一会の出会い（価値）は、激しい四季の変化や、台風、地震や津波などの自然の猛威を生き延びてきた日本人の中から生まれた言葉でもある。命ある幼な子に寄り添うには、胎児を包む羊水のような、切れ目ない柔らかな真心が必要である。この柔らかさは、ちょう

ど子宮が出産の時まで一滴も羊水をもらさずに胎児を守り抜くことに似た強い覚悟により支えられている。飽くなき探究心と科学的視点と深い内省力をもって、ものいわぬ乳幼児の心を理解しようとする専門家を、日本でも養成していきたい。

　世界のWAIMH支部は、草の根の人々から学び、よりよい生き方をもたらす人間科学の発展を目指して作られた。幸い日本の臨床風土には健やかな根がある。全国各地に、親心をもち親子に黙々と寄り添う、謙虚で経験豊かな保健師、保育士、助産師、小児科医らがいる。本書の中でリーバマンらが、幼い子どもと同じ目線で、わかりやすい言葉を用いて、感じていることをオープンに話し合うアプローチは、おそらく日本の臨床家には目から鱗であろう。外国の理論や方法をそのまま用いる必要はなく、自分の臨床に役立つ部分を取り入れ、一度自分なりによくかみ砕き、ほぐし、自分の関わる親子に一番適したアプローチを編み直していくのがよい。そのような時に本書は役に立つであろう。ぜひ日本全国の新生児室や乳児院や保育園や障害児施設で、毎日むずかしいトラウマやその他の問題を抱える親子に取り組む臨床家にお読みいただきたい。

　本書を翻訳したのはFOUR WINDS乳幼児精神保健学会会員である。佐藤恵美子、京野尚子、田中祐子、小室愛枝の4名の臨床家が中心となり、新宮一夫のアドバイスを受けながら、初版と第2版の訳出の中心を担い、仕事の合間だけでなく、泊まり込みの合宿により、翻訳作業に取り組んだ。初版下訳に協力した他の会員名は以下の通りである（五十音順）。新井陽子、有倉眞知子、石井栄子、香取奈穂、鯨井由実、小林順子、澤田由紀子、塩田藍、Dalrymple規子、田中徹哉、鴇田夏子、沼田直子、廣瀬幸美、藤井絹枝、藤山恵、松岡展世、山口貴史他。この翻訳チームの長期にわたる努力と、それを支えたFOUR WINDS乳幼児精神保健学会の会員全員に深謝したい。

　私はリーバマンと直接話し合い、改訂版の翻訳書が、日本の臨床現場により広く子ども－親心理療法を伝えるものとなるよう、原著を一部改変して刊行することを検討した。リーバマンの了解を得て、原著の第3章を割愛し、第4、5章を日本語版の第3、4章にした結果、手に取りやすく読みやすい本書の刊行が実現した。

　本書はFOUR WINDS乳幼児精神保健学会20周年を記念するものとなる。思えば、1993年、私は米国サンタ・フェのユング研究所でマーラ・シドリの開

催する乳幼児精神保健入門講座に講師として招かれた。シドリ宅にリーバマンと泊まり、2人で高台の邸宅のベランダで、夕焼けに染まる山々を眺めながらいろいろ話し合ったことが懐かしい。翌年の1994年にWAIMH東京地方会に来日したベルトラン・クラメールは、日本の学者はもっと臨床現場とつながるべきであると、率先して高知県に出向かれ、保健師、小児科医、保育士らと親しく交流された。そのご縁で、当時の高知県橋本大二郎知事が、1995年にジュネーブのWHO本部で講演を行うため渡欧した折、クラメール研究所で乳幼児－親心理療法を丸一日研修された。そこから1996年に、高知県の母子臨床家が、フィンランドのタンペレで開催されたWAIMH世界大会に参加することになった。真摯でオープンなWAIMHの雰囲気に感動したその方々が、世界から学び、世界へ発信する日本の母子臨床家の勉強会を作ろうと考え、翌年フィンランドの民族帽子FOUR WINDS HATの名にちなんだFOUR WINDS乳幼児精神保健研究会を設立した。

　日本の臨床を世界の最先端の知見と照合させ、世界の乳幼児精神保健の仲間と交流しながら学びを深める集いは広がり、FOUR WINDS乳幼児精神保健学会は20余名の世界的な乳幼児精神保健家を招聘し、症例と理論の研修を積み重ねてきた。外国講師には二度来日したB・クラメール他、C・レヴァーセン、J・コール、J・オソフスキー、T・タミネンらが含まれる。外国講師の先生方は日本の臨床家と親しく交流し、さまざまな症例に触れて、日本の地域の臨床家が謙虚で粘り強く、丁寧で温かいことをフィードバックして励ましてくださった。FOUR WINDS会員は仲間同士に加え、世界の専門家の目を通して自らの臨床を振り返る習慣を培っている。その地道な積み重ねがWAIMH本部に伝わり、2008年には横浜で、アジア初の第11回WAIMH大会の開催が実現した。2010年には念願のアリシア・F・リーバマンの来日が叶い、佐賀FOUR WINDS大会とその後の横浜研修会で、大勢の臨床家がリーバマンからインスピレーションを与えられた。そこから本書の初版の翻訳をFOUR WINDS会員が自発的に取り組み、その後刊行された第2版にも取り組み、5年の歳月を経て本書の完成に至った。

　2016年春にプラハで開催された第15回WAIMH大会では、FOUR WINDS会員による東日本大震災後支援活動の報告の他、日本全国から創意工夫に満ちた多数の乳幼児精神保健の臨床実践が発表された。また、その大会でリーバマンは、WAIMH学会の最高の栄誉を示すスピッツ賞を授賞し、授賞式の会場

の参加者が総立ちでリーバマンを讃え、その拍手は鳴りやまなかった。

　今幸いに日本では、多様な臨床現場で乳幼児と親の関係性に焦点を当てた治療を学び、チームと後輩を育てる実践力をもつ若い臨床家が着実に育ちつつある。乳幼児精神保健の世界に国境はない。本書は、人間というものの不思議、特に乳幼児の躍動する心の世界について学ぼうとするすべての人々に役立つ本となるであろう。

　本書の刊行にあたり、日本評論社の植松由記氏にはお世話になった。著者の意図を読者につなげる生きた本作りに必要な知恵と技術について多大な助言とご尽力をいただいた。植松氏の尽力なくして本書の刊行はない。ここに深謝申し上げる。

訳者を代表して
渡　辺　久　子

●著者紹介――――

アリシア・F・リーバマン（Alicia F. Lieberman, Ph.D）は、カリフォルニア大学サンフランシスコ校精神科教授、子どもトラウマ研究プログラム理事長、サンフランシスコ総合病院理事長であり、また、アーヴィング・ハリス基金講座で乳幼児精神保健を教えている。また、基本的なケアの水準を高める、トラウマを受けた子どもとその家族が支援を受けやすくする、という使命を担う、薬物乱用・精神衛生サービス局（SAMHSA）基金による全米子どものトラウマティックストレス・ネットワーク（NCTSN）のプログラム、早期トラウマ治療ネットワークのプロジェクト理事を務める。パラグアイで生まれ、エルサレムのヘブライ大学を卒業し、ジョンズ・ホプキンス大学で博士号を取得した。また、米国乳幼児・家族センターゼロトゥースリー（ZERO TO THREE）の理事で、著書には何ヵ国語かに訳されている『幼児の感情 The Emotional Life of the Toddler』、パトリシア・ヴァン・ホーンとの共著『子ども－親心理療法―トラウマを受けた早期愛着関係の修復』（青木紀久代監訳、福村出版、2014年）、ナンシー・コンプトン、パトリシア・ヴァン・ホーン、シャンドラ・道子・ゴッシュ・イッペンとの共著『幼くして親を亡くすこと Losing a Parent to Death in the Early Years』がある。『精神保健と発達障害の診断基準―0歳から3歳まで』（本城秀次、奥野光訳、ミネルヴァ書房、2000年）は、セリーナ・ウィーダー、エミリー・フェニチェルとの編著である。ユダヤ系ラテンアメリカ人であるリーバマン博士は、幼い子どもとその家族の文化背景にまつわる問題に格別な関心を寄せている。

シャンドラ・道子・ゴッシュ・イッペン（Chandra Michiko Ghosh Ippen, Ph.D）は、カリフォルニア大学サンフランシスコ校の子どもトラウマ研究プログラム副理事であり、トラウマを受けた子どものエビデンスに基づく治療法である子ども－親心理療法の普及担当理事を務める。臨床家、研究者、指導者であり、トラウマと多様性に関わる著書は20冊を超える。出版物には、子ども－親心理療法の効果を実証する試験的な無作為研究、トラウマとなるストレスの強い事象を多く経験した子どもへの子ども－親心理療法の効果を実証する研究、『乳幼児期のトラウマとなる死別の治療ガイドライン（Guidlines for the Treatment of Traumatic Bereavement in Infancy and Early Chindhood, 2003）』、そして、トリンカとサムの物語がある。子ども－親心理療法と多様性を考慮する臨床の訓練経験は、米国内外で14年を超える。インドと日本の血筋をもつアメリカ人一世で、スペイン語も堪能。全米子どものトラウマティックストレス・ネットワークの文化協会の共同議長を過去に務め、文化背景や状況がいかに認知と精神保健体系に影響するかの検証に情熱を注いでいる。

パトリシア・ヴァン・ホーン（Patricia Van Horn, JD, Ph.D）（2014年1月死去）は、カリフォルニア大学サンフランシスコ校精神医学教室の臨床学教授で、サンフランシスコ総合病院の乳幼児・思春期青年期精神科の理事、子どもトラウマ研究プログラムの共同理事を務めていた。ヴァン・ホーン博士は1970年にコロラド法科大学で法務博士を、1996年にパシフィック大学院心理学科で哲学博士を取得している。子ども－親心理療法を共同開発した彼女は、国内外で研修を行い、この治療法の普及に努めた。サンフランシスコ・安全スタート発議権（Safety Start Initiative）立案を先導し、実施期間はコンサルタントに当たった。また、サンフランシスコ統合家庭裁判所の少年家庭内暴力裁判所の運営委員も務めた。共著に『幼くして親を亡くすこと』『子ども－親心理療法──トラウマを受けた早期愛着関係の修復』がある。幼児期の発達のテーマと幼い子どもが家庭内暴力の目撃から受ける影響について広く講演した。

子どもトラウマ研究プログラム（Child Trauma Research Program）は、サンフランシスコ総合病院で行われているカリフォルニア大学サンフランシスコ校のプログラムで、トラウマを受けた乳幼児のために刷新的な介入モデルを考案し、治療の評価研究を行う。2001年以来、そこには薬物乱用・精神衛生サービス局（SAMHSA）基金による全米子どものトラウマティックストレス・ネットワーク（NCTSN）が置かれ、そこで早期トラウマ治療ネットワーク（ETTN）向けプログラムを指導し、乳幼児期のトラウマ支援の質と量を高めようと共同で力を注いできた。子どもトラウマ研究プログラムに加え、ボストン医療センターにある「暴力を目撃した子どものプロジェクト」、ルイジアナ州立大学医療センターの「暴力にさらされた子どものプログラム」、チューレーン大学医療センターの乳幼児チームも傘下にある。

●訳者──────

佐藤恵美子（さとう・えみこ）　臨床心理士
京野尚子（きょうの・なおこ）　臨床心理士、臨床発達心理士
田中祐子（たなか・ゆうこ）　　小児科医
小室愛枝（こむろ・よしえ）　　臨床心理士、特別支援教育士

●監訳者略歴

渡辺久子（わたなべ・ひさこ）

小児科医、児童精神科医。1948年、東京生まれ。慶應義塾大学医学部卒業後、同小児科助手、同精神科助手、小児療育相談センター、横浜市民病院神経科医長を経て、ロンドンのタビストック・クリニック臨床研究員として留学し、精神分析と乳幼児精神医学を学ぶ。1993年より慶應義塾大学医学部小児科専任講師となり、現在は退職し、慶應義塾大学病院小児科精神保健班顧問、LIFE DEVELOPMENT CENTER 渡邊醫院副院長、世界乳幼児精神保健学会理事。

虐待・DV・トラウマにさらされた親子への支援
――子ども-親心理療法

2016年10月25日　第1版第1刷発行

著　者――アリシア・F・リーバマン
　　　　　シャンドラ・道子・ゴッシュ・イッペン
　　　　　パトリシア・ヴァン・ホーン
監訳者――渡辺久子
発行者――串崎　浩
発行所――株式会社　日本評論社
　　　　　〒170-8474　東京都豊島区南大塚3-12-4
　　　　　電話 03-3987-8621（販売）-8598（編集）　振替 00100-3-16
印刷所――港北出版印刷株式会社
製本所――株式会社松岳社
装　画――石田　肇
装　幀――図工ファイブ

検印省略　© 2016 Watanabe, H.
ISBN978-4-535-56356-8　Printed in Japan

JCOPY〈(社)出版者著作権管理機構　委託出版物〉
本書の無断複写は著作権法上での例外を除き禁じられています。複写される場合は、そのつど事前に、(社)出版者著作権管理機構（電話 03-3513-6969、FAX 03-3513-6979、e-mail: info@jcopy.or.jp）の許諾を得てください。
また、本書を代行業者等の第三者に依頼してスキャニング等の行為によりデジタル化することは、個人の家庭内の利用であっても、一切認められておりません。